红棉论丛
中共广州市委党校

丛书主编　孟源北

十年精进

新时代广州国有经济发展之路

康达华 / 主编

广州新华出版发行集团
广州出版社

图书在版编目（CIP）数据

十年精进：新时代广州国有经济发展之路 / 康达华主编．—广州：广州出版社，2022.9

（中共广州市委党校红棉论丛）

ISBN 978-7-5462-3506-6

Ⅰ．①十…　Ⅱ．①康…　Ⅲ．①国有经济—经济发展—研究—广州　Ⅳ．①F121.21

中国版本图书馆CIP数据核字（2022）第175945号

书　　名　十年精进——新时代广州国有经济发展之路
Shi Nian Jingjin—Xin Shidai Guangzhou Guoyou Jingji Fazhan Zhi Lu

出版发行　广州出版社
（地址：广州市天河区天润路87号9、10楼　邮政编码：510635
网址：www.gzcbs.com.cn）

出 品 人　柳宗慧

项目统筹　李良婷

项目策划　潘孟良

责任编辑　周振宇

责任校对　李少芳

装帧设计　肖晓文

印刷单位　佛山市迎高彩印有限公司
（地址：佛山市顺德区陈村镇广隆工业区兴业七路九号
邮政编码：528313）

规　　格　787 mm × 1092 mm　1/16

印　　张　15.75

字　　数　250千

版　　次　2022年9月第1版

印　　次　2022年9月第1次

书　　号　ISBN 978-7-5462-3506-6

定　　价　48.00元

《红棉论丛·非凡十年（2012—2022）专辑》

总 序

孟源北

党的十八大以来的十年，是党和国家事业发展中极不平凡的十年，在以习近平同志为核心的党中央坚强领导下，我国全面建成小康社会，开启了全面建设社会主义现代化国家新征程，新发展理念深入人心，经济社会发展和生态文明建设取得了具有里程碑意义的重大成就。进入了中国特色社会主义新时代这十年，必将永载史册。

习近平总书记对广东、广州工作高度重视、亲切关怀、寄予厚望。党的十八大以来3次赴广东考察调研、两次参加全国人大广东代表团审议、多次作出重要指示批示，亲自谋划、亲自部署、亲自推动粤港澳大湾区建设。2012年12月，党的十八大后首次离京考察，习近平总书记就来到广东。总书记表示，这次调研之所以到广东来，就是要到在我国改革开放中得风气之先的地方，现场回顾我国改革开放的历史进程，将改革开放继续推向前进。2018年10月，总书记再次到广东、广州考察调研，要求广州实现老城市新活力，在综合城市功能、城市文化综合实力、现代服务业、现代化国际化营商环境方面出新出彩。

党的十八大以来，广州以习近平新时代中国特色社会主义思想指导一切工作，不忘初心、牢记嘱托，奋力实现习近平总书记赋予广州的使命任务，立足于自身深厚的文化底蕴，秉持敢为人先的改革创新精神，在经济、科技、文化、社会、党建诸领域奋发有为、励精图治。城市综合实力达至历史最好水平，科技创新能级显著跃升，城市面貌和品质焕然一新，民生福祉改善可圈可点，人民安居乐业，社会和谐，生态优美，千年古城焕发出新的活力。广州市地区生产总值从2012年的1.35万亿元跃升至2021年的2.82万亿元，累计增长1.47万亿元，年均复合增速达到8.5%。2012年，全年城镇居民人均可支配收入38054元，全年农村居民人均可支配收入16788元；至2021年，全年城镇居民人均可支配收入74416元，累计增长36362元，年均复合增速达到7.7%，全年农村居民人均可支配收入34533元，累计增长17745元，年均复合增速达到8.3%。人民群众的获得感、幸福感、安全感大大增强。

时代风云激荡，浩浩珠江两畔铺展雄伟历史画卷。在党的二十大即将胜利召开的这个重要节点上，回顾广州在新时代十年中所走过的波澜壮阔历程，呈现广州在新时代十年中所发生的巨变，具有重要意义。

其一，广州新时代十年的改革创新发展实践，深刻反映了习近平新时代中国特色社会主义思想的真理特征，广州所有的拼搏奋进、所取得的成就与创造的经验，均是习近平新时代中国特色社会主义思想在引领党、引领国家、引领时代的具体实践。

其二，广州新时代十年的改革创新发展实践，生动诠释了中国特色社会主义新时代这一重大概念的深刻内涵，丰富和延伸了中国特色社会主义新时代的精神和意义，是中国特色社会主义新时代取得历史性成就、发生历史性变革的重要组成部分。

其三，广州新时代十年的改革创新发展实践，形象展现了理念创新与实践创新相结合的经典案例，在高质量发展、城市治理现代化、打造文化强市以及基层党的建设等重大主题方面，均形成了理论与实践的深刻认识和丰富经验，具有相对完整的体系性与鲜明的示范性。

总之，回顾与总结广州新时代十年践行习近平新时代中国特色社会主义思想的做法经验，展现广州新时代十年丰富多彩的发展变化，可以进一步深化广州城市改革创新发展进程的研究，为我国高质量发展提供城市样本。

基于以上认识，我们在广州出版社的支持下，调研编写出版了《红棉论丛·非凡十年（2012—2022）专辑》，选择从科技创新、城市更新、国有经济、基层民主、文化建设、基层党建等六个方面，进行呈现与建构、分析与总结，以期多角度展示新时代广州在习近平新时代中国特色社会主义思想引领下所发生的深刻变化和取得的辉煌成就。具体专题为《十年飞跃——新时代广州科技创新之路》《十年嬗变——新时代广州城市更新之路》《十年精进——新时代广州国有经济发展之路》《十年砥砺——新时代广州基层民主治理之路》《十年欣荣——新时代广州文化发展之路》《十年笃行——新时代广州基层党建创新之路》。

历史长河从过去奔涌而来，正向未来逐浪而去。让我们与新时代同向同行，全面深入践行习近平新时代中国特色社会主义思想，发挥广州国家中心城市和综合性门户城市引领作用，全面增强国际商贸中心、综合交通枢纽功能，培育提升科技教育文化中心功能，着力建设国际大都市，奋力打造中国特色社会主义城市典范，推动实现老城市新活力、“四个出新出彩”取得新的更大成就。

2022年7月

（作者系中共广州市委党校常务副校长、研究员）

目 录

引 言

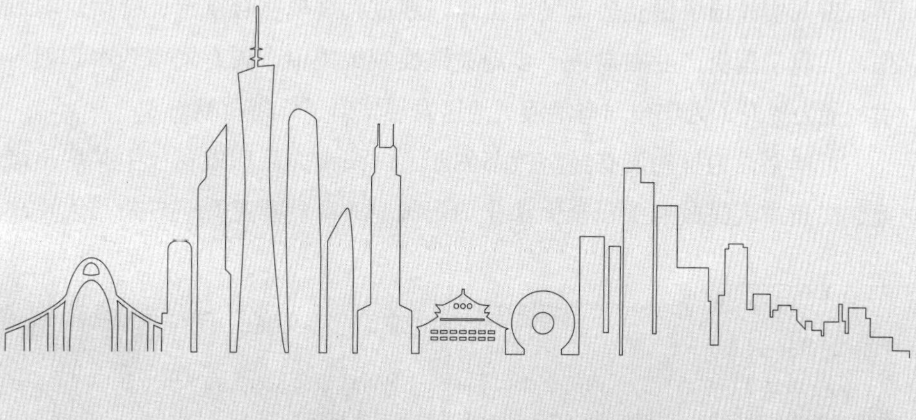

国有经济是国民经济发展的根本基础，对于推动我国国民经济发展发挥着极其重要的作用。党的十八大以来，习近平总书记站在党和国家事业发展全局的战略高度，针对国有企业改革发展和党的建设发表一系列重要讲话，作出一系列重要指示批示，明确了新时代深化国有企业改革的原则、目标、前提和政治保障等。习近平总书记多次指出，“国有企业是国民经济发展的中坚力量”“要深化国有企业改革”“理直气壮做强做优做大国有企业”。在党的领导下，我国国有经济规模稳步提高，布局进一步优化，走出去步伐加快，自主创新能力不断增强[①]，国有企业已成为拉动经济增长的助力者、增强国家竞争力的主力军与提升自主创新水平的领跑者。[②]当前，我国正处于全面建设社会主义现代化国家开局起步的关键时期，而世界也处在动荡变革期，必须继续发挥好国有经济的主导作用，更好发挥国有企业的“顶梁柱”“压舱石”和“稳定器”作用，加快推进国有经济布局优化和结构调整，确保国有资本和国有企业做强做优做大。

国有经济是广州的特色和优势，也是广州推动经济社会发展出新出彩的重要抓手。“十三五”期间，在中共广州市委、广州市人民政府领导下，广州国资国企以习近平新时代中国特色社会主义思想为指导，认真贯彻落实党的十九大精神，有效应对全球贸易保护主义行动升级、新冠肺炎疫情等影响，以及国内经济发展增长减速等一系列风险挑战，紧紧围绕全面建设国家中心城市的重要目标，以提高发展的质量和效益为中心，全面、深入实施国资国企改革发展工作，通过大规模整合重组、持续资本运作，实现了国资产业布局进一步向关键性领域集中、国有资本效率和创新引领能力提升，为广州与粤港澳大湾区发展作出了卓越贡献。

近年来，为推动国有经济改革创新，广州市先后印发了《中共广州市委、广州市人民政府关于全面深化国资国企改革的意见》《广州市人民政

① 张航燕：《国有经济布局优化的成效与调整取向》，《河北经贸大学学报》2021年第5期，第54–60页。

② 汤吉军、刘嘉琳：《国有企业改革40年：中国经验及其世界意义——2018中国国有经济发展论坛综述》，《经济学动态》2018年第12期，第152–153页。

府办公厅关于推动市属国有企业加快创新驱动发展的若干意见》。2018年8月，《中共广州市委、广州市人民政府关于促进国资国企改革创新发展的实施意见》印发，共10章33条，从广州改革现实需要出发，着力在深化体制机制改革、优化产业布局结构、供给侧结构性改革、推动国企创新发展等方面取得新突破。2020年12月，中共广州市委全面深化改革委员会审定并印发《广州市国企改革三年行动实施方案（2020—2022年）》，提出8方面43项102条清单，指导推动各区及市属企业制定改革实施方案和任务清单。改革推动国有经济不断增强竞争力、创新力、控制力、影响力和抗风险能力，推动广州国资国企成为改革创新引领者、产业升级赋能者、湾区发展建设者、美好生活服务者。

第一章

广州国有经济发展的基本情况

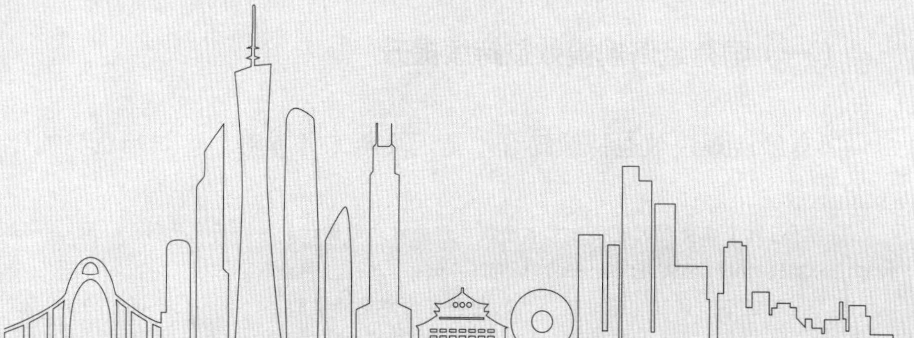

习近平总书记指出，国有企业是中国特色社会主义的重要物质基础和政治基础，是我们党执政兴国的重要支柱和依靠力量①，并指出那种不要国有企业、搞小国有企业的说法、论调都是错误的、片面的②。国有企业是壮大国家综合实力、保障人民共同利益的重要力量，国有企业改革的目的不是削弱而是加强国有企业，强调要通过改革“做强做优做大”国有企业和国有资本③，不断增强其活力、影响力、抗风险能力，实现国有资产保值增值。“十三五”期间，广州市国资国企坚决落实中央、省、市发展要求，积极应对复杂多变的经济形势，围绕广州城市定位和国资功能努力挖潜增效、培育新动能，在国有资本规模和布局、区域服务功能、科技创新能力及国资国企改革等方面取得了较大突破。

一、广州国有经济的辉煌成绩

广州国有经济基础良好，国有经济改革一直敢为人先、改革劲头不减。近年来，广州国有经济整体功能和效率进一步提升，控制力、影响力、带动力进一步增强，国有企业从无到有、从小到大、从弱到强，取得了辉煌的历史性成就。

（一）国有经济规模效益持续提升

国有经济规模效益持续提升，是近几年来外界对“广州国资”的印

---

① 《习近平在全国国有企业党的建设工作会议上的讲话》，共产党员网，https://news.12371.cn/2016/10/11/ARTI1476185678365715.shtml.

② 《习近平：怀疑、唱衰国企的思想和言论都是错误的》，《人民日报》2018年9月27日。

③ 宋方敏：《我国国有企业产权制度改革的探索与风险》，《政治经济学评论》2019年第1期，第126–150页。

象。“十三五”期间，广州全市国有经济质量持续提升，资产规模翻两番，资产总额位列副省级城市第一，国资贡献率居全国前列。

第一，资产规模高速增长。“十三五”以来，广州国有资产规模高速增长，效益持续提升，各项合理指标保持合理增长。2020年底，广州全市国企资产总额达4.64万亿元，净资产为1.22万亿元，居全国副省级城市首位。其中市属国企资产总额为4.26万亿元、净资产为1.07万亿元，分别是2015年的1.7倍和1.9倍，年复合增长率达11%以上。

2021年是“十四五”开局之年，广州市国有经济延续良好发展势头。2021年，广州市属国企主要经济指标实现两位数以上增长，经济运行质效稳升。全市国企资产总额从2020年的4万多亿元跃升到5.5万亿元，国资高质量发展实现了新的飞跃。截至2021年12月末，市属国企资产总额达4.91万亿元，同比增长14%；资产负债率为75.5%，同比增长0.8个百分点，其中不含金融业资产负债率为61.1%，同比增长1.8个百分点。

第二，经营效益不断提升。“十三五”时期，广州全市国有企业经营效益明显提升，2020年末实现营业收入9490.9亿元、利润总额722.6亿元。其中，市属国企实现营业收入9116.8亿元、利润总额666.1亿元，分别是2015年的1.6倍和1.4倍。“十三五”期间，广州市属国有企业平均国有资产保值增值率为115.7%，比“十二五”期间平均水平高2.1个百分点。2021年，全市国有企业营业收入更是首次破万亿元。2021年，实现营业收入10046.5亿元，同比增长10.4%；营业成本为8103.3亿元，同比增长9.1%；实现利润总额760.8亿元，同比增长19.7%。

第三，国企做强做优做大取得突破。截至2020年末，广州27家市属国企中有资产超万亿的企业1家、超千亿的企业9家，营收超千亿的企业2家，其中资产及营收超千亿的企业分别比2015年增加3家和1家。根据2021年8月《财富》发布的世界500强排行榜，广州市属国有企业有3家上榜，分别为广汽集团（位居第176位）、广州建筑（位居460位）和广药集团（位居468位）。其中，广汽集团自2013年首度上榜后已经连续9年入围《财富》世界500强排行榜，广州建筑和广药集团首次上榜。

2022年3月，国务院国资委公布了新一批调整后的“双百企业”名单，由全国公共资源交易规模最大的广州公共资源交易中心和广州交易所集团强强联合组建的广州交易集团成功入选，这是广州唯一一家新入选的市属国有企业，成为广州市继广汽集团、无线电集团、广药集团、越秀集团、南方宇航后进入“双百企业”的第5家市属企业集团、第6家市属国企，也成为全国首家以公共资源交易为主业的“双百企业”。广州已在各要素资源交易领域深耕二十余载，在工程建设招标投标、产权交易、政府采购、碳排放权交易等多个板块早已成为行业的佼佼者、领跑者，逐步形成规模大、服务优、公信力强的“广交易”矩阵，成为“要素交易”全国标杆。2020年广州公共资源交易金额在全国率先突破万亿元，近两年交易金额均企稳万亿元规模，居全国首位。

案例1：在世界500强的新起点上，打造世界一流生物医药与健康企业

作为中医药企业典型代表的广州医药集团有限公司（简称“广药集团”），上榜2021年《财富》世界500强榜单，排名第468位，利润排名第390位，成为全球首家以中医药为主业进入该榜单的企业。这是继《中华人民共和国中医药法》正式施行、屠呦呦获得诺贝尔奖之后，我国中医药发展又一个里程碑式的成果。

广药集团的发展始于中医药，是中国最大制药工业企业、中国最大中成药生产基地，拥有上市公司“白云山”及30多家企业，已形成大南药（制药业务）、大健康（饮料食品业务）、大商业（医药商业流通）、大医疗（医疗健康服务）四大业务板块。其中，中医药业务别具特色，拥有12家中华老字号企业，其中有10家历史超过百年，数量占据全国医药行业老字号的半壁江山，并拥有9件国家级、省级非物质文化遗产。海内外消费者所熟知的王老吉凉茶就是国家级非物质文化遗产，被誉为中医药的“活化石”。除此之外，化学药、生物药业务也处于全国领先地位，已经连续

十年稳居中国制药工业百强第一位，广药集团旗下的广州医药股份有限公司是全国最大的医药商业配送单体企业。

让中医药创新成果落地走进普通大众，需要完备的产业链支撑。广药集团正在广州生物岛建设生物医药健康研发与销售总部，已顺利封顶；在白云区钟落潭建设中华老字号产业园区，在黄埔区中新知识城布局化学药产业园区；在南沙建设王老吉大健康产业基地和大健康产业总部，以依托同和土地物业资源，结合医疗康养，打造现代化、国际化的医疗产业集群。在上游的中药材种植方面，广药集团在乡村振兴战略指引下，于华北、华中、华东、西北、西南等地持续推进生产基地、商业物流等方面的布局。王老吉大健康公司在2012年成立，作为广药集团下属企业，以开拓进取、锐意革新的精神，推动百年品牌焕发新活力，公司成立近10年来保持高质量发展态势。2012—2020年，王老吉大健康公司营业收入年复合增长率为18.97%，净利润年复合增长率为57.89%，在广药集团迈进世界500强中发挥了重要作用。

作为国有企业，广药集团一直在脱贫攻坚和乡村振兴工作上走在全国企业的前列，采取的是“输血”加“造血”的做法，在贵州、广东等地都有广药集团乡村振兴的项目。尤其是在东西部协作方面，广药集团利用王老吉的品牌、技术、渠道成功开发了“刺柠吉”系列产品。2021年“刺柠吉”系列产品销售额突破10亿元。2022年广药集团在首届冬季荔枝产业大会上推出新产品“荔小吉”，让荔枝这种岭南佳果从区域性产品变成全球性消费产品，从季节性生产变成全年性销售，推动荔枝走向世界。

为了加速国内与国际市场的融通，加快国际化布局，广药集团于2020年在澳门成立了国际总部。经过两年努力，广药集团在澳门的第一家中成药GMP（药品生产和质量管理的基本准则）工厂正式竣工投产，这也是澳门历史上第一家标准的GMP工厂，实现了澳门中药规范化工厂零的突破。随后，广药集团又在横琴粤澳深度合作区建立了广药集团的产业园，通过澳门、横琴联动，实现了“一企两地、一品两卖、一国两制”的发展，利用澳门特殊的地位与葡萄牙语国家、“一带一路”沿线国家加强合作。

资料来源：网易网，https://www.163.com/dy/article/H12QS1BB05199NPP.html.

（二）国有资本布局逐步优化

国有经济布局优化对于更好发挥市场资源配置功能、推动区域及产业结构转型升级、有效指引国有企业改革方向及促进民营经济发展方面具有决定意义。[①]国有资本布局的调整优化历来是国有企业改革的“重头戏”，也是国有企业改革三年行动的重点任务。《中共中央关于制定国民经济和社会发展第十四个五年规划和二〇三五年远景目标的建议》中明确指出，要“加快国有经济布局优化和结构调整，发挥国有经济战略支撑作用”。经过改革开放以来的国有资本布局持续调整，国有资本比重趋于相对稳定，经营效率明显提升。[②]广州市通过调整存量结构和优化增量投向、加大前瞻性战略性产业领域的布局力度，国有资本布局结构得到了进一步优化，国有企业结构得以调整精简，国资创新引领功能得以加深。

第一，持续推进国有企业重组整合。重组整合的目的不是简单地把体量做大，而是要做优做强，要体现效益化原则和前瞻性原则，实现优势资源的聚集效应，产生1+1＞2的效果，打造具有国际竞争力的“航母级”企业。“十三五”以来，广州国有资本系统累计推进14组29家一级企业重组，截至“十三五”末，广州市属国企整合至27家，有效推进市属国企工业、商贸、港口、金融、出租车、食品等产业的专业化整合。

作为战略性重组和专业化整合的改革代表之一的广州工业投资控股集团有限公司（简称“广州工控”），重组前，70%的企业处于亏损状态，通

① 姚昊炜、熊晓琳：《双循环格局下国有经济布局优化的三维向度——基于国有经济布局效度评价体系的因子分析研究》，《经济问题探索》2021年第8期，第1-18页。

② 刘现伟、李红娟、石颖：《优化国有资本布局的思路与策略》，《改革》2020年第6期，第71-86页。

过近几年的改革创新、资源整合、管理提升等手段，82%的企业已经是盈利状态。2020—2021年，集团营业收入、利润总额和工业总产值均保持双位数增长。2021年，广州工控在轨道交通领域，牵头成立广州大湾区轨道交通产业投资集团，并购上市鼎汉技术，聚焦打造轨道交通全产业链，取得轨道交通车辆核心零部件领域突破。在高端装备领域，并购润邦股份，壮大了广州国资新能源装备和海工装备产业规模。在汽车零部件领域，并购国内最大的汽车线束行业龙头天海电子，成功进入特斯拉、蔚来等主流新能源整车厂的供应链体系。在家电压缩机领域，并购佛山通宝温控器业务，助力集团家电及压缩机业务强链补链。2022年，这家“工业航母”将冲击世界500强，持续打造先进制造业龙头企业。

第二，国有资本进一步向基础性、关键性领域集中。立足千年商都的城市定位和产业发展需要，广州国有经济在竞争性和准公益性两大领域进行合理布局，坚持保留餐饮、食品、日化、制药、工业装备、汽车等一批竞争领域的实业企业，逐步退出与城市发展不匹配的钢铁煤炭等中上游领域，并通过市场化竞争倒逼企业改革，为形成门类齐全、基础良好的产业体系奠定基础。近年来，通过搭建要素流动平台，新组建广州人才集团和广州交易集团2家功能性企业，补齐高端服务业短板。并积极培育发展智能装备、人工智能、生物医药等新兴产业，组建大湾区轨道交通产业投资集团。围绕产业链发展目标，加大企业并购力度。推进国有土地连片开发盘活，打造以5大园区为核心的系列现代产业园区，推动约75%的国有资本集中在基础设施与公共服务、先进制造业、现代服务业及战略性新兴产业等重要行业和关键领域。数据显示，2021年11月，五大核心产业（汽车、金融、生物医药与健康、装备制造、电子信息）资产总额、营业收入、利润总额分别占广州市属国企的50%、41%和46%；资产、营收、利润规模前5位企业占市属国企的比重分别为82%、73%和75%。

案例2：越秀集团聚焦主业持续推进业务布局优化形成“4+X”产业结构

作为国务院国企改革“双百行动”企业，越秀集团将改革工作作为“一把手”工程，制定了涵盖6大类61项措施的改革三年行动方案，确保改革各项举措责任到人、落实到位，坚持聚焦主业，推动产业结构调整和资源资本布局优化。

2021年以来，该集团按照中共广州市委、广州市人民政府打造大湾区领先食品企业的部署，整合原风行集团组建越秀食品，大力发展现代农业产业，充分发挥国企“保供应、稳物价、保安全、保品质”的社会使命。目前，该集团已经形成了以金融、房地产、交通基建、现代农业为核心产业，造纸等传统产业和未来可能进入的战略性新兴产业在内的“4+X”现代产业体系，成为横跨三大产业、连通境内外的大型综合性国有企业。

在发展新增主业现代农业的同时，该集团对金融、地产、交通等已有板块持续深耕，推动板块发展能级不断提升。金融板块方面，越秀金控成为国内首个地方金控上市平台，构建经营驱动、战略协同、区域领先的金融控股集团，成为中信证券第二大股东，创兴银行致力打造跨境特色的综合性商业银行，已在内地拥有11家分支机构；地产板块方面，拓展多渠道获地方式，已布局全国29个核心城市，2021年1—10月广州地区销售金额排名第一，打造“开发+运营+金融化+服务”全链条商业运作能力；交通板块方面，拥有18个高速公路（桥梁、码头）项目，收费公路总长度达890公里。

此外，该集团进一步深化改革，近年来共清退“两非”“两资”企业77户，回收资金10.6亿元，有效推动了管理资源和发展资金向优势产业集中。圆满完成下属66户“僵尸企业”出清，有效解决历史遗留问题，集中优势资源聚焦主业发展。

资料来源：广州日报，https://www.gzdaily.cn/amucsite/web/index.html#/detail/1733381.

第三，供给侧结构性改革持续推进。2016年以来，广州市坚持稳中求进工作总基调，把推进供给侧结构性改革摆在重要位置，以处置国有“僵尸企业”为突破口，深入推进去产能、调结构、提质增效工作，国有企业高质量发展的基础得到不断夯实和巩固。

“十三五”期间，广州市属国企累计出清“僵尸企业”875家，出清率达99.54%。其中，司法处置334家，关闭注销272户，脱困212户，兼并重组57户。全面完成国有企业职工家属区“三供一业”分离移交和维修改造23万余户，共安置职工17670人，100%完成国企退休人员社会化移交23.6万人，处置债务115.72亿元。并且，完成“压缩精简”企业数量达1395家，推动企业放下包袱、轻装前进，更加心无旁骛地在增强企业核心竞争力、注重战略性新兴产业上做文章。总体上促进全市国有企业改善了资源配置，持续化解历史遗留问题，债务风险得到有效控制，提质增效成效显著。

（三）区域服务功能有效发挥

国有企业属于全民所有，是中国特色社会主义经济的“顶梁柱”，是推进国家现代化、保障人民共同利益的重要力量，是我们党和国家事业发展的重要物质基础和政治基础。[①]习近平总书记指出，国有企业是中国特色社会主义的重要物质基础和政治基础，是我们党执政兴国的重要支柱和依靠力量。[②]广州市国有经济立足广州国家中心城市和粤港澳大湾区建设，充分发挥国民经济中坚力量作用，在经济、社会、科技民生等多个方面取得良好成绩，增强广州综合承载能力，优化公共服务供给，保障城市高效运转。

---

① 田应奎、李伟艺：《新时代国有企业改革发展的理论基础和根本遵循》，《理论视野》2021年第12期，第35–41页。

② 《习近平在全国国有企业党的建设工作会议上强调：坚持党对国企的领导不动摇》，新华网，http://www.xinhuanet.com/politics/2016-10/11/c_1119697415.htm.

第一，作为稳增长稳投资的重要支撑。“十三五”期间，广州市属国有经济保持合理增长，对稳定经济增长作出重要贡献，是广州工业经济提速增效的重要动力。截至2021年5月底，广州市属国企实现工业总产值2120.5亿元，同比增长38.4%，其中规模以上工业总产值1874.2亿元，同比增长37.2%。“十三五”期间，承担攻城拔寨等重点项目投资额约5000亿元，其中2020年广州市属国企共承担攻城拔寨项目215个、年度计划投资1258亿元，占全市比重分别为13.1%、26.3%，全年实际完成投资1435.7亿元，约占全市1/4，完成率达114.1%，对稳定投资起到重要作用。

广州市属国企与区一级政府、企业进行合作，挖掘产业空间，促进生产要素流动，实现与辖区企业、产业的联动，有利于带动区一级国企更加规范有序的发展，也推动市属国资国企更加精细地去服务各个辖区的经济社会发展需求。广州市属国企先后在白云区布局投资项目111个，计划总投资2400多亿元，完成投资800多亿元，其中2000万元以上的在建项目就有30多个。广州国资国企在番禺有很多优质项目，比如广汽埃安、广日电梯、利口福等项目在番禺也获得了区域的支持。广州交易集团（广州公共资源交易中心）强化市区联动，积极服务全市各区经济社会发展，在番禺、南沙、花都、黄埔、增城、从化六区设立交易部，为当地政府部门、企业提供与总部同等的各类要素资源交易服务。

第二，作为公共服务体系的重要保障。公共产品的外部性使得国有经济成为公共产品最适合的供给者。[①]国有经济承担的基本使命是弥补市场失效，主要包括提供公共产品和服务、承担民营企业不愿意投资的业务、支持国家战略目标的实施等[②]，是各级政府稳经济、保民生的重要抓手，国有企业在能源、交通、水利、公共服务等关系国计民生、公共利益的重要领域和行业占有重要地位，在贯彻落实国家宏观调控政策、保障能源资源安全、

① 剧宁、戚聿东：《国有经济若干理论问题研究》，《天津社会科学》2020年第2期，第99–105页。

② 盛毅：《我国国有经济使命变迁历程回顾与“十四五”取向》，《经济体制改革》2021年第3期，第11–17页。

维护社会稳定等方面发挥了重要作用。企业都有逐利的属性，投资小、见效快、回收周期短的项目都愿意做，那么，投资规模大、建设周期长、回报周期长的项目谁来做？菜篮子、米袋子、水电气、地铁公交机场等，既是民生需求的基础性保障，也是营商环境的重要构成，都与广州市属国资国企息息相关。财税贡献持续增加，国资收益上缴比例从2016年的25%增加至2020年的30%。“十三五”期间，广州市属国企累计上缴税费和国资收益分别为3320.2亿元和277亿元。广州市属国企承担全市98%的生活垃圾处理、89%的公共交通出行、大部分的天然气和自来水供应及污水处理；承载广州市域高快速路78%的通行量、85%的货运量。广州港集团完成广东省内8个港口资源整合，广州港货物吞吐量、集装箱吞吐量分别居世界第四位、第五位（内贸集装箱居全国第一位）。广州地铁建成开通531公里地铁线路，客流强度全国第一，运能利用度全球第一，承接珠三角城际铁路运营管理。

在粤港澳大湾区建设方面，广州市国资委以广州港为主体，积极推动整合珠江口内及珠江西岸港口资源，支持地铁集团做好承接4条珠三角城际铁路运营管理，协调推动广州农商行对口支持韶关及潮州地区6家联社改制，与清远共建面积37平方千米的广清空港现代物流产业新城，全力推进粤港澳大湾区“菜篮子”配送中心建设，积极发挥市属国企在大湾区建设中的主力军作用。

案例3：广州环投努力破解广州“垃圾围城”困局，打造固废处理“广州模式”

“十三五”期间，是广州环投攻坚克难、收获累累硕果的五年。广州环保投资集团有限公司（简称“广州环投”）党委坚持以习近平新时代中国特色社会主义思想为指导，在产业布局、对外拓展、资本运作、软实力提升等方面交出了一份亮丽的答卷。

“十三五”期间，广州环投经营规模大幅增长，营业收入从6.5亿增长到28.5亿，增长3.3倍；净利润从2200万增长到3.3亿，增长14倍；资产规模从71亿增长到192亿，增长1.7倍，形成了具有广州特色的可复制、可推广、可持续的城市生活垃圾处理解决方案。

一、锐意进取，产业布局打开新思路

“十三五”期间，广州环投建立以清洁能源生产、固废资源开发两大业务板块为主业，以环保装备制造业务为有效补充，培育现代服务业的四大业务板块的产业格局，将业务领域从固废处理拓展到污水处理、土壤修复等环境治理领域，为“十四五”的全面转型升级奠定了坚实的基础。同时，广州环投主体信用评级上升为3A级，取得行业最高的绿色企业等级认证；成立50亿元的环保投资基金，为产业发展增添新动能。

清洁能源生产方面：广州环投共建设运营15个生活垃圾焚烧发电厂，设计总处理规模37190吨/日；广州市第三至第七资源热力电厂5个一期项目全部在2015年内动工，两年半建成投产；17个新一轮生活垃圾处理项目全部在一年内完成前期工作并进入施工阶段，创造了生活垃圾终端处理设施建设的“广州模式”和“广州速度”。在全国范围内，广州环投打造“7+N”个循环经济产业园体系，陆续中标广东肇庆、雷州，湖南邵东生活垃圾处理项目，市场拓展的步伐不断提速。

国内首个以固废处理为主题的3A级旅游景区——福山循环经济产业园

固废资源开发方面：广州环投运营了5个生活垃圾填埋场，作为飞灰处理的战略应急储备，助力广州形成“焚烧为主、生化为辅、填埋兜底”的垃圾处理新格局。广州环投作为代业主负责市级储备地块的土壤污染治理，同时开展工业危废、建筑废弃物资源化利用和医疗废弃物协同处置项目的建设，产业发展的道路越走越宽，开辟土壤修复新蓝图。环保装备制造方面，广州环投以技术创新催生发展动能，引进开发了自主知识产权顺推式炉排焚烧炉及其配套烟气处理系统；陆续中标四会、茂名等地设备采购项目，成为国内最早拥有焚烧项目三大主机设备设计和生产制造能力的企业，同时开展氢能源环卫车辆的研发制造。

现代服务业方面：在国内，广州环投拥有垃圾焚烧发电、热能高效利用、烟气净化、生活垃圾真空管道收集、垃圾运输专用车和转运站、生活垃圾卫生填埋场等6大核心技术；拿下重庆三峰、粤能电力和梅州电厂二噁英检测订单，实现了二噁英检测外部业务零的突破。在国外，向斯里兰卡填埋场输出运营技术服务。

在“打造领先环保产业集团”发展理念的指引下，广州环投纵向以垃圾处理终端设施建设和运营为核心，向前端垃圾分类、中端收集转运等环卫一体化延伸，正在陆续接手广州11个区的生活垃圾收运业务；横向以生活垃圾焚烧发电为重点，积极在危废处理、医废处理、建废处理、土壤修复、环保技术服务、环保装备制造等领域实现突破拓展。

引进开发、具有自主知识产权的顺推式炉排焚烧炉内部

二、精细管理，运营效能得到新提高

“十三五”期间，广州环投围绕精细化管理采取了一系列降本增效措施。2020年，各电厂“非停”次数同比减少56%，锅炉平均运行时数突破

8100小时，上网售电量同比增长22%，综合厂用电率同比降低1.7%，各主要环保单耗明显下降。在开展生活垃圾焚烧发电厂3A等级评定的基础上，推进“五星级电厂”建设，全面提升运行效率效益。坚持在精细化管理中挖潜内部资源，兴丰填埋场完成LNG（液化天然气）项目主体工程建设，并已成功调试出液，成为亚洲第一个采用填埋气成功提纯制LNG的项目。

在精细化、品质化的管理标准下，广州环投各项环保指标稳定受控，下属项目先后获得国家无害化等级“AAA级生活垃圾焚烧厂”“中国人居环境范例奖”“詹天佑故乡杯”“国家优质工程奖”等多项专业奖项。

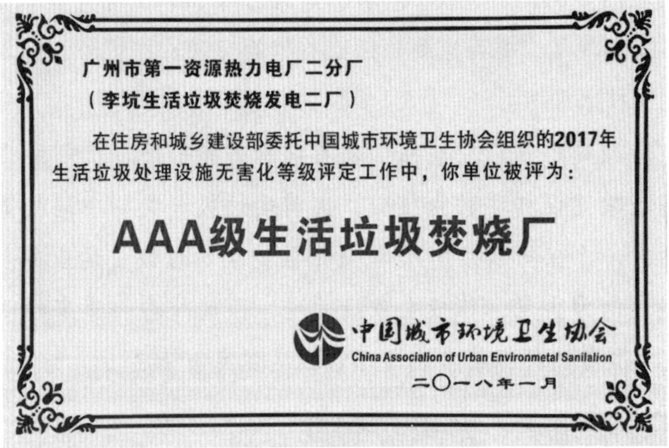

广州市第一资源热力电厂二分厂荣获国家无害化等级“AAA级生活垃圾焚烧厂”

三、全力以赴，担当国企使命，展现新作为

作为广州市属国企，广州环投以“担责善为、不断超越”的企业精神，用国企的责任与担当扛起环保环卫事业的先锋旗帜。

面对新冠肺炎疫情，广州环投共处理疫情防控专项垃圾1.1万吨，实现100%无害化处理；建立六大环保科教中心，开展环保科普研学教育；精准扶贫梅州市丰顺县填江村，累计投入帮扶资金600多万元；助力广州推动实施“千企帮千村”工程，累计投入800多万元帮扶从化区鳌头镇潭口村；开展东西协作，承担贵州省毕节市三个乡村的对口帮扶任务，2019年以来共投入帮扶资金162万元。

广州环保投资集团处理疫情防控专项垃圾

“潮平两岸阔，风正一帆悬。”站在“十四五”规划的新起点上，广州环投将继续践行生态文明建设新发展理念，围绕“深耕广州、服务湾区、走向全国、面向国际”的目标，打造一流环保环卫产业集团，实现从城市固废处理综合服务商到全国性环境综合服务商的全面转型。

资料来源：澎湃新闻网，https://m.thepaper.cn/newsDetail_forward_12262912.

第三，积极履行社会责任，社会贡献度不断提高。广州国资系统承担了3省（自治区）5市（自治州）181个村扶贫、31个村乡村振兴及产业帮扶任务，“十三五”期间共投入帮扶资金88.57亿元，全面完成精准扶贫目标任务，脱贫率达100%。并且全力做好防疫抗疫物资保障工作，全市国企减免租金19.3亿元，惠及中小微企业和个体工商户5万余户，减免路费21.84亿元。广州银行、广州农村商业银行累计向防疫企业及受困企业发放贷款1000多亿元，惠及企业9000多户。市属国资国企是应对风险的压舱石，疫情发生以来，广州市国资委组织市属国企组建2164支党员志愿服务突击队，下沉疫情防控一线党员志愿者9.2万人。组建以委领导带队的机关志愿服务突击队，开展20批累计400多小时的街道社区防疫防控志愿服务。组织17个党支部133名党员，自愿捐款24050元。疫情防控常态期间，继续开展更多领域的精神文明建设，践行以人民为中心的理念，组织党员参加无偿献血，回社区报到并参加垃圾分类、义务公益等活动。全委在职党员回社区报到率达100%，全年机关党员参加社区服务800余人次，参与率达100%。

（四）科技创新能力不断增强

自主创新是国有企业高质量发展的核心动力[①]，国有经济是我国创新生态系统中的重要组成部分[②]，他们在企业规模、资金和资源获取上具有比较优势[③]，是引导行业技术进步的攻坚力量，且创新成果具有很强的外部性，可以产生极大的经济效益和社会效益[④]。广州市国有经济从改革中汲取发展动力，锐意创新，组建广州市国资国企创新战略联盟，创建广州国资国企创新投资基金，科技创新能力不断增强。

第一，创新发展体系不断健全。近年来，广州国资强化创新驱动，制定出台一系列鼓励支持企业科技创新的政策措施，推动国有企业加大创新投入、完善创新机制。2016年首创“政策+联盟+基金”模式，从制度、组织、资本三个层面全方位鼓励和支持市属国企创新发展。并出台《关于推动市属国有企业加快创新驱动发展的若干意见》，分别从发展目标、创新氛围营造、创新考核、创新激励、资金支持、人才机制等八个方面聚焦广州市属国有企业创新驱动发展，通过提高创新在企业负责人业绩考核中的权重、实行研发费用视同利润的考核政策，鼓励市属国企加大科技创新投入。截至2020年底，广州市属国企拥有各类技术和工程中心516个（其中国家级39个），位居全国副省级城市第一，高新技术企业258家，分别比2015

---

① 李世春：《新时代国有企业高质量发展的实现路径分析——基于建筑业的调研》，《学术研究》2020年第3期，第88-94页。

② 滕越、伍凌智、王勇：《国有经济创新力提升与优化国有经济布局》，《经济体制改革》2022年第2期，第26-33页。

③ 聂辉华、谭松涛、王宇锋：《创新、企业规模和市场竞争：基于中国企业层面的面板数据分析》，《世界经济》2008年第7期，第57-66页。

④ 陆毅：《充分发挥国企在经济增长中的重要作用》，《经济参考报》2021年5月17日。

年增加204个和150家，高新技术企业数量占比约8%，大幅高于全市平均比重。研发平台数量持续增多，2020—2021年，新增研发机构103个。截至2021年底，广州国资系统拥有各级研发机构合计598个（其中国家级研发机构43个）、院士工作站12个，均居全国副省级城市第一；高新技术企业269家，多家市属国企成为高科技行业的领军企业。

第二，创新投入力度持续提升。“十三五”期间研发投入持续增长，市属国企研发投入从2015年的69.6亿元增长至2020年的147.5亿元，年平均增速达16.2%，总投入超600亿元，研发强度上升至3.22%。2020年高新技术产品产值占工业总产值的69%，比2015年提高23.4个百分点。2021年全市国企研发投入再创新高，达到197亿元，增长18.7%，工业企业研发强度接近4%，高新技术产品产值率达67%。

第三，创新发展成效显著。2020年以来，广州市属国企2年新增专利授权量5935项，累计超1.77万项，新增专利授权量占总数的1/3左右。获得各级科技奖励457项，多个产业链关键节点取得突破，居行业领先地位。2021年广州独角兽创新企业榜单发布，16家上榜企业中有广钢气体、技象科技、中科云图、广电运通智能等多家企业均由国企内部孵化培育而来。

案例4：广州交通投资集团以科技创新支撑城市建设

在国企改革中，创新投入的提升和研发平台的增长都转化成改革的成效，鹤洞大桥大中修工程就是见证。鹤洞大桥作为连接广州市海珠区与荔湾区两大主城区、双向日均车流量接近13万辆的交通主干道，与珠江两岸居民生产生活息息相关，其一举一动都牵动着珠江两岸居民的心。在历经150天全封闭施工后，大桥正式恢复桥面通车，背后是“四新”技术的创新助力，支撑城市建设的不断突破。

为高质量实施鹤洞大桥自1998年建成通车至今最大规模的一次大中修工程，广州交投集团带领参建各方坚持高起点谋划、高标准推进、高质量落实，通过创新管理手段和创新技术应用，实现了混合梁斜拉桥拉索快速更换、智能型载人拉索检修车、大段砼梁双向平移-连续下放绿色拆除3项技术首创，大段砼梁车载装备交替下放-快速移除、钢-UHPC组合梁桥绿色建造2项技术领先，斜拉索全寿命综合防护延寿、高弯拉砼组合桥面铺装综合改造2项技术突破，攻克了社会影响大、交通疏解难度高、施工条件复杂、施工控制点多、工期紧以及台风、疫情等诸多难题和挑战，科学安排、精心组织，安全高效地完成了主桥144根斜拉索更换、H线引桥1.86万平方米梁板置换、全桥约4万平方米降噪路面铺设、15万平方米防腐涂装、1227米声屏障安装等系列工程。

作为全国首次对双塔双索面复合斜拉桥斜拉索进行更换的项目，与以往换索项目相比，因鹤洞大桥具有主跨柔、边跨刚的不对称性，换索期间桥面会出现较大变形，存在较大结构安全风险。在无先例借鉴的情况下，项目首创混合梁斜拉桥拉索快速更换技术，创造性地采用了单塔对称双塔反对称的换索工艺，且首次采用了分步调索控制技术，确保了换索过程中“主塔不偏位、主梁不下沉”，换索前后索力偏差≤4%、结构线形偏差≤6mm，并将换索工期由原计划的144天优化至83天。通过新技术、新工艺、新材料、新设备“四新”技术的应用，既保障了结构安全和换索精度又极大缩短了施工工期，最终实现提前20天顺利恢复通车。

如今的鹤洞大桥，已披上更加坚固的“铠甲”，实现了更安全、更舒适、更美观的华丽转身，将继续履行城市“大动脉”的责任与使命，服务广州西南部经济社会发展，助力广州更好地发挥粤港澳大湾区交通枢纽功能。

资料来源：光明网，https://m.gmw.cn/baijia/2022-01/10/1302756698.html.

（五）党建引领融合生产经营

我国国有企业改革的历史，就是探索一条国有制与市场经济相兼容的中国特色改革道路的历史。[①]2019年12月，《中国共产党国有企业基层组织工作条例（试行）》印发，把“坚持党建工作与生产经营深度融合，以企业改革发展成果检验党组织工作成效”，列为国有企业党组织工作应当遵循的五大原则的第二位。2020年6月，《国企改革三年行动方案（2020—2022年）》审议通过，其中就强调“推进党建工作与生产经营深度融合”。

一方面，全面加强国企党的领导，实现全国“双首创一率先”。国有企业坚持党的领导、加强党的建设，是我国国有企业的光荣传统，是国有企业的“根”和“魂”[②]，是我国国有企业的独特优势。习近平总书记强调，要通过加强和完善党对国有企业的领导、加强和改进国有企业党的建设，使国有企业成为党和国家最可信赖的依靠力量，成为坚决贯彻执行党中央决策部署的重要力量，成为贯彻新发展理念、全面深化改革的重要力量，成为实施“走出去”战略、“一带一路”建设等重大战略的重要力量，成为壮大综合国力、促进经济社会发展、保障和改善民生的重要力量，成为我们党赢得具有许多新的历史特点的伟大斗争胜利的重要力量。[③]

广州市恪守国企姓党政治基因，践行党建引领政治使命，深入推进国企党建“强根固魂”工程。率先在广东省国资监管机构专门设立企业党建处，制订企业党建工作责任制实施办法，落实监管企业党建进章程、“双向进入、交叉任职”体制、配备专职副书记，重大事项党委、前置实现“四个100%”。构建“双联动”巡察机制，将抓党建纳入市管企业负责人年度经营业绩重要考核指标，推动国企党建与法人治理有机融合。不仅如此，广州还创建了全国首个国企党建学院，定位“立足广州、辐射湾区、

① 杨瑞龙：《探索国有制与市场经济相兼容的中国特色改革道路》，《中国人民大学学报》2021年第3期，第10-14页。

② 田应奎、李伟艺：《新时代国有企业改革发展的理论基础和根本遵循》，《理论视野》2021年第12期，第35-41页。

③ 《习近平在全国国有企业党的建设工作会议上强调：坚持党对国企的领导不动摇》，新华网，http://www.xinhuanet.com/politics/2016-10/11/c_1119697415.htm.

面向全国，以国企党建为主要特色的综合性党建教育培训示范基地”，打造新时代国企基层党务干部的培训摇篮。并且首创覆盖国资系统的党建工作全网运营模式，同步运营“两中心一公号”（国企党建服务中心、国企智慧党建中心、“广州国企党建”微信公众号）。全国率先出台实施《关于加强混合所有制企业党的建设工作的指导意见（试行）》，监管企业全部建立党委，基层党组织3798个、党员6.6万人，20家市管企业成立党校。

另一方面，把党的领导融入公司治理各环节，使党建工作与经营发展充分结合。习近平总书记指出，中国特色现代国有企业制度，“特”就特在把党的领导融入公司治理各环节，把企业党组织内嵌到公司治理结构之中，明确和落实党组织在公司法人治理结构中的法定地位。[①]广州市国资委党委坚持把党的领导、党的建设融入管资本全过程、各方面，推动企业党委更好地把方向、管大局、保落实作用，明确“大党建引领企业大发展”的主线，把企业党组织内嵌到公司治理结构之中，党建与发展同向发力，党建目标与发展目标同步综合谋划。充分发挥国有企业党的政治优势，使之成为企业核心竞争力的有机组成部分，为企业科学发展提供了坚强的政治保证。

广州市坚持“一企一品”，推进特色党建品牌创建活动，打造36个国企党建“广州样板”。11家国企项目获9个国家级、7个省级、19个市级基层党建创新案例奖。例如，广汽集团在深化改革、自主创新中，做到“项目到哪，党建就覆盖到哪”；在精准脱贫、支援抗疫等“大考”中，做到“党旗在哪，广汽人就在哪”；把“书记项目”的“头雁效应”、把引导党员争当先锋和争做表率等精神转化为企业的创新优势、发展优势、竞争优势；连续9年累计实施1729个优秀“书记项目”，解决基层党组织建设、企业生产经营中2000多个突出问题，引领企业在汽车行业激烈的市场竞争中脱颖而出，走出一条党建与经营发展深度融合之路，形成广汽集团党委特色鲜明的党建品牌。

---

① 《习近平在全国国有企业党的建设工作会议上强调：坚持党对国企的领导不动摇》，新华网，http://www.xinhuanet.com/politics/2016-10/11/c_1119697415.htm.

2013年以来，广州市国资委一直积极优化支部结对共建工作，发动机关党支部与企业党支部结对共建，共同开展政治教育活动并加强业务工作交流。2020年，创新打造“机关+企业”联学共建品牌，指导各支部围绕“五共同、五个一”（即共同开展学习，组织一堂党课；共同过组织生活，策划一次活动；共同推动支部建设，整改一个问题；共同交流工作，开展一次调研；共同谋划发展，解决一个难题）积极开展有关工作。以“联学”为基础，优化了党员教育学习，以“共建”为核心，推动了支部建设提质增效，以“服务”为目标，改进了机关解决企业困难的作风，以“同享”为抓手，畅通了政企之间的信息交流，以“融合”为主线，促进了党建业务协同发展。

二、广州国有经济的重大改革创新

改革开放以来，中国经济体制改革的一项重要任务是推动了国有企业的改革进程。①广州国有经济取得巨大成绩背后，是以国资改革带动国企改革跑出“加速度”。广州市国有经济在深化改革谋发展的奋斗历程中，敢于尝试，勇于探索，一是在坚持社会主义方向的前提下稳步推进国有企业的市场化改革；二是采取渐进方式推动国有资产管理体制改革；三是在坚持多种所有制经济共同发展的原则下充分发挥非公有制经济的“鲇鱼效应”作用。对照国家及省市要求，结合国资实际发展情况，围绕城市发展定位而加快企业体制改革，完善国资监管，提升发展质量，强化城市服务能力，全面深化改革多点突破。

① 黄群慧、余菁：《国有企业改革的进程、效率与未来方向》，《南京大学学报（哲学·人文科学·社会科学）》2019年第1期，第87–98页、第160页。

（一）深化“两类公司”试点工作

加快实现从管企业向管资本转变，是推进国家治理体系和治理能力现代化的重要内容。2013年11月，党的十八届三中全会审议通过《中共中央关于全面深化改革若干重大问题的决定》，明确要改革国有资本授权经营体制，组建若干国有资本运营公司，支持有条件的国有企业改组为两类公司。2018年7月《国务院关于推进国有资本投资、运营公司改革试点的实施意见》印发，明确“两类公司”试点安排，就其功能定位、组建方式、授权机制、治理结构、运行模式、监督与约束机制等进行全面部署。“两类公司”，即国有资本投资、运营公司。在“国资委—国有资本投资运营公司—国有企业”的三层国资监管框架中，“两类公司”是构建政府与企业“一臂之距”的核心，是体现政企分开、政资分开、所有权与经营权分开的分水岭，是国资国企改革的重要助推器。

根据中央部署，国务院国有资产监督管理委员会于2014年7月启动“两类公司”试点工作，各省市也陆续开展试点。通过明确与国资监管机构的权责边界，按照市场化、专业化导向加快改革试点，打造了国有资本市场化运作平台，建立起“界面清晰、精简高效、运行专业”的管控模式。从省级层面来看，广东省“两类公司”发展有三方面特色和优势，一是国有资本的体量较大，市场化运作较充分；二是“管资本”的专业性较强；三是资本投资运营的视野比较宽，不局限于支持广东的产业发展，能够更多地从国家战略角度考虑资本整体布局和调整。比如，广东省国有资本运营公司恒健控股充分发挥平台优势，聚焦战略产业集群关键环节、核心企业，支持产业高质量发展，成功打造了“千亿级”基金群，助力广东产业转型升级。

2015年以来，广州对“两类公司”开展改革探索，一是发展国有资本专业化运营，同时探索有效的投资运营模式；二是探索国资委与企业的关系，完善国有资产监管方式；三是推进国有资本投资、运营公司内部改革，探索市场化的企业经营机制。先后成立广州国资发展控股有限公司、改组无线电集团为广州市首家国有资本投资公司试点企业、重组成立广州工业投资控股集团，通过打造国有股权持股平台、资本运作管理平台、战略投资发展平台，在改组组建方式、投资运营模式、授权体系与范围、平台能力及发挥作用等方面已积累了初步经验，完成对辉山乳业、山河智能、金明精机等多家上市公司及多家产业链相关企业的重组收购项目，实现产融结合、产融互动。

“两类公司”是国有资产市场化运作的专业平台，具有资源整合的天然属性，在不断增强广州国有经济竞争力、创新力、控制力、影响力、抗风险能力方面发挥着重要作用。2021年8月，广州国资发展控股有限公司更名并整体改组组建为广州产业投资控股集团有限公司（简称“广州产投集团”），保持原有国有资本运营公司定位不变，强化战略投资发展平台功能，着力打造成为市场化、专业化、国际化的一流国有资本运营和战略投资平台。改组组建以来，广州产投集团秉持“投资广州、投资国企、投资实体”的经营理念，先后参与多家上市公司资本运作，频频推出新动作，不断打出“组合拳”。近期，博世科、珠江钢琴、广州发展、珠江啤酒四家广州国资控股上市公司先后披露了有关股份无偿划转、非公开发行的公告，划入方和增持主体均为广州产投集团，切实展现了广州市首家国有资本投资运营平台的功能作用。

（二）推进国有资本授权经营体制改革

企业拥有更多的决策自主权，可以根据利润最大化的经营目标调整资本投资和劳动力雇佣情况，改善冗员现象，缓解产能过剩[①]，使企业的运行更加符合市场经济规律。推进国有资本授权经营体制改革，授权放权机制运行有效，主要通过制度供给、政策调节等方式来管理国有企业，政府出

① 皮建才、赵润之：《上游国有企业混合所有制改革与下游民营企业产能过剩》，《学术研究》2018年第4期，第98-105页。

资人代表机构履行出资人职责，国有企业享有完整的法人财产权和充分的经营自主权，承担国有资产保值增值责任，充分体现了国资委由管企业向管资本转变的改革方向。通过制定授权放权清单，加大对国有企业授权放权的力度，有利于减少对企业生产经营活动的直接干预，让国有企业发展更加遵循市场经济的规律，有利于国有企业内部治理模式的完善，促进激发微观主体活力与管住管好国有资本有机结合。2019年，《改革国有资本授权经营体制方案》《国务院国资委授权放权清单（2019年版）》先后印发，鼓励企业提高市场化运作，为“两类公司”提供了更多自主权，全面激发微观主体活力。

以“管资本”为纽带，广州市国资委进一步梳理了权责边界，“该放权的放权，该收权的收权”，避免监管越位、错位和缺位。2020年2月，出台《广州市国资委关于以管资本为主推进职能转变 改革国有资本授权经营体制的实施方案》，将党的十九大提出的“管资本为主”的要求政策化、制度化。通过优化国资委履职方式，升级国资监管权责清单2.0版，厘清权责分工，明确市国资委分别对直接监管企业，国有资本投资、运营公司，“双百企业”，职业经理人试点企业等不同类型企业给予不同范围和程度的授权放权，定期评估效果，并根据评估结果采取扩大、调整或收回等措施动态调整。截至2021年底，已授予企业42项授权放权事项，完成现有“两类公司”“双百企业”授权放权，基本构建起以管资本为核心、“强监管”与“赋动能”双轮驱动的国有资本授权经营体制。

（三）完善国有资产监管体制

国有资产监管体制是经济体制的重要组成部分。[①]党的十九届四中全会提出：“形成以管资本为主的国有资产监管体制。”这是以习近平同志

① 朱炜、李伟健、綦好东：《中国国有资产监管体制演进的主要历程与基本特征》，《经济学家》2022年第2期，第97-108页。

为核心的党中央立足党和国家事业发展全局，对深化国资国企改革作出的重大决策部署。要建立统一规范的国有资产监管制度体系，防止国有资产流失，确保国有资产保值增值。2019年4月，国务院印发《改革国有资本授权经营体制方案》，要求搭建实时在线的国资监管平台，加快优化监管流程、创新监管手段，充分运用信息技术，搭建连通出资人代表机构与企业的网络平台。2019年11月，国务院国资委印发《关于进一步推动构建国资监管大格局有关工作的通知》，要求各地国资委要加快本地在线监管系统建设，促进形成上下联动的信息化监管格局。同年，广州市人大常委会也要求加快建设国有资产管理信息共享平台。从“管企业”“管资产”向“管资本”转变的进程，实质就是通过以股权为纽带的监督管理方式，化解“政企不分”“政资不分”的问题。①

广州市国资委成立以来，围绕新机构功能定位与发展使命，出台一系列制度文件，重点从股份制改革、经营者业绩考核、财务预算与监控、产权管理、规范改制、对外投资等方面进行制度引导和规范，建立起全新的国有资产监督管理体系，为市属企业参与市场竞争，构建良好的制度环境。以透明化、规范化、法治化为导向完善国资监管体系，有效强化风险管控，优化监管模式，提升监管效能。

广州市国资委以透明化、规范化、法治化为导向完善国资监管体系，有效强化风险管控，优化监管模式，提升监管效能。主要创新为以下三点：一是深化统一监管。广州市国资委早在2011年就启动了市属经营性国有资产统一监管工作，2013年完成市属经营性国有资产统一监管，近年推动超300家事业单位所办企业及转企事业单位纳入市国资委统一监管。二是推动监管数字化转型。为加快构建信息化、大数据分析平台，补足智能监督体系短板，广州市国资委逐步建立以问题为导向，向信息化要资源、向大数据要效率的监管思路，创新国资国企监督技术方法。广州市国资委

① 杨彦伟、胡艳敏、李保荣：《地方国资国企发展与监督管理的探析》，《国有资产管理》2019年第5期，第32—38页。

近年加快“智慧国资”信息系统建设，打造国有企业阳光采购服务平台，智慧国资系统全面上线运行。依托“智慧国资”平台，采用信息系统采集数据，及时掌握企业整改落实、人员结构，问题责任追究等监督信息，提高国企国资监督效率和精准度，以信息化手段提升国资监管能力。2020年5月，“全景式”问题监督管理平台完成系统初步开发，具备测试条件。按照监管企业不同分类，广州市国资委挑选六家试点企业，试运行“全景式”问题监督管理平台。通过全景式问题情况、监督工作报告表、监督工作报告书、内审人员情况、领导干部经济责任审计情况、统计分析、通知公告等模块，运用信息系统，实现大数据综合、分析、运用，共性问题、重大问题获取，形成风险预警，为监督者和决策者提供了从宏观和整体上把握重点问题、共性问题和突出问题的新视角，极大促进了监督效力的提升。三是完善国资监管体制。整合多方面监督资源，健全覆盖国资监管全部业务领域的出资人监督制度，形成协同高效的综合监督合力，筑牢经营风险防火墙。2022年，广州轻工集团举办重点二级企业总法律顾问聘任仪式，6家重点子企业完成总法律顾问配备，这背后折射出老牌国企迈向现代化企业治理的新跨越。至此，广州轻工逐步形成了财务、审计、纪检、法律四位一体的风险防范模式，实现了事前、事中、事后监管的全覆盖。

（四）深化中国特色现代企业制度

党的十九届四中全会提出“深化国有企业改革，完善中国特色现代企业制度”，为国有企业深化改革指明了方向。习近平总书记在全国国有企业党的建设工作会议上指出，坚持党对国有企业的领导是重大政治原则，必须一以贯之；建立现代企业制度是国有企业改革的方向，也必须一以贯之。[①]习近平总书记的重要讲话，深刻阐明了中国特色现代企业制度首先要

① 《习近平在全国国有企业党的建设工作会议上强调：坚持党对国企的领导不动摇》，新华网，http://www.xinhuanet.com/politics/2016-10/11/c_1119697415.htm.

有中国特色，要坚持党对国企的领导，还要包含现代企业制度。中国特色现代企业制度是指建立在现代企业制度基础之上的党的领导与公司治理、政治建设与生产经营相结合的符合中国经济现代化发展要求的企业制度体系。中国特色现代企业制度建设的主要方向和内容，就是围绕做强做优做大国有企业的总目标，高质量地构建协调运转、有效制衡的公司法人治理结构，建立职业经理人制度，更好发挥企业家作用，深化企业内部用人用工薪酬制度改革，建设具有全球竞争力的世界一流企业。

遵循市场化改革的思路，广州市国资委积极推动市属企业完善现代企业制度和法人治理结构，以2009年《中共广州市委、广州市人民政府官员进一步推动国有企业改革与发展的意见》文件出台为标志，广州市国资委以规范董事会建设为前提，对条件成熟的企业授予主业投资权、经理层选聘权和业绩考核及分配权，打造了在全国具有影响力的国有企业法人治理的"广州模式"，该文件的做法与经验在当前全面深化国企改革的阶段，对于全国各地方国资国企仍有十分积极的指导意义。2013年市属经营性国有资产统一监管前，广州市国资委监管的市属企业已基本完成了公司制改造。统一监管后，广州市国资委进一步指导广州银行、广州农商行等市属国有企业完成公司制改革，指导地铁总公司（广州地铁集团前身）改制为国有独资公司。

在建立现代企业制度过程中，董事会建设是重中之重。国务院办公厅于2017年印发了《关于进一步完善国有企业法人治理结构的指导意见》，提出"加强董事会建设，落实董事会职权"的相关要求。广州市国资委在推进落实董事会职权上，走在了前列。早在2011年，广州市国资委就启动了监管企业规范董事会建设验收相关工作。[①]2017年，《广州市国资委关于全面推进规范董事会建设的通知》印发，在总结监管企业规范董事会建设成果的基础上，对充分发挥公司章程的基础作用、合理设置董事会机构、

① 覃海宁、陈晓霞、刘明：《落实董事会职权：从"有为"到"卓越"——新时代推进广州国企规范董事会建设的报告》，《国企管理》2021年第17期，第66-73页。

优化配置外部董事、完善公司治理相关配套制度等方面提出了进一步的要求。同时，也制定了外部董事管理、考核评价等相关管理制度，在规范董事履职方面做出了有效尝试。2018年，广州市国资委已经实现了竞争性企业外部董事过半，准公益性企业外部董事不少于三分之一的目标。截至2020年底，在24家直接监管企业中，除1家非公司制企业外，其他23家均建立董事会，超过九成企业完成规范董事会验收工作。近年来，广州市国资委对23家公司制企业派出专、兼职外部董事，独立董事近百人，每年对外部董事履职情况进行考评，有效提升了外部董事履职的积极性和自觉性。

除此以外，近年广州国企体制改革重点聚焦市场化选人用人和推进企业工资决定机制改革，深化企业内部用人用工薪酬制度改革，积极推进用人用工市场化，实现管理人员能上能下、员工能进能出、收入能增能减。2009年，在中共广州市委、广州市人民政府的统一部署下，广州通过了《关于进一步推动国有企业改革与发展的意见》，在全国率先取消市属国企的行政级别，逐步在竞争性企业铺开企业领导人员市场化选聘工作。2019年，《关于在市管企业开展职业经理人试点工作的指导意见》发布，对试点企业基本条件、确定程序、试点职位、选聘方式、管理规范等提出了明确规定。经中共广州市委同意，广汽集团在全省大型国有企业集团层面率先开展职业经理人试点，后来稳妥有序扩大职业经理人试点范围，指导越秀集团、无线电集团等“双百企业”制订了职业经理人试点实施方案，形成可复制推广的国有企业职业经理人改革经验和模式。广州市属二级及以下企业不断扩大职业经理人试点范围，区属国企普遍试点市场化选人用人；并且实施分类考核，完善差异化考核机制，9家企业实施员工持股、股权激励试点，印发《广州市国资委监管企业工资总额管理办法（试行）》，深化业绩考核和薪酬分配机制改革。

案例5：职业经理人改革在世界大变局中逐渐凸显优势

作为国务院国企改革“双百行动”首批企业，广汽集团全面推进体制机制创新变革，加快探索构建能够快速适应内外部变化要求的扁平化、专业化、灵活敏捷的柔性组织，在职业经理人试点、组织机构改革、强化激励约束机制等多个方面取得重要突破，率先在广州市属企业层面开展职业经理人改革试点，广州首家国企探索建立“一人一方案”的职业经理人差异化考核体系，企业内部全面推进实施任期制和契约化管理，实现“岗位有任期、职务有职责、业绩有目标、失职有调整”。

2021年12月18日，广汽集团22家投资企业党组织负责人、经营负责人签署任期制和契约化管理契约，为广汽集团进一步深化国企改革工作迈出了坚实的一步。

得益于职业经理人试点等改革举措，广汽集团领导班子齐心协力，抓创新促发展，顶住了宏观经济下行、贸易局势震荡、环保标准切换、新能源补贴退坡等因素带来的市场下行压力，职业经理人制度的优势从当前世界大变局中体现出优势。2021年1—11月，广汽集团累计生产汽车187.0万辆，同比增长3.1%；累计销售汽车191.1万辆，同比增长4.1%；累计终端销售汽车192.9万辆，同比增长6.6%；连续九年入围世界500强，位列第176位；以强劲的综合竞争力为广州市经济社会发展作出积极贡献。

资料来源：广州日报，https://www.gzdaily.cn/amucsite/web/index.html#/detail/1733367.

（五）积极稳妥推进混合所有制改革

混合所有制改革是指企业之间通过国有资本与非国有资本交叉持股、相互融合的改革方式，形成相互促进、优势互补、共同发展的多元化产权结构，最终实现“1+1＞2”的企业治理效果和经济协同效应。①

积极稳妥推进混合所有制改革，有利于放大国有资本功能，发挥战略

① 陈林、陈焕然：《发展混合所有制经济的路径选择——基于“双向混改”模式的讨论》，《学术研究》2021年第5期，第78-84页。

投资者在公司治理、企业经营等方面的积极作用，促进多种所有制经济的取长补短。2015年9月，国务院印发《国务院关于国有企业发展混合所有制经济的意见》，提出发展混合所有制经济，是深化国有企业改革的重要举措，要推进国有企业混合所有制改革，促进各种所有制经济共同发展。在新发展阶段中，机制活，企业活，探索员工持股和股权激励等中长期激励形式亦成一道新考题。而作为激发活力的重要途径和突破口，混合所有制改革和股权多元化的热度和力度不断攀升。

2018年8月，《广州市人民政府关于市属国有企业发展混合所有制经济的实施意见》印发，提出能混则混，要重点在竞争性国有企业和子公司层面推进混改。力争到2020年，竞争类国有企业基本完成混合所有制改革，准公益类国有企业中符合条件的实现混合所有制改革发展新突破，混合所有制企业主要效益指标贡献度达到85%。鼓励各类资本参与市属国有企业混改，鼓励国有资本以多种方式入股非国有企业。并且通过出台科创型企业实施员工持股、股权和分红激励的工作指引，全面规范并稳妥有序推进广州国企混合所有制改革，大力实施上市公司“二次混改”和双向混改。近年来，广州国资充分利用资本市场，推动市属国企IPO（首次公开募股）上市、“二次混改”、双向混改，已形成广州模式。广州国资在改革过程中一边引入民营战略投资者，一边将国有资本投向民营企业，一进一出之间，激活多元化市场主体活力，实现与各种所有制投资者融合发展。“十三五”以来，广州国资系统累计推进混改项目超500个，引进各类非公投资者1.6万多个，投资额超900亿元，其中2020年来实施混改项目140多个，引入非国有资本总量超过200亿元；市属国企集团层面混改率达三分之一，二级及以下企业混改率近六成；联合社会资本加大新兴产业发展。广州工业投资控股集团有限公司（简称“广州工控”）成功控股央企子企业南方宇航，成为央地混改样本。广钢气体成功引入兴橙资本、红杉资本等知名基金参与混改。

广州市高度重视推动企业上市工作。2015年广州市出台《中共广州市委、广州市人民政府关于全面深化国资国企改革的意见》，率先提出以

“整体上市”为主要形式推动集团层面混改，并明确提出“至2020年，竞争性领域的市属企业全部实现整体上市或至少控股1家上市公司”。2020年制定《广州市国企改革三年行动实施方案（2020—2022年）》，进一步提出“2022年每家公益性企业至少控股一家上市公司”。广州市属国企一级企业集团层面混改比例全国第一。广州国资控股上市公司增至30家，数量领先同类城市，上市公司资产和营收占竞争性板块的比例超过70%。地铁设计院2020年实现IPO上市，公益性企业上市发展实现历史性突破。2016年以来，12家上市公司完成募资金额超600亿元的“二次混改”，混改比例和募资规模全国第一。其中，广汽集团定增150亿元成为全国地方国企最大规模的再融资项目。并且，大力实施“双向混改”，广州工控开创先河参与央企中国航发湖南南方宇航工业有限公司混改，打造央地民合作新典范。积极稳妥推进员工持股和股权激励，员工持股试点企业数量占全省2/3，上市公司及科技型企业股权激励数量领先全省。“十三五”期间，新增（含收购）上市公司8家，广州市国有控股上市公司达31家。

案例6：广州工控系企业混改率超70%

广州工控作为混合所有制改革的企业代表，是一家由广钢集团、万宝集团、万力集团、广智集团4家工业集团重组而成的先进制造业投资集团。在国企改革三年行动中，广州工控积极推进属下企业混改工作，目前混改率已超过70%。旗下广州广钢气体能源股份有限公司（下简称“广钢气体”）通过广州产权交易所完成新一轮公开引战增资工作，募集资金约3.48亿元，下一步将进入IPO冲刺阶段。广州工控在混改中正蹚出一条“以‘混’为手段，以‘改’为目的，通过公有资本与非公资本优势互补，转换企业经营机制”的改革之路，并计划2022年冲刺世界500强。

广州工控在装备、家电、新能源、智慧楼宇等既有产业基础上，通过混改，积极与日立、松下、海瑞克、江森自控、西门子等跨国企业合作，合资建设产业链链主企业，打造行业顶尖产品。目前，日立电梯为广州东塔提供的电梯为世界上最高速度的电梯。江森自控日立万宝压缩机率先开发出涡轮变频压缩机，西门子制造的世界最高端直流高压换流变压器开启全球特高压输电技术发展新纪元。

一、放大资源优势，投资并购优势民营产业

广州工控聚焦自身产业延链补链，通过投资并购行业头部企业，快速切入产业链空白和薄弱环节，推动自身产业高质量发展。广州工控一方面纵向打造产业链，加强产业链控制能力。另一方面，横向做行业扩张，既能提升市场竞争力，也能提高市场占有份额。先后并购高科技上市公司山河智能，壮大广州国资工程机械规模，填补了航空产业空白；并购鼎汉技术，补足广州轨道交通车辆核心零部件短板，实现既有产业延链补链。同时，广州工控还积极探索混改“深”模式，主动与产业链民营龙头企业设立合资企业，通过市场换产业、产业换产值，提高混改企业市场化运作水平。与民营上市公司佳都科技集团股份有限公司（持股26%）、广州白云电器设备股份有限公司（持股26%）等企业合资成立广州大湾区轨道交通产业投资集团有限公司，发挥轨道交通产业市场优势，促使科技、人才、资本等关键要素资源在广州集聚，开创了轨道交通行业“订单+资本+产业”的发展新模式，实现轨道交通全产业链高质量发展。广州工控成立以来，截至2021年11月底，属下生产经营企业336家已进行混改的企业有237家，混改比例超过70%，引入非公资本超过12亿元人民币，直接撬动社会资本约300亿元。

二、引入优质战略投资者，推进广钢气体实现产业突破

广州工控正通过混改加速专精特新企业培育。其中，广钢气体的培育就是其中的典型代表。在混改过程中，成功引入铜陵有色、国家大基金二期、广州国发、石溪资本、合肥产恒、TCL创投、尚融资本、广州基金、穗开投资、工控资本等10家战略投资者。该企业着重选择具有半导体、芯片、化工等背景的产业投资者和国内外知名的财务投资者，在战略资源、业务发展、公司治理及市值背书等方面为公司赋能，抢抓全国集成电路和半导体产业布局的黄金机遇期，成功突破外资垄断。

此外，该企业还推进员工持股，允许员工通过持股平台以外部投资者的认购价格同步入股，引入资金约1.12亿元，累计引入资金6.82亿元，有效支撑了广钢气体全国产业布局和半导体领域“零”的突破。

三、聚焦混改企业管理，探索职业经理人与人才激励有效路径

广州工控正逐步建立“突出经营业绩、突出刚性考核”的职业经理人制度，通过“考核层层落实、责任层层传递、激励层层衔接”的工作机制，推动集团目标与混改企业目标一致，落实到位；同时，建立骨干员工股权激励机制，促使公司利益和管理团队利益深度绑定。比如，在对山河智能混改过程中，通过对公司548名高管和技术、业务骨干股权激励，公司混改后在绿色环保、节能降耗、自主创新等方面取得突破性进展，解决卡脖子问题。

此外，广州工控还探索工资总额备案制。授权董事会根据企业经济效益、劳动生产率水平等决定工资总额，建立与市场水平相适应的薪酬机制。广钢气体混改后从林德、法液空、空气化工等国际巨头吸引近100名专业人才加盟，为公司发展集聚了一支高端引领、自立自强的战略人才队伍。

资料来源：广州日报，https://www.gzdaily.cn/amucsite/web/index.html#/detail/1733056.

三、广州国有经济改革重要政策梳理

党的十八大以来，国有经济改革不断深入推进，管理体制和经营机制发生深刻变化，为了更好解决国有企业改革中的实际困难和矛盾，中央和地方都配套出台了一系列支持政策措施。国企改革顶层设计“1+N”政策体系的基本完成，新一轮深化国资国企改革开始全面推进。2015年8月，《中共中央、国务院关于深化国有企业改革的指导意见》（以下简称《指导意见》）印发，这是新时期指导和推进中国国企改革的纲领性文件。2020年6月，中央全面深化改革委员会审议通过《国企改革三年行动方案（2020－2022年）》。

在国资国企改革系统深入方面，广州也早铿锵前行。2015年，广州市出台了《关于全面深化国资国企改革的意见》。2018年，广州出台了《关于促进国资国企改革创新发展的实施意见》，明确未来攻坚的改革目标及具体举措，形成深化国资国企改革的"升级版"路线图。2020年印发《广州市国企改革三年行动实施方案（2020—2022年）》，国资国企"1+N"政策体系进一步完善。"1+N"政策体系中的"N"可以按《指导意见》正文七大板块内容，按照先国家再广州的顺序梳理和归纳为以下七个方面。

（一）分类推进国有企业改革

国有企业混合所有制改革要在分类的前提下进行。[①]通过界定功能、划分类别，实行分类改革、分类发展、分类监管、分类定责、分类考核，提高改革的针对性、监管的有效性、考核评价的科学性。《关于国有企业功能界定与分类的指导意见》《关于完善中央企业功能分类考核的实施方案》分别于2015年、2016年印发，要求准确界定不同国有企业功能，有针对性地推进国有企业改革。

国企既有商业类企业一般性质，即有着提高企业竞争力的市场性和追求保值增值的营利性，还有公共性企业特殊性质，即承担区域、产业发展功能和重大财政、社会责任。因此，为区分广州市国企不同类型，2020年，广州市国资委印发《关于调整监管企业分类考核的实施方案》的通知，在合理界定企业功能定位的基础上，完善企业分类，突出考核重点，实施分类考核，以提高国企改革的针对性、发展的目的性、考评的科学性

① 盛毅：《新一轮国有企业混合所有制改革的内涵与特定任务》，《改革》2020年第2期，第125－127页。

和监管的有效性，重点突破，全面推进。

（二）完善现代企业制度

《国务院办公厅关于进一步完善国有企业法人治理结构的指导意见》对改进国有企业法人治理结构、完善国有企业现代企业制度提出具体要求。《国务院关于改革国有企业工资决定机制的意见》提出，建立健全与劳动力市场基本适应、与国有企业经济效益和劳动生产率挂钩的工资决定和正常增长机制，完善国有企业工资分配监管体制，充分调动国有企业职工的积极性、主动性、创造性。为推行国有企业经理层成员任期制和契约化管理、建立职业经理人制度的决策部署，指导“双百企业”率先全面推进相关工作，2020年，《“双百企业”推行经理层成员任期制和契约化管理操作指引》和《“双百企业”推行职业经理人制度操作指引》印发，为“双百企业”全面推行经理层成员任期制和契约化管理、积极推行职业经理人制度提供了系统规范的操作指南。建设现代企业制度的关键是实现依法治企，为规范国有企业组织和行为，加强公司章程制定管理，2021年《国有企业公司章程制定管理办法》印发。

广州市坚持“两个毫不动摇”，深化国有企业改革加快推进企业完成公司制改制，按照《广州市国有企业公司制改革工作实施方案》，加快完善有效制衡的公司法人治理结构，切实提升国有企业经营管理水平。广州市国资委于2017年12月印发了《关于进一步完善市属国有企业法人治理结构的实施意见》，进一步完善市属国有企业法人治理结构。为规范和完善监管企业公司治理，规范、促进和保障外部董事勤勉履职，2018年广州市印发《广州市国资委监管企业外部董事管理办法（试行）》。为进一步推进市属企业法治建设，提升依法治企能力水平，广州市国资委先后印发《广州市国资委监管企业公司章程管理操作指引（试行）》《广州市国资委监管企业（国有独资公司）章程范本（2020版）》《广州市市属企业主要负责人履行推进法治建设第一责任人职责实施办法》。

（三）完善国有资产管理体制

为推进以管资本为主加快国有资产监管机构职能转变，《国务院关于改革和完善国有资产管理体制的若干意见》《国务院办公厅关于转发国务院国资委以管资本为主推进职能转变方案的通知》《国务院关于推进国有资本投资、运营公司改革试点的实施意见》《国务院关于印发改革国有资本授权经营体制方案的通知》《国务院国资委关于以管资本为主加快国有资产监管职能转变的实施意见》《关于进一步推动构建国资监管大格局有关工作的通知》《关于加强国有企业资产负债约束的指导意见》等陆续印发。

为改革国有资产管理体制和国有资本授权经营体制，推动国有资本在实现"老城市新活力"上充分发挥国资国企保障、支撑、引领作用，《广州市国资委关于以管资本为主推进职能转变 改革国有资本授权经营体制的实施方案》印发。为进一步规范广州市国有企业境外国有资产交易行为，加强境外国有资产交易监督管理，对2018年颁布的《广州市国资委监管企业境外国有资产交易监督管理试行办法》进行了修订。2022年2月，《广州市国资委监管企业境外国有资产交易监督管理办法》印发。为加快推动监管企业全面加强合规管理，《广州市市属企业合规管理指引（试行）》《广州市国资委关于国有创业投资企业资产评估管理试点的实施意见》《广州市国资委监管企业资产评估管理办法》《广州市国资委监管企业数据安全合规管理指南（试行2021年版）》等政策文件印发。

（四）发展混合所有制经济

改革开放以来，国有企业混合所有制改革作为我国经济体制改革的重要组成部分。[①]为稳妥推动国有企业发展混合所有制经济，《国务院关于国

① 何瑛、杨琳：《改革开放以来国有企业混合所有制改革：历程、成效与展望》，《管理世界》2021年第7期，第44-60页。

有企业发展混合所有制经济的意见》《关于国有控股混合所有制企业开展员工持股试点的意见》《关于深化混合所有制改革试点若干政策的意见》《国家发展改革委办公厅关于印发〈国有企业混合所有制改革相关税收政策文件汇编〉的通知》《中央企业混合所有制改革操作指引》《关于鼓励和规范国有企业投资项目引入非国有资本的指导意见》《国有科技型企业股权和分红激励暂行办法》《关于中央企业加强参股管理有关事项的通知》等重要政策文件陆续印发。

发展混合所有制经济，吸收社会资本，是国有企业增强自身活力，提高全球竞争力的重要途径。中共广州市委、广州市人民政府印发的《关于促进国资国企改革创新发展的实施意见》也提出，到2020年，广州竞争类国有企业（主业处于充分竞争行业的国企）基本完成混合所有制改革，力争竞争类市属国有企业全部实现整体上市或至少控股1家上市公司，资产证券化率达到80%左右。

（五）强化监督防止国有资产流失

加强监督防止国有资产流失，既是国有企业改革的重要内容，也是国有企业改革的基础和前提。《国务院办公厅关于加强和改进企业国有资产监督防止国有资产流失的意见》《关于加强重大经营风险事件报告工作有关事项的通知》《关于深化国有企业和国有资本审计监督的若干意见》《企业国有资产交易监督管理办法》《上市公司国有股权监督管理办法》《关于进一步明确非上市股份有限公司国有股权管理有关事项的通知》《国务院办公厅关于建立国有企业违规经营投资责任追究制度的意见》等政策文件印发。

2018年，《广州市国资委监管企业全面预算管理办法》印发，推动以预算管理为导向构建企业管理控制系统，提高企业经营管理和风险防控水平，强化对监管企业营运监督。2019年，中共广州市委巡察工作领导小组印发的《关于市国资系统开展党委巡察工作的实施意见》，建立了市国资委党委巡察制度。为加强和规范广州市市属企业违规经营投资责任追究工作，进一步完善国有资产监督管理制度，落实国有资产保值增值责任，有效防止国有资产流失，《广州市市属企业违规经营投资责任追究实施办法（试行）》印发。

（六）加强党对国有企业的领导

为在深化国有企业改革中坚持党的领导及加强党的建设提出要求、作出部署，《关于在深化国有企业改革中坚持党的领导加强党的建设的若干意见》《关于中央企业构建“不能腐”体制机制的指导意见》《中国共产党国有企业基层组织工作条例（试行）》印发。2021年5月，中共中央办公厅印发了《关于中央企业在完善公司治理中加强党的领导的意见》，对于推进中国特色现代企业制度建设、中央企业坚持和加强党的全面领导等具有重要意义。

2020年1月，广州市委组织部印发《关于明确市管国有企业、驻穗中央企业党建工作领导和指导责任的通知》明确，28家市管国有企业和12家驻穗中央企业党组织关系由隶属市委调整为隶属市国资委党委，由市国资委党委负责国有企业党的建设的具体指导和日常管理职能。2021年先后印发《关于市属国有企业进一步落实全面从严治党主体责任的意见》《广州市市管企业党建工作责任制实施意见》等制度文件，压紧压实国有企业管党治党根本政治责任。

（七）为国有企业改革创造良好环境条件

加快剥离国有企业办社会职能和解决历史遗留问题是深化国有企业改革的重要内容，为确保深化国有企业改革顺利推进，《加快剥离国有企业办社会职能和解决历史遗留问题工作方案》《关于国有企业职工家属区“三供一业”分离移交工作的指导意见》《关于国有企业办市政、社区管理等职能分离移交的指导意见》陆续印发。

2020年，广州市先后印发《广州市推进国有企业退休人员社会化管理工作实施意见》《广州市关于全面落实剥离国有企业办社会职能和解决历史遗留问题2020年工作计划》《广州市国有企业退休人员社会化管理整体移交工作方案》，进一步规范广州市国有企业退休人员社会化移交接收工作操作流程，为全市稳步推进国有企业退休人员管理工作提供政策依据。为支持有需求、有条件的市属国有企业参与创业投资，印发《广州市国资委关于鼓励市属国有企业参与创业投资的若干意见》。

第二章

优化国有经济产业布局

作为国企改革三年行动的重要内容之一，优化国有企业布局要解决的是国有经济“向哪里分布”和“分布多少”的问题。国有资本布局优化与结构，是以管资本为主的国资监管体制改革的迫切需要和确保国有资本保值增值的必然要求。2021年12月8日至10日，中央经济工作会议提出，结构政策要着力畅通国民经济循环。要深化供给侧结构性改革，重在畅通国内大循环，重在突破供给约束堵点，重在打通生产、分配、流通、消费各环节。2022年3月5日，国务院总理李克强在政府工作报告中提出，要“完成国企改革三年行动任务，加快国有经济布局优化和结构调整，加强国有资产监管，促进国企聚焦主责主业、提升产业链供应链支撑和带动能力”。优化国有资本重点投向和领域，要加大新型基础设施建设投入，推动互联网、大数据、人工智能等同各产业深度融合，推动国有资本向关系国家安全、国民经济命脉的重要行业和关键领域集中，向提供公共服务、应急能力建设和公益性等关系国计民生的重要行业和关键领域集中，向前瞻性战略性新兴产业集中，巩固和增强在关系国家经济、科技、国防、安全等领域的控制力、影响力。

一、优化国有经济产业布局的改革逻辑

国有资本作为中国经济中的重要组成部分，布局是否合理对整个经济结构的调整有重要影响。改革开放以来，我国国有经济取得长足发展，在促进经济高速增长、推进工业化进程、提高经济国际竞争力等方面发挥了重要作用。现阶段，我国经济进入高质量发展阶段，通过国家顶层设计的改革创新优化国有资本布局，进行经济结构调整至关重要。

对国有资本进行统筹规划和战略引导，构建国有资本战略规划体系，有机结合国家战略与市场需求，优化国有资本重点投资领域，服务国家重大战略、区域发展战略和产业政策规划。推动地方国有资本向关系国计民

生和地方经济命脉的重要行业和关键领域、重点基础设施集中，向前瞻性、战略性产业集中，向具有核心竞争力的优势企业集中。制定路线图、时间表，整合、组建地方国有资本投资、运营公司，推进产业类企业转型，分阶段、有步骤地推进“地方国资委—投资公司—混合所有制”三层改革模式改革落地[①]。

2020年11月2日审议通过的《关于新时代推进国有经济布局优化和结构调整的意见》部署要求，加快推进国有企业产业布局优化和结构调整，更好服务国家战略目标和地方经济社会转型发展，以优化布局补齐高质量发展短板，做强做优做大国有企业。《国企改革三年行动方案（2020—2022年）》在聚焦八个方面的重点任务中将推进国有资本布局优化和结构调整，聚焦主责主业，发展实体经济，推动高质量发展，提升国有资本配置效率放在了较为首要的位置，并提出要形成更加成熟更加定型的中国特色现代企业制度，以管资本为主的国资监管体制取得明显成效，在推动国有经济布局优化和结构调整上取得明显成效，在提高国有企业活力和效率上取得明显成效，做强做优做大国有资本和国有企业，增强国有经济竞争力、创新力、控制力、影响力、抗风险能力。

《关于新时代推进国有经济布局优化和结构调整的意见》指出，推进国有经济布局优化和结构调整，对更好地服务国家战略目标、更好适应高质量发展、构建新发展格局具有重要意义。坚持问题导向，针对当前国有经济布局结构存在的问题，以深化供给侧结构性改革为主线，坚持有所为有所不为，聚焦战略安全、产业引领、国计民生、公共服务等功能，调整存量结构，优化增量投向，更好把国有企业做强做优做大，坚决防止国有资产流失，不断增强国有经济竞争力、创新力、控制力、影响力、抗风险能力。

我国在大力推进国有企业改革的同时，通过国有资本战略性重组、集

① 才华、周志文等：《国有资本投资公司改革研究》，《国企管理》2021年第3期，第40-51页。

中优势资源聚焦关键环节和重要领域、提高国有资本运作效率等多种方式优化国有资本布局，取得了较为突出的成效，产生了一批改革典范企业和改革探索经验。与此同时，国有资本布局规模过散、行业分布过宽、公益性体现不够、产业结构不合理、流动性不强、区域分布发展不平衡、国有企业治理机制不完善、竞争力不强、经营效率不高等问题依然突出。[①]这些问题都与国有资本产业布局分散、管理层级多、对产业链关键领域控制力较弱等久攻不下的老大难问题有关。

二、广州国资不断完善产业布局

优化国有经济布局结构，推动国有资本做强做优做大是广州新一轮深化国企改革的目标和方向。2021年，广州市国企资产总额突破5万亿元，11月末达5.4万亿元，比2019年末增长30.2%；1—11月实现营收9296.8亿元、利润总额683.6亿元、上缴税费703.2亿元，同比分别增长12.7%、7.4%和11.6%。

（一）充分发挥政策引领作用

2015年8月24日，《中共中央、国务院关于深化国有企业改革的指导意见》印发，这是新时期指导和推进中国国企改革的纲领性文件，提出坚持以市场为导向、以企业为主体，有进有退、有所为有所不为，优化国有资本布局结构，增强国有经济整体功能和效率。

2021年9月，广州市国资委发布《广州市国有经济布局优化与结构调整“十四五”规划》（以下简称《规划》），提出围绕五大板块推动企业构

① 刘现伟、李红娟、石颖：《优化国有资本布局的思路与策略》，《改革》2020年第6期，第71-86页。

建“5+N+X”的产业集群，新能源汽车和生物医药与健康等5个战略性新兴产业、农业和商贸文旅等N个赋能升级性产业，着力推动智慧广州和绿色产业建设。提出打造高质量发展的现代产业体系，国有资本布局调整更加优化，形成具有更强创新力、更高附加值、更安全可靠的产业链、供应链；大幅提高战略性新兴产业投资力度，一批优势产业创新园区打造成形，成为新时期广州国资发展新的增长极。此外，《规划》还提出在城市基础设施和公共服务、支柱产业发展领域发挥主力军作用，城市战略安全和社会服务保障能力建设取得明显成效。力争在2025年有市值千亿级企业3家、500亿级企业4家，力争5家企业进入世界500强，8家企业营收规模达到千亿级，超过10家企业进入中国500强，国企控股上市公司达45家。

（二）资源重组整合深入推进

“十三五”期间，广州国有资本布局结构得到了进一步优化，国有企业结构得以调整精简，重点发展企业做强做优做大成效明显，国资创新引领功能得以加深。广州市国资委直接监管企业从35家调整至27家（2020年3家金融企业划转至财政局后剩余24家），资源得到重组整合、结构优化。持续“压缩精简”深化国资瘦身健体，累计出清“僵尸企业”604户。

“十三五”以来至2021年底，广州国资累计推进14组29家一级企业重组，其中2020—2021年，完成6组8家，推进港口、工业、商业、食品企业等专业化整合。在资源整合和压缩精简等举措的共同推进下，2021年11月，五大核心产业（汽车、金融、生物医药与健康、装备制造、电子信息）资产总额、营业收入、利润总额分别占广州市属国企的50%、41%和46%；[①]资产、营收、利润规模前5位企业占广州市属国企的比重分别为82%、73%和75%，产业地位突出。在发展重点企业上，广州国资培育8家资

① 陈丽莉、方晴：《广州国企改革三年行动任务总体完成率超80%》，《广州日报》2021年12月23日。

产超千亿市属国企、25家超百亿国企，拥有世界500强企业1家、中国500强企业9家、中国制造业500强企业5家和中国服务业500强企业13家。广汽集团在2021年《财富》世界500强企业排行榜中排名第176位，比2020年上升30位。广药集团连续8年蝉联中国制药企业百强榜第一位，企业做强做优做大成效明显。

（三）五大产业版块均衡协调发展

广州国资积极推动先进制造业向中高端迈进，培育壮大战略性新兴产业，优质高效发展现代服务业，提升基础设施与民生保障等关键领域的自我发展能力，改造传统优势产业，形成基础设施与公共服务产业板块、先进制造业板块、现代服务业板块、战略性新兴产业板块、优势传统产业板块五大板块协调发展的格局。

一是打造基础设施与公共服务产业板块。集中力量加快建设和完善一批枢纽型、功能性、网络化的重大战略性基础设施与公共服务体系，轨道交通、港口、机场、高快速路网、公共交通、供排水、污水处理、燃气、城市垃圾处理等基础设施及公共服务业发展取得重大进展，交通枢纽布局持续优化、功能不断完善，城市基础设施综合承载力明显提高，国家重要中心城市、综合性门户城市的辐射范围进一步扩大，全国性综合交通枢纽基本建成。

二是打造先进制造业板块。着力发展汽车、装备制造、电子信息等先进制造业。汽车产业体系不断完善，形成以乘用车为龙头，客车、货车及汽车零部件齐头并进，传统汽车与新能源汽车共同发展的较为完备的产业链；将智能装备及机器人作为引领工业转型升级、抢占工业经济制高点的战略抓手，形成了由上游减速器、控制器、伺服电机等关键零部件，中游机器人本体，下游系统集成的工业机器人产业链，AGV（物流运输车）、注塑机械、包装装备、停车设备等智能成套装备不断拓展，形成自主发展、产业链条较为完备的产业体系；电子产品制造业保持快速增长，柜员机市场占有率稳居世界前列，多个军用通信产品市场占有率居全国前列。

三是打造现代服务业板块。着力发展金融、地产、商贸会展、文化创意、现代物流等产业，用现代化的新技术、新业态和新服务方式改造低端、传统服务业，服务业新技术、新模式、新业态不断涌现，互联网金融、电子商务、现代物流、健康服务、融资租赁、检验检测等新兴服务业态发展态势良好。

四是打造战略性新兴产业板块。初步形成新一代信息技术、生物与健康、新材料与高端装备制造、新能源与节能环保等优势产业，战略性新兴产业保持较快发展，已成为驱动经济发展和结构转型的新动力、新引擎。

五是改造优势传统产业板块。重点改造轻工、钢琴、家电、食品、酒店等优势传统产业，培育和提升珠江钢琴、广州酒家、岭南食品、风行牛奶、广之旅等品牌的影响力，支持上市企业广州浪奇、珠江钢琴、广州酒家等企业做强做大。

（四）传统产业转型升级

广州国资通过有机整合、改组上市、资产重组等手段，逐步推动优势传统产业转型升级，劣势传统产业战略退出，优化产业结构，最终实现传统产业的浴火重生。支持橡胶、纺织、轻工、建材等企业通过有机整合向产业园区聚集，有序推进珠江啤酒、广日股份、珠江钢琴等传统企业改制上市工作，支持广州轻工等企业集团加快“退二”工作，布局电子商务促进转型发展。2017年，珠江钢琴集团钢琴销量突破14万架，连续16年保持市场份额世界第一，蝉联“中国乐器行业十强企业”第一名，入选全国首批“制造业单项冠军示范企业”名单。万力集团的万力轮胎、万宝集团的高端压缩机均居国内市场份额第一位。2020年，传统产业板块以占广州市属国企1%的资产总额，贡献了市属国企4%的营业收入和5%的利润总额。在存量产业战略性布局上，坚持存量领域在减持退出基础上，加强战略性布局实现产业升级优化。

表2-1 广州存量产业延伸投资方向

行业	延伸投资方向	流动资产具体分配结果
公用事业	氢能，综合能源服务，生态修复、危废处理等环境治理服务，能源及环保数字化	重点投入
基础设施	智慧交通，TOD 模式（以公共交通为导向的城市用地开发模式），港口数字化及供应链服务	重点投入
城市开发及更新	智慧城市建设与运营，绿色建筑，BIM（建筑信息模型）等数字化技术	重点投入
商贸流通	免税购物综合体，智慧旅游	一般投入
食品	粮食生产、牲畜养殖、智慧粮仓	重点投入
大健康	医养服务、原料药 / 汉方药等高附加值制药	一般投入
汽车	智能网联、无人驾驶、高端零部件等	一般投入
电子信息	城市大数据、数字孪生等新兴技术	重点投入
高端装备	轨交装备、智能制造装备等战略新兴装备	一般投入
生产性服务业	科研服务、人力资源服务等	一般投入
园区开发	创新型产业园区的开发与运营	重点投入
金融	产业金融与新金融，金融科技等	一般投入

（五）抓紧布局全新产业

广州国资重点布局数字文化创意活动、通信基础设施——基站、超级算力中心建设运营、创新基础设施建设运营、生物医药、卫星及其应用、基因检测、工业互联网、增材制造、量子科技、区块链等新兴产业，对产业集聚、吸引和带动作用强。由于新兴产业投资需要较强的专业投资能力，与既有产业集团业务并非强关联，缺乏直接产业基础，需统筹考虑产业园和产业投资的方式协同培育，因此全新增量领域以新产业投资平台为主，以基金投资或直投方式进行布局孵化。

表2-2 广州增量领域投资主体

<table>
<tr><th>增量投资方向</th><th>投资主体</th><th>协助培育的国资现有产业集团</th></tr>
<tr><td>数字文化创意活动</td><td rowspan="12">新产业投资平台：以基金投资或直投方式进行布局孵化</td><td>岭南集团：利用文旅资源嫁接数字技术，推动业务发展</td></tr>
<tr><td>通信基础设施——基站</td><td>广州城投：在现有智慧城市投资基础上延伸参与基站建设
无线电集团：依托在5G应用领域积累资源参与基站建设</td></tr>
<tr><td>超级算力中心建设运营</td><td>无线电集团：依托人工智能业务基础，参与培育算力中心软件开发和硬件建设运营业务</td></tr>
<tr><td>创新基础设施建设运营</td><td>无</td></tr>
<tr><td>生物医药</td><td>广药集团：依托其在生物医药领域的探索经验和相对丰富的医药生态伙伴体系，推动生物医药新产业的孵化成长</td></tr>
<tr><td>卫星及其应用</td><td>无线电集团：依托在北斗导航和通信技术方面具备初步积累，延伸参与卫星多元应用业务的培育</td></tr>
<tr><td>基因检测</td><td>广药集团：依托现有医药和零售服务网络体系参与培育，为基因检测业务提供用户/渠道等资源</td></tr>
<tr><td rowspan="2">工业互联网</td><td>广州工控：为业务培育提供装备制造智能化应用场景</td></tr>
<tr><td>无线电集团：依托人工智能和算法开发技术积累参与培育</td></tr>
<tr><td>增材制造</td><td>广州工控：为增材制造的培育发展提供丰富的高端装备应用场景</td></tr>
<tr><td>量子科技</td><td>无</td></tr>
<tr><td>区块链</td><td>越秀集团：依托丰富金融业态参与培育区块链在金融领域的创新应用</td></tr>
</table>

案例1：聚焦关键领域，改组成立广州工控

广州工控是在中共广州市委、广州市人民政府关于到2020年完成国有资本85%以上投向前瞻性战略性产业、先进制造业与现代服务业、基础设施与民生保障等关键领域的要求的背景下，由广钢集团、万宝集团、万力集团联合重组而成。作为广州国资第二家国有资本投资公司，广州工控承载着广州打造工业龙头企业的历史重任。

广州工控成立后，开启了国资产业链补链延链强链。通过项目筛选储备、研究分析、实地调研等，广州工控先后完成6家上市公司和产业龙头的并购：并购高科技上市公司山河智能，壮大广州国资工程机械规模，填补了航空产业空白；并购佛山通宝项目，有助于加强集团压缩机产业链，并与制冷家电产业形成良好的上下游协同效应；并购天海电子项目是落实广州工控“十四五”战略规划，大力发展汽车零部件产业的举措；并购鼎汉技术，补足广州轨道交通车辆核心零部件短板，实现既有产业延链补链；并购江苏润邦股份，契合广州市做强海洋产业的战略规划，有利于完善广州的海工装备产业链，有利于广州工控继续向智能制造、高端制造方向发展，在实现高质量增长的同时，也将成为广州工控落实“双碳”战略的重要举措。

2020年底，广州工控成立装备、汽车零部件、化工、家电、压缩机与零部件、海外、钢铁、有色金属八大事业部，增资扩股南方宇航，推进在高端装备制造产业的战略部署，收购佛山通宝温控器项目，加强原有压缩机产业链优势。2021年，广州工控马不停蹄，持续将更多优质资源纳入麾下：3月27日，下属原料药制造企业梧州黄埔成功摘牌日成林化，企业规模倍数增长，在化工、医药领域拓展作为；3月30日，广州工控与鹤壁市政府正式签署战略合作协议，与天海电子及持有后者股份的上海赛领资本签署股权转让协议，正式控股天海电子，在汽车零部件产业上再添重要生力军。

2021年10月23日，广州工控重组实施工作会议召开，由广州工控对广智集团实施重组，发挥两家企业在装备智造、新材料、楼宇智能装备等方面的联动优势，有效提升产业投资和资本运作能力，实现产业链创新链联动发展，提升高端装备制造业技术实力，打造国内领先的先进制造业投资控股集团，力争成为世界500强企业。目前各项重组工作按计划顺利有序推进中。广州工控自成立以来，积极推进下属企业混改工作，目前混改率已超过70%，旗下广钢气体计划于2021年正式申报IPO。

资料来源：东方财富网百家号，https://baijiahao.baidu.com/s?id=1720917977062470761&wfr=spider&for=pc.

案例2：广州产投集团推动产业延链补链强链扩链

为加快广州市前瞻性、战略性新兴产业和支柱产业发展，巩固提升国家中心城市的地位和功能，服务粤港澳大湾区建设，2021年8月，中共广州市委、广州市人民政府将广州国资发展控股有限公司更名并整体改组组建广州产业投资控股集团有限公司（简称“广州产投集团”），保持原有国有资本运营公司定位不变，强化战略投资发展平台功能，推动广州产业延链、补链、强链、扩链，着力打造成为市场化、专业化、国际化的一流国有资本运营和战略投资平台。改组组建以来，广州产投集团秉持“投资广州、投资国企、投资实体”的经营理念，先后参与多家上市公司资本运作，频频推出新动作，不断打出“组合拳”。近期，博世科、珠江钢琴、广州发展、珠江啤酒四家广州国资控股上市公司先后披露了有关股份无偿划转、非公开发行的公告，划入方和增持主体均为广州产投集团，切实展现了广州市首家国有资本投资运营平台的功能作用。

作为广州市第一个国有资本投资运营平台，广州产投集团立足战略投资发展平台、国有股权持股平台、国有资本运作管理平台定位，坚持服务广州、服务国资、服务实体，围绕“股权运作、基金投资、培育孵化、价值管理、有序进退”开展工作，先行先试、大胆实践，在控股广州发展、珠江啤酒的基础上，参股广汽集团、岭南控股、越秀金控、广药白云山、广州地铁设计院、中国电建等多家上市公司，2021年新增控股广州环投集团，先后整合广州市国际工程咨询公司、广州国有资产管理集团、广州交易所集团、广州生产力促进中心等全市功能型平台企业，成立广州科技金融集团，构建涵盖中小企业基金、科创国发基金、绿色产业基金、国资并购基金、国资混改基金和老字号基金等基金群，推进建设产业创新园区，基本形成“上市公司集群+功能平台集群+基金集群+价值园区”的运作架构。“十三五”时期，企业资产规模从成立之初的541亿元增长到816亿元，增幅50.8%；营业收入从256亿元增长到393亿元，增幅53.52%；累计实现利润总额近100亿元，资产负债率约56%。

一、赋能环保产业发展

根据广州市国资国企改革的部署及《广州市国资委关于印发广州产业投资控股集团有限公司改组组建方案的通知》要求，广州市政府将其直接持有的博世科控股股东广州环投集团84.90%的股权无偿划转至广州产投集团。本次国有股权无偿划转后，广州产投集团将100%持有广州环投集团，间接持有博世科30.84%股权。近年来，广州产投集团已累计向广州环投集团投资约7亿元。此次交易完成后，广州产投集团在控股广州发展的基础上，将全资持有广州环投集团，全面统筹广州国资两家能源环保企业，将有利于推动广州市能源环保事业，进一步推进广州绿色低碳能源环保产业的有序发展，助力实现“双碳”目标。

二、助力乐器文化产业发展

为贯彻广州市国资委整合上市公司国有股权资源部署，广州产投集团出资约14.44亿元以非公开协议受让方式受让广州市国资委持有的珠江钢琴16.40%股份。股权交割完成以后，广州产投集团将成为珠江钢琴第二大股东。此次受让珠江钢琴股份，是广州产投集团探索市场化参与国企改革路径，打通资本化运作渠道的有益探索，有利于推进上市公司国有股权在有序进退和流动中实现保值增值。

三、助力广州打造国际消费中心城市

广州产投集团为减少管理层级，提高资产管理效率，拟将属下二级全资企业广州珠江啤酒集团有限公司（珠啤集团）持有珠江啤酒31.98%股权，无偿划转至广州产投集团直接持有。此前，广州产投集团为提升珠江啤酒市场竞争力，推进啤酒业务转型升级，投资26.6亿元参与珠江啤酒非公开发行。划转完成后，广州产投集团直接持有珠江啤酒54.15%股权。此次股权划转，有利于推动相关国有资产加速整合，提升国资流动性，促进国有资产保值增值。

四、共促产业乘上“融媒快车”

2022年1月10日，广州日报报业集团与广州产投集团在广报中心签订战略合作协议。双方将利用各自深耕领域的资源和市场优势，在国有资本运营、产业研究、重大项目招商、融媒建设、老字号品牌振兴、策划传播等方面开展长期合作，共促广州产业乘上“融媒快车”实现高质量发展，助力广州加快实现“老城市新活力”。双方将重点加强在广州产业研究领域的合作，依托广州产投集团产业研究平台，利用广州日报全媒体品牌优势，聚焦重大产业项目、战略性新兴产业、未来产业以及新技术、新产业、新业态和新模式（四新）引领性创业投资项目，跟踪世界产业发展动向，把握国际国内产业发展趋势，捕捉产业发展前沿和热点，结合广州经济社会发展要求和产业发展基础条件，联合举办在省市乃至全国具有影响力的产投数据、行业榜单的权威数据发布或高端研讨论坛，谋划广州全局性和重点领域产业发展战略。

同时，双方在重大项目招商领域互惠合作，充分发挥各自优势，围绕广州市产业发展战略和招商引资策略，吸引投资一批事关广州产业发展战略布局的龙头企业项目，推动产业项目在园区聚集，促进园区产业发展，共同推进形成产业集群、产业生态、产业形象，撬动社会资本投资，完善上下游产业链，带动广州产业升级。

未来，广州产投集团将立足国有资本投资运营公司的功能定位，持续加大国有资本运作力度，不断强化战略投资能力，努力以大运作、大投资、大招商引进落地一批大产业、大项目，为广州国资国企发展激活存量、扩大增量、叠加能量、提高质量，推动广州产业延链补链强链扩链，促进广州产业布局优化和产业升级，助推粤港澳大湾区高质量发展。

资料来源：澎湃新闻网，https://m.thepaper.cn/baijiahao_15988074.

三、推进广州现代产业体系的建设

党的十九大报告指出："我国经济已由高速增长阶段转向高质量发展阶段，正处在转变发展方式、优化经济结构、转换增长动力的攻关期，建设现代化经济体系是跨越关口的迫切要求和我国发展的战略目标。"建设现代化经济体系，是党中央从党和国家事业全局出发，着眼于实现"两个一百年"奋斗目标、顺应中国特色社会主义进入新时代的新要求作出的重大决策部署。国有企业作为中国特色社会主义的重要物质基础和政治基础，同时也是壮大综合国力、促进经济社会发展的重要力量，应充分发挥自身的优势，以高质量发展推动现代化经济体系的建设。①

广州国资在加快构建现代产业体系的道路上，正不断推动产业基础高级化，不断提高产业链自主可控水平，为高质量发展积蓄后劲，坚持把发展经济的着力点放在实体经济上，国资国企继续聚焦落实国家战略及服务区域发展，加大资源整合力度，不断优化国有经济布局结构、争当世界一流企业，在助力城市现代化产业构建上持续突显压舱石的作用。"十三五"期间，广州市国企（不含3家已移交财政局管理的金融企业，下同）主要指标保持快速增长，资产总额、净资产、营业收入、利润总额年均增速分别是14.8%、13.5%、10.4%、6.2%（利润总额若考虑2020年

① 闫同湛、曹春芳等：《以进一步深化改革推动国有企业高质量发展》，《行政事业资产与财务》2022年第1期，第1-4页。

因新冠肺炎疫情减免的租金收入12亿元、路费收入21.8亿元，平均增速达7.8%），平均资产保值增值率为115.7%，比上期平均水平高2.1个百分点。“十三五”期末，广州市国有企业资产总额达2.88万亿元，净资产为1.08万亿元，分别是期初的1.9倍和2倍；资产负债率为62.5%，较期初低1.7个百分点；“十三五”收官之年（2020年）全市国有企业实现营业收入9073.6亿元、利润总额583.2亿元，分别是2015年的1.7倍、1.5倍。

（一）健全完善制度体系

2022年2月，广州推动出台《深入推进广州市国有企业高质量发展的意见》，提出广州国资要发挥产业投资引领作用，助力新兴产业发展，发挥国有资本投资运营公司产业招商引领作用，加强资本-产业招商力度，放大国有资本作用，跟踪对接省、区、市招商引资项目，以“资本+招商”方式，形成“以投促引、以投促产”的产业投资模式，努力促进更多战略性新兴产业和支柱产业项目落地广州。

2022年广州国资将坚持产业第一，制造业优先，加速优化相关产业布局。一方面，搭建产业平台，打造“1+5+X”国资现代产业园区，培育发展以智能网联与新能源汽车、轨道交通、人工智能、新能源、高端装备制造、高端商贸服务、现代农业等为代表的新兴产业体系，力争在“十四五”期间打造成为支撑广州未来发展新的产业集聚平台。另一方面，夯实“产业链”，延伸“资本链”。在各产业领域培养一批链主企业，突出龙头企业带动，做实延伸新能源汽车、轨道交通、电梯等产业链，以广州酒家、风行、王老吉、珠江啤酒、浪奇等为基础发展食品及快消品产业链，加快酒店品牌输出，做大酒店产业链。优化工业投资结构，主动谋划一批增量工业投资重点项目。与此同时，强化资本运作，2022年力争新增上市公司2～4家，力争完成2家上市公司“二次混改”。通过将资本链转化为产业链，加速产业链与资本链对接融合，打造链网工程，做大产业规模。

（二）加快出清国有“僵尸企业”处置

2016年，广州出台《市属国有企业出清重组“僵尸企业”促进国资结构优化的实施方案》，从总体要求、分类处置、工作步骤、配套政策、组织保障等八个方面作出安排。近年来，为深化国有“僵尸企业”处置工作，一是广州市国资委先后出台《广州市国有“僵尸企业”出清重组资金使用管理办法》和《关于加快推进广州市国有“僵尸企业”处置的工作意见》，从国有资本经营预算支出安排资金共计6827.5万元用于统筹解决司法清算及职工安置费用；对存量公房、债务处置、行政退休人员移交、土地物业确权、土地收储等8个方面提出26条工作措施，综合施策破除制约国有“僵尸企业”处置障碍。二是加强部门联动开辟绿色通道。2018年，在广州市委政法委建立广州市司法处置国有“僵尸企业”工作联席会议制度下，加强“僵尸企业”破产快速审批工作，形成具有广州特色的破产审判快速通道，促使一批“僵尸企业”彻底退出市场。[①]与此同时，根据中央和广东省工作要求，广州市国资委和市相关部门联动，在债务处置、人员安置、司法处置、财政政策、税务和工商注销等方面，明确政策措施和工作流程指引，进一步协同推进国有“僵尸企业”出清处置工作。三是立足长效发展探索企业破产重整机制。2020年，广州市国资委与市法院签署《关于协作推进国有企业司法处置的意见》，进一步强化双方在推动国有“僵尸企业”出清工作的联动机制，为探索后“僵尸企业”时期建立国有企业破产重整机制奠定了坚实基础。

广州市国资委立足机制创新强化组织统筹，构建“一体两翼”的组织架构，一方面与市发改委一体统筹，以广州市国有资产管理集团和国有“僵尸企业”工作专班为两翼抓手，逐户研究推进处置工作。另一方面与市发改委、市法院、市财政局、市市场监管局、市人社局、市税务局、市

---

① 李欣：《广州处置国有“僵尸企业”出新招：成立国有资产管理集团，已处置202户》，南方网，http://pc.nfapp.southcn.com/38/ 2427286.html.

规自局、市审计局建立联审联办协同机制，形成多部门齐抓共管的工作格局。立足统筹谋划压实主体责任，组织监管企业负责人签订责任状，明确将“僵尸企业”出清处置工作纳入监管企业党建工作及主要负责人经营业绩考核；采取PDCA（计划、执行、检查、行动）循环的项目管理方法，通过红绿灯警示管控出清进程，实时跟进处置进度；深入监管企业和区国资监管机构现场督导，就督办情况形成问题清单并明确督办事项及完成时限，定期通报企业出清处置工作情况。立足目标导向分类精准施策，坚持问题导向，组织排查摸清底数分类施策，采取“一企一策”和“四个一批”的分类处置方法，保障国有“僵尸企业”通过工商注销、司法处置、兼并重组和盘活发展方式完成处置工作，积极总结实操案例，形成标准化的处置流程和操作指南；对特殊情况处理上报广州市国资联席会议审批。经过5年的持续奋斗，广州市国有企业资源配置有了明显的改善，历史遗留问题得到持续化解，债务风险得到有效控制，提质增效成效显著。

（三）依托国资产业载体建设带动产业发展

广州推动盘活企业存量土地，已形成19宗首批整备地块方案，涉及城市公益设施、新兴产业园区、菜篮子工程等改造用途。大力发展科技创新产业和现代服务业，着力打造以聚龙湾现代服务产业园、广建黄埔金博绿色建筑智造中心、广智南沙高端装备制造基地、广药白云医药基地、二棉厂中国（广州）人工智能产业园“东南西北中”五大园区为首的系列现代产业园区，预计产业及功能配套建筑面积超过600万平方米，总投资800亿元以上，建成运营后总产值达3000亿元，创造税收300亿元。[①]培育发展智能网联与新能源汽车、轨道交通、人工智能、新能源、高端装备制造、生命健康等战略性新兴产业。2021年五大园区项目计划投资额预计超50亿元。

① 林晓丽：《“新国企”报告|强化市区联动　广州国资赋能区域发展大局》，大洋网，https://news.dayoo.com/gzrbyc/202201/08/158752_54161001.htm.

广州市国资委以五大园区为重要载体，促进产业体系的发展，并带动广州产业整体发展。一是广药集团白云基地，以生物医药为主题，发展中成药、化学药、生物医药等相关产业，将支持医药产业集聚与生态的形成，提升产能效率并降低生产成本。二是聚龙湾项目，以现代服务业为主题，发展生产性服务业及商贸服务业，通过落实“老城市新活力”“四个出新出彩”精神，推进旧城改造，培育生产性服务业和商贸服务业。三是中国人工智能（广州）产业园，以人工智能为主题，发展核心芯片、AI技术、物联网等相关产业，致力于补齐广州人工智能产业短板，形成国家级科技创新平台，推动广州科技创新和技术进步发展。四是高端装备制造创新中心产业园，以智能制造为主题，发展智能制造、电子信息、新材料等产业，将带动与主导产业相配套的各种服务的发展，从而推动现代服务业的水平。五是大岗基地，以高端装备为主题，发展重型机械制造、柴油机制造、高端装备制造等相关产业，将助力广州南沙新区大岗先进制造业基地建设及广州市重点建设项目计划的完成。

案例3：战略性重组+专业化整合　助推城市能级提升和产业跃迁

一、越秀集团打造大湾区农业食品龙头企业

企业核心竞争力的提高，必须以专业化水平提升为基础。以越秀集团和广州友谊以及广州建筑等为代表的广州市属国企都发挥了提升竞争力的作用。2020年以来，越秀集团对辉山乳业进行重组，目前已完成了职工债权和社保债权的清偿工作。2021年应支付的金融类和经营类债权将按期支付。辽宁越秀辉山控股股份有限公司（简称“越秀辉山”）也已完成了注册登记和工商变更，辉山乳业正式成为越秀集团下属企业。2021年12月6日，越秀集团举行了越秀辉山的成立仪式，将以2025年实现销售收入超百亿为目标，其中奶粉业务规模力争超过20亿元。此外，越秀集团重组风行集团后，新增食品主业，进一步整合皇上皇等集团补齐产业链，打造粤港

澳大湾区农业食品龙头企业。

二、广州商控集团布局国资商贸产业

广州百货企业集团有限公司和广州友谊集团有限公司联合重组组建的广州商贸投资控股集团有限公司（简称“广州商控集团”）也曾在2020年引投资者关注。2020年2月28日广州商控集团正式挂牌，标志着广州市国资商贸产业、资本布局优化调整再次取得新的实质性进展，有助实现国有产业优势资源融合发展，增强市场竞争力。根据广州市国资委《关于整合商贸资源组建商贸投资控股集团的工作方案》，广州商控集团将着力发展平台经济，构建服务国家战略、居民消费升级和企业合作客户的大商贸产业服务平台，全力打造广东乃至全国商贸零售领域龙头企业，成为国内一流的大型综合商贸流通控股集团，成为广州市属唯一的商贸流通资产整合主体、资本投资运营管理平台，预计到2025年经营规模达600亿元。

2021年10月29日，广州商控集团再次和广州岭南国际企业集团有限公司实施联合重组，改组设立广州岭南商旅投资集团有限公司。此次联合重组是根据广州市国资委《关于印发整合市属资源打造广州商贸旅游产业龙头企业的工作方案的通知》，为有效整合广州市属商旅产业资源，全面推动消费升级，打造全国具有领先地位的商旅产业集团，助力广州建设国际消费中心城市。

三、新设立广州人才集团有限公司

广州国资不断调整产业投资方向，聚焦城市发展产业短板，做好增量。根据广州城市发展的需要，新设改组设立功能性的企业。2021年8月18日下午，广州人才集团有限公司（以下简称“广州人才集团”）正式揭牌成立。广州人才集团是对南方人才市场管委办下属21家企业重组整合，组建为一家市属企业集团，作为委管一级企业由广州国资委直接监管，致力于由单一服务商向综合型服务商转型，打造行业领先的综合智能服务商。广州人才集团前身是中国南方人才市场所属企业，共有21家成员企业，在全国拥有22家分支机构，其中国家级高新技术企业有4家，2020年营业收入为60亿元，市场份额和综合实力稳居行业前列。广州人才集团定位为市属国有大型人力资源服务龙头企业，立足广州市人才强市战略，突出产业需求导向，围绕发展人工智能、数字经济、生物医药、新能源、新材料等战略性支柱产业、战略性新兴产业、未来产业，培育引进更多领军人才、高端人才、青年才俊及创新团队，提升人才综合服务保障能力，着力打造成落实人才强市战略的市场化抓手、服务全社会人才招引的专业化平台，以及为各类人才提供综合服务的产业化基地。

四、新设立广州交易所集团

2021年，中共广州市委、广州市人民政府整合全国公共资源交易规模最大的广州公共资源交易中心和具有行业领先地位的广州交易所集团，强强联合组建市管国有企业广州交易集团有限公司。广州将先行先试，以广州交易集团为载体，实现公共资源交易及各类要素平台企业化运行、市场化运作，推动跨行业、跨区域、跨领域资源整合。

新组建的广州交易所集团重磅打造“广交易”，成为全国首个以公共资源交易为主体、整合权益类交易的全要素交易平台。“广交易”将以新一代数字技术作为驱动，构建智慧交易服务体系，剑指打造全国一流全要素全流程交易平台高地，全面提升平台集聚辐射效应，以“优化营商环境、激发市场活力”为使命，聚焦数字化、绿色化、国际化转型，为广州坚定不移推动实现“老城市新活力”“四个出新出彩”贡献智慧和力量。

资料来源：东方财富网百家号，https://baijiahao.baidu.com/s?id=1720917977062470761&wfr=spider&for=pc.

四、提升广州国企自主创新能力

创新驱动发展是提高社会生产力和综合国力的战略支撑，国有企业更应着力增强创新驱动发展新动力，加快形成经济发展新方式，推动经济社会科学发展、率先发展。广州国资国企始终将实施创新驱动发展战略放在工作首位，以现代产业体系创新为核心，同时倡导技术创新、金融创新、商业模式创新、管理创新和体制机制创新五位一体的全面创新。

“十三五”期间，广州市属国企研发费用投入突破100亿元，5年年均增速达16%，总投入超600亿元，研发强度提升至3.22%。市属国企2020年来新增研发机构103个，各级研发机构合计598个，其中国家级研发机构有43个。市属国企2年新增专利授权量5935项，累计超1.77万项，2020年至2021年前三季度，获得各级科技奖励457项，多个产业链关键节点取得突破、居行业领先。研发平台数量也在持续增多。广州市属国企新增研发机构103个。从成果检验看，截至2021年底，广州国资系统有国家级研发机构43个、院士工作站12个，均居全国副省级城市第一，各级研发机构合计598个，拥有高新技术企业269家。随着科创投入不断增加，广州市属国企在战略性新兴产业领域的竞争力显著增强。其中广州无线电集团现金智能设备市场占有率连续13年全国第一，军用通信导航设备国内综合排名第一；广汽集团在新能源汽车5G互联、自动驾驶、远程遥控等技术领域全国领先，是新能源行业最快实现产销突破10万辆的车企。①

（一）创新政策体系不断完善

近年来，广州国资强化创新驱动，首创“政策+联盟+基金”模式，从制度、组织、资本三个层面全方位鼓励和支持市属国企创新发展。截至2021年底，广州市属国企拥有高新技术企业269家，高新技术产品产值率达67%，多家市属国企成为高科技行业的领军企业，国有资本加快向未来产业和战略性新兴行业集聚。

2005年至今，实施创新驱动发展战略，一直是广州市国资委常抓不懈的中心工作。2011年，广州市国资委出台《关于加快推进监管企业自主创新

① 陈泽云、沈钊：《让国企在科政创新中担任主角》，《羊城晚报》2022年3月30日。

能力建设工作的意见》，对市属国企研发投入占营业收入比例在3%以上的部分，按200%的系数计算利润，纳入考核。2015年，广州市国资委联合市财政局、市科创委、市统计局出台《关于对市属企业增加研发经费投入进行补助的实施办法》，对市属国企年度新增研发投入按一定比例给予补助。实施"两个20%"的政策，即将从国资经营预算利润收入中安排不低于20%的比例，对企业增加研发进行投入后补助和支持广州国资国企创新投资基金发展；引导企业每年从收储土地补偿收入中安排不低于20%的比例（剔除土地有关成本和职工安置费用），支持国企创新项目。

2016年，广州在全国地方国企中首创"政策+联盟+基金"的创新驱动发展模式，积极加快创新驱动发展，出台《广州市人民政府办公厅关于推动市属国有企业加快创新驱动发展的若干意见》，从营造创新氛围、集聚创新资源、强化创新考核、加大创新激励、加速资本融合、加强资金支持、创新人才机制等方面推动市属国企创新发展。《深入推进广州市国有企业高质量发展的意见》提出推动实现广州市打造"国家创新中心城市和国际科技创新枢纽"的战略目标。一方面，聚焦新一代信息技术、生物医药、智能装备及机器人、节能与新能源汽车等领域，推动广州形成以创新为主要引领和支撑的产业体系；另一方面，构建科学的创新促进机制，营造激励创新的公平竞争环境，增强企业的主体创新动力。成立广州国资国企创新战略联盟，首创性地通过"政策+联盟+基金"的创新驱动发展模式，统筹协调推进市属国企协同创新，通过集聚创新资源，推动国有资本向自主创新核心产业集聚。[①]2018年6月出台的《中共广州市委、广州市人民政府关于促进国资国企改革创新发展的实施意见》，进一步推进广州国企改革创新发展。作为广州新一轮深化国资国企改革"升级版"路线图，着力在深化体制机制改革、优化产业布局结构、供给侧结构性改革、推动国企创新发展等方面取得新突破。

① 钱佳芸：《"新国企"报告 | 从4万亿到破五万亿，广州国资系统是怎样做到？》，新花城网，https://huacheng.gz-cmc.com/pages/2021/12/22/16a68981a1504cbd8b75a2421cdc3f8c.html?parentId=7267a5ce864b4a729e8ba75e08581414.

（二）协同创新机制加快形成

广州市国资委在管资本的层面加大直接创新投入，改变过去主要依托产业集团来投资创新的模式，通过资本方式直接投入前沿技术及行业领域，又通过加强利用资本手段实现对国资体系创新资源的集聚和控制。地方国企首家国资国企创新战略联盟由3家企业牵头发起设立、26家企业联合组建，成员企业达35家，统筹协调推进市属国企协同创新。组建创新联盟下属单位城市更新开发联盟，支持16家企业发起设立广州市城市更新协会，会员单位有113家。组建广州智能制造产业联盟，举办国内首个地方国资系统主办的创新大赛，吸引103家企业、144个创新项目团队和1000多名参赛选手报名参加，有40多个优秀项目脱颖而出，吸引10万多人关注。创新联盟成立三年以来，在会员服务、推进国企合作等方面发挥了重要作用，以实际行动为广州国资国企的产业升级和创新发展注入活力。发挥自身的平台和资源优势，做好“六个一”，即深耕一个细分行业，成立一个联盟、做大一个龙头企业、建设一个国家级研发平台、成立一个基金、打造一个产业园区，为汇聚国家战略科技力量发挥更大作用。发挥国企创新的聚合与纽带作用，做优服务、做精品牌，链接广州地区的央企、省企，以及珠三角乃至粤港澳大湾区的优质创新企业，加强交流、联动，激发国企创新原动力，凝聚创新力量，扩大联盟品牌影响力，为广州国资国企创新发挥应有的作用。

（三）围绕创新链布局产业链并购混改

在提升国有企业自主创新能力的同时，广州国资通过并购混改等操作，推动优质高科技产业资源融入广州产业链，推动本地产业延链、补链、强链、扩链，打造高价值的广州国资“链网”工程，实现国资布局优化。“十三五”以来，广州国资累计推进混改项目超500个，引进各类非公投资者1.6万多个，投资额超900亿元。[①]在利用社会资本推动新兴产业发展上成果丰硕，其中广州工控成功控股央企子企业南方宇航，成为央地混改典范。广钢气体成功引入兴橙资本、红杉资本等知名基金参与混改。

作为重组而成的先进制造业投资集团，通过混改，广州工控合资建设产业链链主企业，打造行业顶尖产品。通过投资并购行业头部企业，广州工控快速切入产业链空白和薄弱环节，推动自身产业高质量发展。同时通过混改加速专精特新企业培育，旗下广钢气体不仅上榜2021年广州独角兽创新企业，还将于2022年申报IPO。

“十三五”以来，广州国资体系累计推进14组29家一级企业重组，推动港口、工业、商业、食品等领域专业化整合，五大核心产业（汽车、金融、生物医药与健康、装备制造、电子信息）资产总额、营业收入、利润总额分别占市属国企的50%、41%和46%。目前广州正在实施《广州市国有经济布局优化与结构调整“十四五”规划》，“十四五”期间将探索组建或培育科技创新与产业孵化投控平台，围绕未来城市、未来产业和未来技术三大主题，通过增量产业布局，引领区域支柱产业及战略性新兴产业发展。同时围绕新能源汽车、生物医药与健康、新一代信息技术、高端装备、轨道交通等5个战略性新兴产业构建“5+N+X”的产业集群。

（四）引入高科技产业资源作用明显

为了进一步发挥产业投资和资本运作撬动高精尖产业资源的效果，经过改组，2021年12月广州产业投资控股集团有限公司正式挂牌成立，将强化战略投资发展平台功能，进一步推动广州国有资本向战略性新兴产业和支柱产业集中。挂牌不久，广州产投成立了产投产业园和产投资本两大平台，作为全新的产业培育孵化及战略投资载体，推动广州投资布局新产

---

① 吕光：《让国企在科技创新中唱主角——广州国企科创实力持续提升》，《经济参考报》2022年3月28日。

业、新技术、新业态。

支持广州产投发起设立千亿级产业投资母基金，联合知名投资机构，开展对广州战略性新兴产业的投资和引进。以产业集团或产业投资平台为载体，通过基金投资或直投方式，加大对新兴智能装备、通信基础设施、数字文化创意、生物医药、基因检测及高端医疗器械等产业领域的增量投资。支持交投集团发起设立规模超千亿元的REITs（不动产信托投资基金）产业发展基金，聚焦全市高速公路、地铁、能源、环保等基础设施进行投资；加快推进广州地铁REITs试点申报工作。①

积极参与新兴产业项目投资，推动高科技产业落地广州，提升广州在高价值产业体系上的竞争力是广州国资提升产业科技创新水平的又一重要途径。广汽联合广州金控、广州国发出资8亿元，推动广州粤芯半导体技术有限公司二期项目落户广州，破解“卡脖子”难题；广州无线电集团联合华为打造“鲲鹏+昇腾”计算产业生态，填补广州在该领域的空白；广州工控设立5亿元航天产业发展基金、越秀产投投资3000万元支持中科宇航项目建设，为广州引入火箭研发及生产制造产业链。2020年以来，在原有的广州基金、越秀产投、广州金控等基金的基础上，推动设立了广州市轨道交通产业联盟和产业投资发展基金，设立总规模2000亿元、首期100亿元的城市更新基金，设立首期20亿元的产业投资基金并成功孵化第一批产业项目。此外，还设立了基础设施、轨道交通、信息技术、中小企业等一批产业基金。截至2019年底，广州国资基金管理规模近4000亿元，落地规模超1500亿元，各类基金积极撬动社会资本，为市属企业科研投入、自主创新转化等提供了资金支持，并积极参与产业投资、并购、混改等，发挥了重要作用。

---

① 吴诗航：《加大科研投入、搭建产业平台——广州国资全力推动国企投身重点领域建设》，网易网，https://www.163.com/dy/article/H2MGCU4F055002GG.html.

（五）商业创新模式大量形成

按照中共广州市委、广州市人民政府关于加快生产性服务业发展的战略部署，推动商业模式创新和新业态发展，一批企业通过商业模式创新实现了效益大幅增长。一是支持企业产融结合发展。支持广州发展、广汽集团、广州港和岭南集团等企业设立财务公司；越秀集团以集团层面的产融结合和地产板块的“开发+运营+金融”模式，获得21世纪中国最佳商业运营模式奖。二是推行“线上+线下”的网络营销模式。广州酒家、广州工业发展集团利用电商平台使线上业务获得爆发式增长，广州轻工旗下企业实施全网营销，润通华公司被认定为广州市跨境贸易电子商务试点企业。广药集团广药健民网成为全国首家实现网上脱卡支付的医保互联网定点药店，健民医药跨境电商正式运营。

案例4：广州水投集团科技管理项目入选广东省标杆项目榜单

广州水投集团一直坚持“创新驱动、科技引领”，在开展对标管理提升行动过程中，始终以科技创新战略规划为出发点和落脚点，统筹谋划和推进科技创新工作开展。通过建设完善科技创新体系、制定科技创新管理办法、搭建科技管理信息化系统，填补了集团科技创新管理体系的空白，提高科技创新管理工作效率；同步搭建创新平台，规划科技创新体系，丰富多种奖励形式，激励职工广泛参与技术创新，营造全员创新的环境；注重研发创新平台在协同创新上的作用，建立健全产学研合作平台，构建科教联盟机制以及培育凝聚创新人才，加强与国内优秀同行交流合作，嫁接外部更多优质资源，提升技术与研发效率；推进关键技术、集成技术、前瞻性技术创新研发，通过自主或者引入联合资源等方式开展技术攻关，形成自有知识产权，全面提升运营管理效率，提升集团自身自主创新能力，推动科技化、智能化转型升级。

一、重视科技创新资质，打造科技创新平台

广州水投集团一贯重视并积极推动所属企业的国家、省、市各级科技创新平台的建设。所属广州自来水公司于2021年完成了“广东省博士工作站”的申报工作；广州净水公司于2021年成功获得广东省工信厅等四部门授予的“广东省省级企业技术中心”和广东省人社厅授予的“广东省博士工作站”。2022年3月，广东省国资委公布国有重点企业管理标杆，创建行动标杆企业、标杆项目名单。广州水投集团科技管理项目入选为广东省12个“标杆项目”之一，为广州市属国企唯一入选“标杆项目”的企业。

目前，集团拥有国家高新技术企业3家，省级创新型企业2家，市级创新型企业1家，省级企业技术中心2个，市级企业技术中心1个，省级工程中心4个，市级工程中心2个，国家、省级、市级博士、博士后、院士工作站共计5个。

二、开展核心技术攻关，强化产学研协同创新

广州水投集团积极响应国家科学技术发展规划纲要要求，加快建设以企业为主体、市场为导向、产学研相结合的技术创新体系，结合生产运营中的重难点和“卡脖子”技术等问题，广泛征集国内高等院校、科研院所、创新企业的相关技术，共同推动创新技术研发和成果转化应用。

第一，攻克供水管网水质安全难题。为提升产学研合作和科技创新成果转化水平，广州自来水公司与浙江大学、中国科学院、广东省科学院、华南师范大学、广东工业大学、广州大学等科研院所建立良好的合作关系，研究城镇供水管网漏损监测预警技术与设备研发、饮用水水源地水生态保护与修复关键技术、城市供水管道泄漏的先进光纤传感检测技术研究等课题，借助科研院所强大的技术优势和人才资源，解决供水领域长期面临的技术瓶颈，提升供水企业的核心竞争力。

第二，探索净水厂“双碳”转型新模式。结合国家“双碳”战略要求，创新“碳中和、碳减量”新举措。地埋式生态化净水厂多项技术创新和技术集成处于国内领先水平。干化减量破解污泥处理难题，技术成果全国领先。“城市污水处理厂污泥厂内干化及资源化利用创新与实践”项目获得全国国企管理创新成果一等奖，并被建设部认定为达到国际领先水平；“市政污泥减量及资源化利用关键技术研究及示范”被列为广东省科技厅广东省重点领域研发计划项目。

第三，助力排水技术装备再升级。针对城市水环境治理不同业务需求，所属广州排水公司通过自主研发、联合战略合作伙伴和校企合作等方式，积极与华南理工大学、广州大学和中科院合肥研究院智能所等科研院所，探索产学研合作创新模式，围绕新一代信息技术和高端装备制造等重点领域开展多次洽谈合作，针对广州市城区特点，研发形成不同尺寸的专项清疏养护设备，小而精、新而活，进一步满足了窄街窄巷的机械化作业需求，保障生态水环境，巩固生态水城建设。

三、加强科技成果管理，促进科技成果应用转化

广州水投集团积极倡导科研成果转化工作，以“技术革新紧密结合企业主业，创新成果提升生产效益”的标准，推动研发成果及时申请自主知识产权、发表专业论文、编制行业规范标准、申报奖项，并将科研成果用于生产实践。所属广州市政总院作为设计研发企业，经过多年科技成果的积累和转化，建设设计了一批技术创新、功能优异、质量上乘、技术可靠的标志性市政工程。广州水投集团所属供排水企业积极推进“智能管网”“智慧水厂”等建设，将模型构建、5G智能手段、AR技术等与运营管理紧密结合起来，实现厂网联控优化，为实时运行调度、突发事件预警和应急决策提供支撑。

2021年集团共申报专利108项，授权专利63项，其中发明专利7项，共获得国家、省部级科技奖项13项，其中“城市供水管网水质安全保障关键技术及应用”和“城镇污水处理智能监控和优化运行关键技术及应用”项目更是荣获国家科技进步二等奖，集团科研工作取得了历史性突破。

四、挖掘科技核心价值，拓展绿色环保产业链

广州水投集团持续深挖以“沥滘净水厂”“石井净水厂”等为代表的生态型、智慧型地埋式净水厂的科技核心价值，打造了一系列绿色低碳的延伸产业，实现了社会效益和经济效益的双丰收。

广州水投集团充分利用再生水，实现水资源循环利用。在“生态治河”“循环经济”“节水行动”理念的指导下，实现从传统污水处理厂向“新型水源工厂”的转变，推动再生水在工业、市政杂用、景观环境等领域利用。2021年，再生水回用量约6亿吨，利用率由2018年的16.27%提高至2021年的39.27%，同比上升约23%。为应对咸潮，设置了35个取水口，免费开放再生水供市政绿化、环卫用水。

破解污泥处置难题，积极探索污泥资源化利用。水投集团积极践行国家节能减排和清洁能源战略多维度开发绿色能源，充分利用净水厂曝气池、膜池等构筑物上方闲置空间，积极在具备条件的污水处理厂内部建设分布式光伏发电项目，将净水厂打造成为“绿色能源工厂”。

多维度高效节地，促进土地资源集约利用。地埋式净水厂改变常规污水处理厂的分散布局模式，通过“平面组团”“空间叠加”等集约化布局，比同类工艺、同等规模常规地面污水处理厂节约用地30%以上，释放约40公顷的土地，实现了土地资源高效利用。

资料来源：半岛科技报百家号，https://baijiahao.baidu.com/s?id=1727913109444360920&wfr=spider&for=pc.

五、打造广州国有经济资本运作平台

近年来，广州市深入贯彻国务院关于推进国有资本投资和改革的要求，聚焦提升国有资本运营效率和国有资本回报开展资本运营，注重围绕产业链供应链价值链进行资本布局，做大做强做优国有企业，初步探索形成国资产业迭代升级、国有企业质量效益提升、国有经济后劲增强的国资运营“广州模式”。

广州充分利用资本市场深化混改，引导支持社会资本参与混改，通过

“IPO上市”“二次混改”“双向混改”“精准混改”“重点领域混改试点”等一套组合拳，深化市属国企与央企、地方国企及民营企业的多层次资本合作，促进不同所有制企业做强做优做大。“十三五”以来，广州引进各类非公投资者1.6万余户，涉及投资额超800亿元，一级混合所有制企业占比1/3，二级及以下企业近六成为混合所有制企业，集团层面混改率居于全国同类城市前列。实现广州港、广州农商银行、广州酒家、广哈通信、广电计量、地铁设计、越秀服务7家企业IPO上市，相较其他一线城市力度最大、数量最多。截至2021年7月，广州国有控股上市公司共有33家（含2家A+H股上市公司），上市公司数量领先同类城市，上市公司资产和营收占竞争性板块比例超过70%。积极推进基础设施投融资创新，推动平安广州交投广河高速公路封闭式基础设施证券投资基金（国内首批公募不动产投资信托基金）挂牌上市，总募集资金规模为91.14亿元，其中战略投资者配售比例达78.97%，成为国家发改委首批推荐至证监会9个首批试点项目中募资规模最大（占首批产品募集总规模的近1/3）、战略投资者配售比例最高的项目。

广州作为首个提出国企“二次混改”城市，11家（次）市属国有控股上市公司完成募资金额超600亿元“二次混改”，募资规模全国第一。其中，广汽集团定增150亿元成为全国地方国企最大规模的再融资项目。2020年广电运通启动非公开发行股份并募集资金工作，引入广州城发作为战略投资者。广百股份购买友谊集团100%股权，并非公开发行股票募集7亿元配套资金。

（一）落实国资持股平台定位

广州市国资委将持有的广州发展和珠江啤酒上市股权作为信用资产，通过银行借款及发行中票、公司债、超短融等多种融资方式，累计实现市场化融资171亿元，其中2020年新增融资平均年化利率为2.98%，为广州国资国企发展提供了低成本的资金支持。按照投资广州、投资实体、投资国企原则，先后参与广汽集团、越秀金控、白云山、珠江啤酒、岭南控股、广州浪奇等市属国有控股上市公司的定增项目，支持市属上市公司进行资产重组、结构调整、转型升级，累计投资超120亿元，带动全市新增工业投资500多亿元，市属上市公司整体实力和产业投资能力得到进一步加强。

（二）做好战略投资引领

紧紧围绕广州产业发展规划，推动投资项目落地，先后完成投资近200亿元。一是发挥国资引领作用，把基金投资作为服务产业布局的重要手段，带动社会资本投资。先后成立广州中小企业发展基金、广州绿色基础设施建设基金、科创国发基金、国资并购基金、国资混改基金，整体管理规模约62.55亿元。其中，中小企业基金已设立子基金13支，总规模超24亿元，直接投资广州本地项目7个；绿色基金已发起规模10亿元基金产品；科创国发基金投资近20个项目，其中广州项目13个；国资并购基金实缴总规模为30.01亿元；国资混改基金实缴规模为3.18亿元。二是开展市场化收购，国资并购基金成功实现山河智能、苏交科和南方宇航市场化并购。其中协助广州工控集团收购国内机械工程行业龙头上市公司山河智能，成为近年来广州国企首例利用市场化基金完成上市公司收购的项目。三是加大资产证券化力度，培育孵化老字号品牌“陶陶居”并成功注入上市公司广州酒家。陶陶居品牌商标无形资产价值增长88倍，陶陶居公司净资产增幅近4倍。四是与新加坡淡马锡共同投资20亿元，合作建设广州国际妇女儿童医院。五是筹建大湾区科技创新服务中心，以混合所有制和员工持股激发动能，运作首年实现盈利，设立第11个月以10倍估值获取500万元首轮融资。①

① 广州国发：《辉煌“十三五”｜广州国发开展国有资本运营公司探索取得积极成效》，澎湃新闻网，https://m.thepaper.cn/baijiahao_12452794.

（三）推进国有资本有序进退

多渠道探索国有资本运营功能，构筑资本流转新通道，实现国有资产保值增值。一是拓展国有资本运营边界，探索上市公司市值管理。在市场低迷、部分市属上市公司股价严重偏离公司价值的时期，通过二级市场主动增持，维护市属国有上市公司股价。对于前期定增的股票，在不影响上市公司股权价值稳定的情况下，通过二级市场择机适量减持。截至2020年底，通过二级市场减持实现收益约13亿元。二是推进改革重组，大力盘活非上市国有资产。整合原市科技局下属26家企事业单位，组建广州科技金融集团，构建集科技载体运营管理、科技产业投融资、科技创新综合服务于一体的全链条科技服务供应商。将原工业发展集团打造成为专业化资产处置公司，更名为广州国有资产管理集团，进一步发挥“低效国企重组整合平台、不良资产接收处置平台、存量资源培育孵化平台”功能。完成国际工程咨询公司、创业服务中心、科技交流馆等事业单位转企改制，完成广州产权交易所等十家全民所有制企业公司化改造。三是盘活存量国有资产，大力推进“僵尸企业”出清和低效无效资产清理，累计完成出清“僵尸企业”400余户，协助23个监管单位圆满完成全市279户托管关停企业集中处置。四是退出落后产能，关停广州发电厂、旺隆热电厂，妥善安置员工约500余人，企业实现年减亏2亿元，煤炭消费减少140万吨/年。五是将广州市煤气公司第一储罐厂、原第三矿业公司等闲置地块交政府收储，预计可回笼资金超过20亿元。

第三章

推动国有经济提质增效

党的十八届三中全会通过的《中共中央关于全面深化改革若干重大问题的决定》指出，公有制为主体、多种所有制经济共同发展的基本经济制度，是中国特色社会主义制度的重要支柱。必须毫不动摇巩固和发展公有制经济，坚持公有制主体地位，发挥国有经济主导作用。党的十九届六中全会再次强调，“党毫不动摇巩固和发展公有制经济，毫不动摇鼓励、支持、引导非公有制经济发展”。《关于新时代推进国有经济布局优化和结构调整的意见》中指出，国有资产是全体人民共同的宝贵财富，是保障党和国家事业发展、保障人民利益的重要物质基础，一定要管好用好。[①]习近平总书记在全国国有企业党的建设工作会议上强调指出，使国有企业成为党和国家最可信赖的依靠力量，成为坚决贯彻执行党中央决策部署的重要力量，成为贯彻新发展理念、全面深化改革的重要力量，成为实施“走出去”战略、“一带一路”建设等重大战略的重要力量，成为壮大综合国力、促进经济社会发展、保障和改善民生的重要力量，成为我们党赢得具有许多新的历史特点的伟大斗争胜利的重要力量。[②]要坚定不移做强做优做大国有企业，不断增强国有经济活力、控制力、影响力、国际竞争力、抗风险能力。推动国有经济提质增效，在高质量发展中发挥战略支撑作用，国有经济应当主动找准定位、切实发挥作用，坚定扛起新的历史使命和重大责任。

一、推动国有经济提质增效的重大意义

首先，推动国有经济提质增效，是深化国企改革、支撑全面深化改革战略布局的深入探索。推动国有经济提质增效，促进国有资本合理流动，

① 臧莹：《国有经济在高质量发展中发挥战略支撑作用的思考》，经济参考网，http://www.jjckb.cn/2021-05/21/c_139960126.htm.

② 《习近平在全国国有企业党的建设工作会议上强调：坚持党对国企的领导不动摇》，新华网，http://www.xinhuanet.com/politics/2016-10/11/c_1119697415.htm.

优化国有资本投向，让国有资本更多地向重点行业、关键领域和优势企业集中，推动国有经济布局优化和结构调整，提高国有资本配置和运营效率，更好服务国家战略需要。2021年政府工作报告明确提出：“深入实施国企改革三年行动，做强做优做大国有资本和国有企业。”国有经济改革的重点是国有经济布局优化和结构调整，通过改革，推动国有经济提质增效，使国有经济更加聚焦战略安全、产业引领、国计民生、公共服务等功能，更好服务国家重大战略和地方经济社会发展，更好解决发展不平衡不充分问题。特别是，我们有全国一盘棋的制度优势，推动国有经济提质增效，通过推动国有资本跨地域、跨行业的整合重组，解决产品相似、资源分散、重复建设等问题，形成国有经济的资源合力。

其次，推动国有经济提质增效的关键，是占领科技创新高地、支撑创新驱动发展战略的内在要求。党的十九届五中全会首次把“科技自立自强作为国家发展的战略支撑”，凸显了科技创新的极端重要性和紧迫性。国有经济必须坚持创新在我国现代化建设全局中的核心地位，把科技创新作为“头号任务”，尽快解决卡脖子问题。提高国有经济效率，充分发挥市场经济条件下新型举国体制优势，在国有企业中搭建高水平科技平台、培育高层次创新人才、打造科技创新领军企业、产生世界级科技成果，把国有企业打造成为国家战略型科技力量。依靠国有企业的协同优势，攻克战略性、基础性、共性的技术问题，实现科技自主创新目标。

最后，推动国有经济提质增效的活力，是建成世界一流企业、支撑高水平对外开放战略的动力支撑。党的十九届五中全会提出“十四五”期间做强做优做大国有资本和国有企业。“十四五”规划纲要建议提出“加快建设世界一流企业”。“十三五”期间，在共建“一带一路”过程中，国有企业发挥了十分重要的作用——中央企业参与建设“一带一路”沿线项目超过3400个，中央企业实现海外营业收入超过24万亿元，对外投资收益率达到6.7%。[①]在当前世界百年未有之大变局加速演进的背景下，国有企业

① 黄群慧、张弛：《人民网：新发展阶段国有企业的核心使命与重大任务》，国务院国有资产监督管理委员会官网，http://www.sasac.gov.cn/n2588025/n2588139/c17512746/content.html.

要进一步加大开放合作力度，积极落实高水平对外开放战略，推动国有经济提质增效，更加注重跨国经营和全球发展，成为国际竞争的重要参与力量，逐步提高在全球价值链分工中的地位和话语权。

二、做大做强广州国有龙头企业

龙头企业是一个地区经济综合实力和竞争力的集中体现，是实施工业突破战略、带动产业优化升级的主力军，对提高工业经济综合实力和企业综合效益，提升区域经济整体竞争力具有重要作用。广州做大做强国有龙头企业，是扎实推进国有企业改革三年行动，全面深化国资国企改革的内在要求。近年来，广州抓住国企改革窗口期、机遇期，聚焦主导产业、关键领域，深化混合所有制改革，推动国有企业战略性重组和专业化整合，培育壮大龙头企业，对广州经济高质量发展发挥着重要的支撑作用。

（一）加快龙头企业培育奖励与政策齐发力

2021年5月，广州市发展和改革委员会公布《广州市进一步加快龙头企业培育促进总部经济发展的意见》，对首次进入世界500强榜单且全球总部位于广州的总部企业，给予一次性奖励1000万元；对首次进入中国民营企业500强、制造业企业500强、服务业企业500强且全国总部位于广州的总部企业，给予一次性奖励200万元。对于新引进的总部企业，根据产业分类、经济社会贡献情况、落户年限、注册资本等不同情况，自认定年度起，连续3年按有关标准每年给予500万元～5000万元的奖励。对广州市经济社会发展作出突出贡献的优秀总部企业，按照经济贡献的增长量每年给予最高2000万元的奖励，该奖励不与新引进总部企业奖励叠加。

2022年2月16日，广州国资国企推动出台《深入推进广州市国有企业高质量发展的意见》，改革再深化、创新再加力、投资再提速、产业再升级、发展再增效，全面完成国企改革三年行动任务。资本运营方面，落实资本运营三年行动计划，力争新增上市公司2～4家、完成2家上市公司“二次混改”。按照市场化原则，通过整合重组、集中资源调整业务组合，在未来发展前景好、国资有布局必要性和优势的领域做重点布局，推动资源向优势企业和主责主业集中，有力解决同质化竞争、资源分散、重复建设等问题，切实增强企业的市场竞争力，力争在广州国资布局的每个重点领域，培育一家行业、区域龙头企业，以此为抓手提升产业控制力影响力。

广州市国资委进一步优化产业布局，大力培育新能源汽车、生物医药、轨道交通等具有世界影响力的战略性新兴产业集群。“十三五”以来，广州市国资资产规模高速增长、效益持续提升。截至2020年底，全市国企资产总额达4.64万亿元，净资产为1.22万亿，居全国副省级城市首位，分别是2015年末的1.8倍和2倍，其中市属国企资产总额为4.26万亿元、净资产为1.07万亿元，[①]分别是2015年的1.7倍和1.9倍，年复合增长率达11%以上；全市国企实现营业收入9490.9亿元、利润总额722.6亿元，其中市属国企实现营业收入9116.8亿元、利润总额666.1亿元，分别是2015年的1.6倍和1.4倍；市属27家国企中有资产超万亿企业1家，超千亿企业9家，营收超千亿企业2家，其中资产及营收超千亿企业分别比2015年增加3家和1家。拥有世界500强企业1家、中国500强企业9家，广汽集团连续8年入围世界500强，2020年位列世界500强第206名，比2015年上升156名。2021年6月末，广州全市国企资产总额达5.08万亿元，逾5万亿“家底”孕育了一大批优质国企上市公司。广药集团连续9年蝉联中国制药企业百强榜第一位。广州市国资控股上市公司包括广汽集团、白云山等25家A股上市公司及越秀地产等8家H股上市公司，这些公司集中分布在工业、消费、金融、公用事业、房地产、医药等行业。其中，医药生物、机械设备和公用

① 陈丽莉：《广州国企总资产规模全国副省级城市居首》，《深圳商报》2021年1月12日。

事业的上市公司数量最多，这也与广州大力发展IAB（新一代信息技术、人工智能、生物科技）产业和先进制造业的趋势相契合。2021年《财富》世界500强榜单发布，广州有3家市属国企上榜，除连续9年登榜的广汽集团，广州建筑、广药集团首次跻身世界500强。

（二）依托产业提质升级培育产业领军企业

明确企业主责主业，梳理清企业权责边界，确保各市属企业产业主题明确。推动建筑、农业食品、商贸文旅、物流、金融等产业创新发展，向专业化和价值链高端延伸，提高企业核心竞争力和产品附加值，打造国内外领军企业。抓住智能网联与新能源汽车、生物医药与健康、轨道交通、人工智能与新一代信息技术等产业发展机遇，以产业链视角推动资源整合与串联，打通产业链价值链，立足广州面向全球，积极抢占市场份额，打造战略引领性龙头企业。一是打造智能与新能源汽车龙头企业。抓住智能与新能源汽车市场规模快速增长的发展机遇，积极面对产业格局重构态势，充分调动国资资源，支持全力提升核心技术研发能力，全面抢占智能与新能源汽车市场，优化汽车生产基地和物流基地空间布局，加快完善产业链延伸和拓展，强化产业链控制力，做大规模，推动打造具有世界影响力的智能与新能源汽车龙头企业。二是打造生物医药与健康龙头企业。打造生物医药与健康领域投资平台，重点补强研发支持、生产支持和产业孵化等广州生物医药与健康产业短板，推动完善产业研发创新生态，强化产业孵化与培育能力，提升生产服务能力，加速形成全链条产业生态体系，为广东省、广州市将生物医药与健康产业打造为新兴支柱产业发挥龙头引领作用。三是打造高端装备、轨道交通产业龙头企业。紧抓产业发展机遇，充分发挥广州市高端装备、轨道交通产业市场优势，加快创新体系建设，加强产业链资源协同，引导高端装备制造、轨道交通产业链价值链资源集聚，打造龙头企业，引领广州产业发展。四是打造人工智能与新一代信息技术产业龙头企业。充分发挥国有资本投资平台作用，打造开源开放产业生态，利用广州市属国企生产服务体系数据资源和应用场景资源[①]，推进人工智能应用场景在生产制造、商贸消费等领域落地，加快数据开放共享，以需求推动人工智能核心要素资源集聚，打造人工智能与新一代信息技术产业龙头企业。

（三）提质增效打造赋能升级产业领军企业

20世纪90年代中期，随着我国市场经济的发展，民营企业迅速成长，国有企业由于计划经济体制的束缚，在完全市场化领域无法与民营企业竞争。在此背景下，国家推动国有企业“抓大放小”，退出不具备竞争优势的下游完全市场化竞争领域，推动国有企业向中上游具备竞争优势的领域集中，全国各地掀起了竞争领域国有企业民营化的浪潮，多数地方对竞争性领域国有企业“一卖了之”。而广州则立足千年商都的城市定位和产业发展需要，选择了截然不同的改革思路，坚持保留了餐饮、食品、日化、制药、工业装备、汽车等一批竞争领域的实业企业，逐步退出与城市发展不匹配的钢铁煤炭等中上游领域，并通过市场化竞争倒逼企业改革，其中包括广药集团、广州酒家、珠江啤酒、珠江钢琴等竞争类企业的混合所有制改革和员工持股。广州坚持保留竞争类实业企业的选择，也为日后广州形成门类齐全、基础良好的产业体系奠定基础。坚持实业发展需要长时间的坚持和积累，而且发展历程必定不是一帆风顺，需要不断克服困难。以汽车工业为例，改革开放后，与外资车企合作是我国汽车产业发展的主要模式，广州最早选择的合作对象是法国标致，并于1985年合资成立广州标致汽车有限公司。但由于文化理念和技术转让等问题没有达成共识，合作最终宣告失败。直到1998年，广州汽车集团有限公司成立，并随后组建广州汽车企业集团（广汽集团前身），推动广州市汽车企业整合，转向选择

① 吕光一：《发布21条　广东定调国企改革“往哪走”》，新华社百家号，https://baijiahao.baidu.com/s?id=1676505962089350485&wfr=spider&for=pc.

与本田、丰田等日系车企合作，广州的汽车工业才开始走上正轨。

把握建筑、农业食品、商贸文旅、物流、金融等产业发展新趋势，以市场需求为导向，以创新为动力，加快推进产业赋能升级，向专业化和价值链高端延伸，向质量提升、服务优化、品牌高端、技术领先方向转型，提高企业核心竞争力和产品附加值，打造国内外领军企业。一是培育国内一流的装配式建筑企业。把握建筑行业绿色、循环、低碳、科技化发展趋势，大力发展装配式建筑业务，通过健全技术创新与支撑体系、完善装配式建筑业务能力、强化资本支持、完善产业空间布局、加大市场拓展力度等手段，培育世界一流的装配式建筑企业。二是培育农业食品全产业链领军企业。把握农业食品产业规模化、工业化、科技化、品牌化转型机遇，推进整合国资食品板块产业资源，积极布局农业食品全产业链环节，打造研发、生产、配送、渠道一体化的农业食品全产业链领军企业。三是加快文商旅融合发展，培育广州商贸文旅产业领军企业。大力推动国资体系内文商旅资源整合，协调推进广州市政府文商旅资源归集，加强外部资源串联合作，培育“吃住行游购娱”全要素融合发展的商贸文旅领军企业，推动商贸、文旅、体育、会展等领域的互融互通，以城市活动、体育赛事、会展为抓手实现餐饮、住宿、交通、旅游、购物、娱乐等资源协同发展，全面升级商贸生态，打造面向大湾区的商圈体系，全面升级商贸文旅生态，引领广州高水平建设国际商贸中心与国家历史文化名城。四是打造具有全球竞争力的港口物流综合服务企业。抓住粤港澳大湾区、广东省构建“一核一带一区”区域发展格局以及广州建设国际性综合交通枢纽的历史机遇，广州港加强国资内外物流资源串联，构建海陆双向、功能完备的港口物流服务体系，做大做强现代物流和航运服务业务，构建广东省港口资源优化配置合作平台，打造世界级港口物流综合服务企业。[①]五是培育及引进现代金融领军企业。大力推动国资金融体系不断完善，构建与广州作为

① 李妍：《广州港口与航运“十四五”发展规划发布：建设世界一流港口，打造高水平对外开放门户枢纽》，https://news.dayoo.com/gzrbrmt/202108/26/158543_54031239.htm.

粤港澳大湾区核心引擎及国资国企功能发挥需要相适应的现代金融服务体系，大力培育综合性金融控股集团，提升市属银行、证券、基金等金融类企业行业地位和竞争力。充分利用广州市场、土地、股权等资源优势，吸引金融头部机构总部或核心分支机构落户广州，以龙头企业带动广州金融产业发展。积极支持全国性交易服务平台在广州落地，提升广州金融产业要素集聚水平，助力广州走特色金融发展道路。

（四）用活资源培育新兴产业标杆企业

面向广州城市产业未来发展需求，充分用活市属国有资本产业资源，以国有资本撬动产业发展，补强广州产业发展短板，为广州经济发展构建新动能、新活力。一是赋能广州新材料发展培育重点企业。重点围绕广东电子信息、先进制造业高质量发展需求，依托广州市属国有资本制造业产业体系优势，充分发挥国有资本投资平台作用，从加强产业创新能力、完善产业生态、强化国际交流合作等方面赋能广州新材料产业发展，培育一批具有全球竞争力的“独角兽”和“单项冠军”。二是培育数字创意产业特色企业。积极运用国资系统文创资源要素，推动广州数字创意产业集群化发展，加强对数字创意产业的金融支持力度，营造数字创意创作产业氛围，完善数字创意产业生态，培育数字创意产业特色企业。三是培育新兴产业投资服务优势平台。支持市属国企通过产学研合作方式，积极布局量子通信、区块链、太赫兹、天然气水合物、纳米科技、脑科学与类脑等广州未来产业领域科技研发前端，依托科技创新与产业孵化平台，推动构建未来产业“基础研发+技术攻关+成果转化+科技金融”创新生态链，推动新兴产业领域企业发展壮大。

案例1：广汽集团——广州国企巨无霸

广汽集团创立于2005年6月28日，由广州汽车集团有限公司整体变更成立，是由广州汽车工业集团有限公司、万向集团公司、中国机械工业集团公司、广州钢铁企业集团有限公司、广州市长隆酒店有限公司作为共同发起人，以发起方式设立的大型国有控股股份制企业集团。广汽集团主要业务有面向国内外市场的汽车整车及零部件设计与制造，汽车销售与物流，汽车金融、保险及相关服务五大业务板块，具有独立完整的产、供、销及研发体系。目前公司旗下拥有广州本田、广州丰田、本田（中国）、广汽集团汽车研发生产基地、骏威客车、羊城汽车、广汽日野、广汽部件、广汽丰田发动机、广汽商贸、广爱公司、同方环球、中隆投资、广汽汇理、广汽研究院、广汽菲亚特、广汽长丰、广汽吉奥等数十家知名企业，生产多种品牌、多种型号的乘用车、商用车、汽车发动机和主要汽车零部件等多种系列产品。

2021年世界500强企业排行榜，广汽集团位居第176名，为历年最好成绩，比2020年排名上升30位。广汽集团自2013年首度入围世界500强企业至今，已连续第九年登榜。2021年9月，国务院国有资产监督管理委员会办公厅印发了《关于印发国有重点企业管理标杆创建行动标杆企业、标杆项目和标杆模式名单的通知》。经过遴选，广东省共有三家标杆企业、一个标杆项目入选。广汽集团成为入选标杆企业的三家企业之一，广汽集团数字化转型项目（G计划）作为广东省唯一标杆项目入选。广汽集团在国企改革、管理体制与体制、管理效率提升等方面采取了一系列创新措施并取得丰硕的成果。

在中国大型车企中，广汽集团算是成立较晚的，但是成长较快。自成立之初，广汽集团就坚持变革和创新，走自主品牌之路。2006年7月广汽集团成立了汽车工程研究院，经过4年努力实现了广汽全新的自主品牌目标——传祺，于2011年初投入市场，销售状况良好。至今，广汽集团旗下已经拥有了自主品牌广汽传祺，日系合资广汽本田、广汽丰田，欧美系合资广汽菲克等品牌。这些品牌是影响广汽集团利润结构的主要经营主体。目前，广汽集团形成了立足华南，辐射华中、华东、西北和环渤海地区的产业布局，是国内产业链最为完整、产业布局最为优化的汽车集团之一。

从产业链角度来看，广汽集团作为整车制造企业，同时涉及汽车零部件制造行业，其上游主要包括人力、各类原材料，如钢材、铝材、橡胶、塑料，以及油漆、稀释剂等化学制品，而用于制造汽车零部件的主要包括金属件、化工件和电子器件。

2020年，广汽新能源汽车项目埃安开始独立运营。2021年截至11月累计销量已达到10.57万辆，同比增长102.3%，提前超预期完成全年10万辆的销量目标。广汽埃安混合所有制改革正在全力推进，已完成资产重组，下一步会启动员工持股和A轮融资，此举将有利于广汽埃安扩充资本实力，建立企业创新体制机制，推动企业进一步发展。

资料来源：新浪财经百家号，https://baijiahao.baidu.com/s?id=1723271368049880165&wfr=spider&for=pc.

三、不断提升广州国企运营效率和盈利能力

广州近年来不断加强谋划国资整体层面资本运作，引导“两类公司”及产业集团企业根据自身功能定位，针对性开展资本运营，全方位提升国有资本运营水平，推动国有资本、国有产权、国有企业经营要素的自由流动，引导价值发现，持续提高国有资本整体运营效率和效益。

（一）采用灵活多样方式持续提升国资规模

推动国资国企综合实力取得新突破。广州主动适应科技革命和产业变革，加快推动国有资本向新经济、新基建等领域聚集，推动优质资源向关键产业、优势企业和优秀企业家团队集中，鼓励企业大胆“走出去”，提升国有资本的整体收益和控制力，加快培育一批世界一流企业。2021年7月

8日，广州市政府审议通过《关于新时期进一步促进科技金融与产业融合发展的实施意见》，进一步引导金融资源向科技创新领域配置，进一步促进科技、金融与产业融合发展，助力共建粤港澳大湾区国际科技创新中心，加快建设科技创新强市，推动经济实现高质量发展。不断强化国资监管部门对国有资本布局的统筹调度能力，通过多种手段开展资本运营，推动资本流转，引导价值发现，助力产业经营。

一是采用多种方式进行资本运作。推动上市公司股权运营，通过IPO、增发、股权质押、股权转让、私募股权融资、二级市场进退等方式开展股权运营，扩大资产规模。加强战略投资及并购重组，借助增发、债转股等方式进行股权直投，通过成立私募基金、购买股权等方式投资优质高潜资产。开展资产腾退置换，以优质资产置换已上市活力不足资产，或以主营业务资产置换非主营业务资产，改善资产状况及市值。

二是提供多种金融服务提升资产活力。提供赋能实业的产业链金融服务，在产业链上下游，利用票据融通、保理、融资租赁、金融资产管理等多种特色信贷产品，提升产业链整体流动性，盘活融资空间。开展金融资产管理服务，通过债务重组、债转股等方式资产盘活和债务化解，帮助企业去杠杆、减负债。

三是加强上市公司管理提升国企市场价值。通过突出核心主业、分拆上市、业务重组等方式，增强资本市场对上市公司认同与溢价。优化公司管理层、大股东等治理结构，鼓励管理层站在公司长远利益角度决策。持续推动上市公司提高市值管理水平，更好地发挥资本运作平台作用。截至2020年底，广州全市国企资产总额达4.64万亿元，净资产为1.22万亿元，居全国副省级城市首位，其中市属国企资产总额为4.26万亿元、净资产为1.07万亿元，分别是2015年的1.7倍和1.9倍，年复合增长率达11%以上。“十四五”开局之年，广州市国有经济延续良好发展势头。截至2021年5月，广州市、区国企资产总额为4.99万亿元，净资产为1.28万亿元，同比分别增长16.6%和10.5%；其中市属国企资产总额为4.56万亿元，净资产为1.11万亿元，同比分别增长15.7%和7.8%。

（二）提升资本运营水平，发挥国资效能

广州国资改革通过抓重点、补短板、强弱项推动“1+N”政策体系全面落地，破解深水区改革难题。从国资监管看，系统实行清单管理，加大授权放权力度，打造“两类公司”“双百企业”，构建起以管资本为核心，强监管与赋动能双轮驱动的国有资本授权经营体制。一是推动资产盘活再投资。通过退出、减持等形式，盘活资产再投资。通过分阶段有序减持退出，将资本再次投入更具发展潜力产业，推动资产增值。二是推进债权融资。在保障国企总体负债率符合党中央和国务院所指定要求和财务安全的前提下，适度增加负债[①]，提升债权融资规模。通过国企直接债权融资，将国企总体负债率在合理的空间内提升。将部分具备条件的企业股权划归国有资本运营平台，通过债权融资提升平台资产负债率，获取更大融资空间，助力产业发展。三是开展股权融资。推动优质资产上市并加快开展基础设施资产证券化。部分暂未上市资产，通过提升业绩表现，以IPO或上市公司购买等方式进行资产证券化。对于公用事业、城市基建领域长回报周期、利润率达不到上市要求但可稳定贡献现金流的资产，积极尝试REITs等融资方式。[②]四是强化基金运作。重点提升国资监管部门对监管企业所设基金的统筹管控力度和资源使用效率，加强顶层设计，推动基金重点围绕服务地方、发展产业、服务招商等方向布局，引导国企基金围绕市属国企主业开展产业链上下游投资。积极推进项目合作，联合市场中的优质投资管理机构设立子基金，选择符合投向要求且具有较强盈利能力的项目共同投资，根据项目类型设定不同的回报标准，兼顾战略目标和盈利目标。2020年末，广州全市国有企业经营效益明显提升，实现营业收入9490.9亿元、利润总额722.6亿元，其中市属国企实现营业收入9116.8亿元，利润总额

① 中共中央办公厅、国务院：《关于加强国有企业资产负债约束的指导意见》，《人民日报》2018年9月13日。

② 《大力拓宽融资渠道 资本市场支持“保市场主体”》，金融界百家号，https://baijiahao.baidu.com/s?id=1679175288150766675&wfr=spider&for=pc.

666.1亿元，分别是2015年的1.6倍和1.4倍。国有企业创新投入力度不断提升，市属国企研发投入从2015年的69.6亿元增长至2020年的147.5亿元，年平均增速为16.2%。2020年高新技术产品产值占工业总产值的69%，比2015年提高23.4个百分点；广州市属国企拥有各类技术和工程中心516个（其中国家级39个，位居副省级城市第一），高新技术企业258家，分别比2015年增加204个和150家。从财政收入来看，国企整体对广州财税的贡献占到三成以上，远高于其他经济成分，占据绝对的主导地位。国有企业在税收贡献上的主导地位仍然无可替代，是保障政府财政能力的最重要来源。国资收益上缴比例从2016年的25%增加至2020年的30%，“十三五”期间广州市属国企累计上缴税费和国资收益分别为3320.2亿元和277亿元。

案例2：发挥国有资本运营公司功能作用 加快实现高质量发展

广州国资发展控股有限公司构建“产业上市公司集群+全市功能性平台集群+产业发展基金集群+产业价值园区集群”的整体运营模式，充分发挥先进制造业加速器、战略新兴产业引导器、资产证券化的转化器和高新技术企业孵化器作用，推动广州国有资本做强做优做大。

为贯彻落实党的十八届三中全会精神，建立以管资本为主的国有资产监管体系、推动国有资本优化配置，2015年9月，中共广州市委、广州市人民政府决定将广州发展集团股份有限公司、广州珠江啤酒集团有限公司合并，成立广州国资发展控股有限公司（下称“广州国发”），作为广州市属第一个国有资本投资运营平台，并于2016年3月正式运营。在中共广州市委、广州市人民政府的领导和国资委的指导下，广州国发紧紧围绕国有股权持股平台、资本运作管理平台、战略投资发展平台等功能定位开展改革探索。经过三年多的运作，广州国发资产规模从514亿元增长到783亿元（累计增长52%），在原控股发展股份、珠啤股份的基础上，新增参股越秀金控、广州浪奇、白云山、岭南控股、广汽集团、中国电建6家上市公司，全资持有广州国有资产管理集团、广州交易所集团、广州科技金融集团等全市功能型平台，构建起涵盖中小企业基金、国资并购基金、科创国发基金、绿色产业基金的基金群，基本形成了“产业上市公司集群+全市功能性平台集群+产业发展基金集群+产业价值园区集群”的整体运营模式。主要改革创新做法：

一、建立完善授权治理体系，搭建管资本为主的制度基础

组建国有资本运营公司是改革国有资本授权经营体制的产物，如何在“管资本”模式下放权授权，如何理顺与国资委、出资企业关系，如何确保授权后接得住、行得稳是公司面临的首要问题。

一是以公司章程为基础，探索授权经营。广州市国资委按照“一企一策”的原则，通过公司章程明确市国资委对广州国发行使股东权利，针对运营公司以投资运营、价值管理、资产经营为主的业务特点，将包括在主业范围内的投资决策权、一定额度内国有上市公司证券交易决策权、划入企业的收益管理权、公司内部国有资产置换和无偿划转审批权等一批职权授予广州国发董事会。在广州市国资委的授权下，广州国发积极发挥国资委“市场化”运作抓手作用，大胆履职行权，决策效率明显提高。

二是以权责清单为指引，理顺管理关系。为实现从管企业向管资本的转变，广州市国资委通过《广州国发-发展股份、珠啤股份业务指引表》理顺了广州国发和其所控股上市公司的关系。广州市国资委和广州国发对发展股份、珠啤股份的52项公司业务进行分级管理，广州国发以资本为纽带、以产权为基础开展国有资本运作，积极履行股东的权利和义务，同时保持控股上市公司生产经营的独立性，不参与、不干预上市公司的日常生产经营。

三是以完善公司治理为核心，增强行权能力。广州国发将加强党的领导和完善公司治理统一起来，在公司章程中明确了党组织在公司法人治理结构中的法定地位。按照“双向进入、交叉任职”的原则，董事长、总经理分别任党委书记、党委副书记，并设置专职党委副书记，经理层成员任党委委员，切实发挥党组织“把方向、管大局、保落实”作用。同时，建立了外部董事占多数的董事会，目前广州国发董事会成员共7人，其中外部董事4名，职工董事1名；外部董事由知名律师、会计师和投资人等资深专业人士等组成，为公司重大决策提供有效专业支持。

二、全面推进管理创新，探索符合平台功能的运行机制

在探索市场化经营管理机制中，广州国发搭建起“精干总部+专业平台+持股企业”三层组织架构，通过分类管理、充分授权，增强专业平台市场化经营能力，并加强风险防控体系建设，牢牢守住运营公司高质量发展的底线。

一是打造“小机构、强总部、大运作”的组织人才架构体系。广州国发总部设8个部门，前台部门承担资产管理、资本运作、投资并购等核心业务，中台部门承担资金财务、风险管理、战略研究等任务，后台部门在党建、审计监督、人才队伍建设等方面提供基础保障；目前公司总部仅有50人左右，其中80%为证券、会计、法律、管理等专业人士，初步形成了与运营公司定位和专业要求相适应的运营管理体系和人才队伍。

二是形成“差异定位、授权经营、精准考核”的分类管理体系。广州国发研究制定了对持股企业的管控方案，对旗下企业按照控股型、参股型、功能型、经营型等进行分类定位，通过修改完善持股企业公司章程，从法人治理结构、投资与战略、班子队伍建设、重大事项审批和绩效考核等维度对持股企业进行分类授权和差异化管理，持股企业作为独立的市场主体，在授权范围内依法自主决策、自主经营，基本形成了职责清晰、精简高效、运行专业的管控模式。

三是建立“财务管控、投资管理、审计监督”全方位风控体系。设置整体负债水平不超过65%的控制线，对外融资一律不质押、不担保、不增信，严防资金财务风险；出资10亿元设立全资子公司广州国发资本管理有限公司专门运作市场化投资项目，并采用廉政风险保证金制度、强制跟投制度、管理团队持股等利益共享、风险共担新模式，严控投资风险；构建以“审计直管、纪检专设、财务统一”三条监督防控线为主的大监督体系，有效把控公司整体经营风险。

三、以市场化投资拓展增量，服务广州市改革发展大局

不同于投资公司的产业投资，运营公司更多以财务性投资为主，如何以市场化方式解决政府和产业集团增量投资资本不足，如何用好基金、混合所有制等手段创新机制，弥补传统国企市场化机制不够、专业能力不足等短板是运营公司需要解决的问题。

一是发挥国有资本放大作用，服务中共广州市委、广州市人民政府战略落地实施。广州国发以划入之初资产为信用基础，将沉淀的股权变为活的资本积极投资，三年累计完成投资超200亿元，其中投资了120多亿元参与广汽集团、越秀金控、白云山、珠江啤酒、岭南控股、广州浪奇等市属上市公司定增项目，为广汽新能源汽车、广药“大南药”研发生产基地等广州市重大产业项目落地提供有力支撑，带动全市新增工业投资500余亿元；与新加坡淡马锡、广州市妇女儿童医疗中心共同投资约20亿元合作建设广州国际妇女儿童医院，进一步提高广州市高端医疗资源供给。

二是发挥基金投资撬动作用，培育孵化战略性新兴产业。利用财政注资的5亿元设立中小企业基金，该基金具有允许财政净收益让渡和亏损、允许股东回购和协议转让、投资决策权限下移至基金董事会、强制跟投等创新机制，目前已设立子基金10支，撬动社会资金20余亿元，累计投资项目55个。出资5亿元组建科创国发基金，以市场化方式投资科技创新型企业。出资5亿元联合广州市属16家产业集团，组建实缴规模30亿元的国资并购基金，并抓住2018年市场机遇收购机械工程行业龙头企业山河智能。会同7家准公益性国企出资40亿元组建绿色产业基金，专注于为广州重大城市基础设施建设提供新型融资方案。

三是构建市场化运营机制，服务粤港澳大湾区建设。广州国发牵头组建的大湾区科技创新服务中心，采用广州国发持股34%、广东省创投协会等持股36%、管理团队持股30%的股权结构，促进机制再造、价值体系重塑，通过打造粤港澳大湾区“一站式”科技金融服务体系，引导和促进企业与港澳地区相关机构开展合作，推动企业对接香港资本市场，吸引集聚港澳优质资源落地广州。

四、以专业化手段盘活存量，实现价值流动与提升

资源归集是运营公司的基础，促进资源在“资产—资金—资本”不同形态流转增值，提升存量国有资本运行效率和效益；并在推动划入企业转型升级过程中形成自身的核心业务和竞争力是运营公司发展壮大的关键。

一是在关停退转中挖掘价值，服务供给侧结构性改革。2018年广州国发关停广州发电厂、旺隆热电，妥善安置员工约500余人，不仅每年减少企业亏损约2亿元，更每年为广州减少煤炭消费140万吨，为广州市打好“蓝天保卫战”和污染防治攻坚战作出重要贡献。广州国发属下工业发展集团作为广州市国资“僵尸企业”公共处置平台，近三年累计完成出清“僵尸企业”180余户，稳妥解决大量历史遗留问题。

二是在有序流动中提升价值，形成产业发展良性循环。广州国发发挥积极股东作用，实施上市公司价值管理。作为大股东，广州国发先后公告对珠啤股份、发展股份进行增持；针对二级市场持续下滑，部分市属国企股票价值跌破每股净资产的市场表现，出资5亿元适时增持广州市属国企股票，有效增强市场信心；探索通过发行可交债、大宗交易、转融通等方式对持股比例较高的上市公司股份进行适当减持，为广州重大产业项目投资筹集资金；为培育孵化“陶陶居”等老字号品牌注入上市公司广州酒家，做大做强广州国资食品产业。

三是在整合重组中优化价值，赋能国资布局优化调整。在广州市国资委的支持下，广州国发将划入的广州工业发展集团更名改造为“广州国有资产管理集团”，进一步将其明确定位为全市国有资产管理处置平台；整合原广州市科技局下属26家企事业单位，组建广州科技金融集团，打造集科技载体运营管理、科技产业投融资、科技创新综合服务于一体的科技金融平台；对广州交易所集团进行整合重组，集聚资源做强做优做大区域性交易平台。

资料来源：搜狐网，https://www.sohu.com/a/337094173_99947184.

四、加快广州国企数字化转型

数字化转型是指通过利用现代技术与通信手段，改变企业为客户创造价值的方式。随着我国市场经济体制的不断变革，许多本土企业自2000年左右就开启了“信息化”进程，铺开业务操作电子化与业务流程的信息化。近年来，随着数字化技术的发展与我国市场经济体制的不断变革，本土企业之间的市场竞争压力增大，为企业提出了从“在线”到“连接”的更高要求，促使企业由信息化建设进阶至数字化转型。国家层面早已预见到数字化技术的巨大发展前景与国有企业转型的必要性，为国有企业由信息化建设转向“上云”“用数”，进而实现“赋智”提出了多方面要求与部署。2020年4月9日，中共中央、国务院发布的《关于构建更加完善的要素市场化配置体制机制的意见》中，首次正式将数据作为新型生产要素，明确提出“加快发展技术要素市场”和“加快培育数据要素市场”，显示出国家已将数据与技术发展作为后疫情时期社会经济发展的重中之重。4月11日，国家发改委、中央网信办印发《关于推进“上云用数赋智”行动培育新经济发展实施方案》，提出以企业数字化转型为主线、以“上云用数赋智”为重点突破口，加快推进产业数字化与数字产业化步伐。8月21日，国务院国资委印发了《关于加快推进国有企业数字化转型工作的通知》，为加快推进国有企业数字化转型相关工作规划了明确发展路径。

依据国务院国资委《关于加快推进国有企业数字化转型工作的通知》的要求，立足广州市属国企数字化转型现状，广州围绕“产业数字化、数字产业化、数字化管理、数据价值化”，以“上云用数赋智”为重点突破口，拓展数字经济与国资国企各领域融合的广度和深度，国资监管数字化[①]、智能化水平持续增强，打造一批数字化示范项目，形成一批有影响力的数字化产业，国有数字经济规模和质量逐年提升。

---

① 杨智明：《2022南粤“上云用数赋智”生态峰会在广州举办》，新华网，http://www.gd.xinhuanet.com/newscenter/2022-01/11/c_1128253278.htm.

（一）制度创新：促进国有企业数字化、网络化、智能化发展

在地方层面上，广东省各级政府针对自身具体情况，为企业数字化转型与数字经济的发展做出了进一步部署。2020年11月3日，广东省政府印发的《广东省建设国家数字经济创新发展试验区工作方案》中提出，要通过3年左右的探索实践，使国家数字经济创新发展试验区建设取得明显成效，把粤港澳大湾区打造成为全球数字经济发展高地。数字经济发展规模继续领先全国，预计到2022年，广东省数字经济增加值力争突破6万亿元，占地区生产总值比重超过50%，并部署了建设数字经济新型基础设施全国标杆、率先形成数据要素高效配置机制、打造数字经济创新高地、特色引领推动重点领域数字化转型、高质量推动"智慧广东"建设、打造数字经济开放合作先导示范区六大任务。该方案还明确指出，广东省将支持广州向着国家新一代人工智能创新发展试验区、国家人工智能创新应用先导区、国家区块链发展先行示范区、国家工业机器人检测与评定中心、南沙国家级自动驾驶与智能交通示范区、天河中央商务区国家数字服务出口基地六大国家级定位进行建设。通过扩大5G网络的试验与建设、加快国家超级计算广州中心的升级改造与广州"城市大脑"的建设等一系列"新基建"与数字化项目，不但要将广州打造成拥有5G、人工智能、工业互联网等数字化技术的技术创新策源地，更要支持广州探索全球领先的数字孪生城市与数字服务贸易集聚区。

2020年4月9日，广州市人民政府印发了《广州市加快打造数字经济创新引领型城市若干措施的通知》，其中明确提出要依据国家指示，加速将广州打造成粤港澳数字经济创新要素流通试验区、全国数字核心技术策源地、全球数字产业变革新标杆，在推进新型数字基础建设和高效共享与加速重点领域数字化转型的同时，推动技术研发与成果转化交流合作，建立健全数字经济发展重点保障体系。由此可见中央与地方政府都作出了一系列的规划与部署，为国有企业数字化转型打下了良好的政策基础。

2021年2月1日，广州市国资委智慧国资系统发布暨广州国资国企数字化

转型创新联盟启动仪式在广电运通产业园举行。智慧国资系统“一云一网、一中心一平台”（一云：国资国企混合云；一网：国资国企专网；一中心：国资国企数据中心；一平台：智慧国资大数据监管平台）通过整合国资监管信息资源，实现国资监管业务和企业全覆盖，以精准监管提供精准服务，护航市属国企发展。此外，现场27家市属国企签署建立“广州国资国企数字化转型创新联盟”。创新联盟由广州市国资委指导，市属企业共同发起，其目标是推动企业数字化转型，加快数字经济和实体经济融合发展，加强数字生态建设与合作。

2021年4月，广州市国资委印发《关于加快推进广州国资国企数字化转型工作的指导意见》（以下简称《指导意见》），以加快建设智慧国资，促进国有企业数字化、网络化、智能化发展，构筑未来发展战略性新优势，激发高质量发展新活力。《指导意见》基于数字化转型对国资国企改革创新、产业转型升级、核心竞争力提升、监管效能提高等方面的重要意义，提出以产业数字化、数字产业化为转型主线，以“上云用数赋智”为重点突破口，全力打造“三个一”工程，即打造一个智慧国资系统、一批数字化转型示范项目、一批竞争力强的重点数字化产业和企业，推动国资监管智能化水平不断提升，国有数字经济规模和质量明显增强。《指导意见》提出六方面转型措施：一是健全完善智慧国资系统，推动“一云一网一中心一平台”建设；二是做好企业数字化转型部署，要求各企业研究制定数字化转型规划，推动数字化与业务深度融合，建立数字化转型对标机制；三是加快产业数字化转型，包括推进生产制造自动化、智能化，运用数据要素重塑商业模式，打造行业领先的转型样板；四是大力培育数字化产业，即超前布局前沿新兴产业，参与推动新型基础设施建设，积极构建国企数字化产业生态圈，着力打造新兴产业发展培育平台；五是全面提升数字化管理水平，主要从构建数字化管理体系及加强安全管理防护两方面着手；六是推动数据要素价值化，包括提升数据的生产供应能力，深挖数据要素价值。

（二）理念革新：构建自身转型特色，打造数字化生态

企业数字化转型需要与时俱进，尽快适应社会消费需求的变化，积极利用数字技术改进生产模式、丰富服务渠道，而这就需要打造企业整体的数字化生态。[①]广汽集团在企业战略规划上就提出了全方位的数字化生态构建预想，主要分为以下几个要点：一是通过转型建立全新子公司品牌与企业文化的数字化新体系，将“更聪明的陪伴”作为企业品牌口号；二是在产品的智能化上运用自动驾驶等新数字化科技，打造EV+ICV纯电专属汽车平台；三是建立以数字化自主决策与互动式定制等特色服务的智能生态工厂，打造完整的产业链以实现数字化新智造；四是利用客服App、用户体验中心等打通线上线下客户渠道，创造出行业领先的“客—厂—店”黄金三角营销服务新生态；五是推出新产品电动车打造数字化新品牌。

（三）组织重构：善用子公司制度，留住高端人才

数字化转型的技术门槛高导致了各市属国企对人才需求的水涨船高。数字化人才在企业需要时“招不到”，在企业培养后“留不住”已成为国有企业转型的普遍挑战。而部分企业采取的创新模式缓解了这一问题。以广汽集团为例，作为本身就拥有一定数字化人才的公司，通过建立“大圣科技”合资公司，利用子公司体制跳出了其他国企所有的人才薪酬问题，同时保证了企业内人才转岗至子公司的顺利过渡。广州无线电集团也采取了类似的子公司体制，同时坚持“机构能分能合、干部能上能下、人员能进能出、薪酬能高能低”的市场化“四能”原则，对集团中层干部和控股二级企业经理层实行任期制和契约化管理，全部实现了“市场化选聘、契约化管理、差异化薪酬、市场化退出”的运营机制。

---

① 王学秀：《自由+责任：数字化时代的企业文化》，《中外企业文化》2020年第9期，第13-16页。

（四）机器换人：提升产业数字化水平，缓解前端人才压力

目前，技术工人群体在数量、能力上的“适配性”压力依旧存在，技能人才结构性缺乏带来的挑战或将加剧，与此同时，培育前端数字化人才需要一定的时间成本。而广州港集团另辟蹊径，通过不断提升产业数字化水平缓解了前端操作人员的技术要求，在码头操作全自动化之后不但提升了前端人员管理效率，同时又降低了培训所需成本。上述企业采取的子公司体制、市场化用人机制与股权激励为人才提供更好的薪酬待遇，推进前端产业数字化缓解基层用工问题，都是缓解市属国企数字化转型人才不足的积极探索。

（五）数据打通：业务反哺数据，扩大数字资产

在数字化转型中，不少广州市属国企正尝试打通与产业链上下游企业的数据通道，构建线上线下一体化的供应链体系，而其中一些先行企业目前正考虑以扩大数据资产、实现全产业链追溯等模式来加强数据应用成效。其中有企业计划利用公共服务平台构建自己的数据资产体系。广州市属国企计划建立的“穗康生活”公共服务平台，不但能实现3000余万用户的政务服务、日常生活服务等方面的公共服务办理，同时也能以此积累集团自身的数据资产。越秀集团管理层在调研中也提出了新的思路：跳出传统的业务模式，将ToB业务作为ToC业务进行运营，通过数字化产业链收集对方企业的相关数据，对其进行“用户画像”。例如，其旗下食品企业在销售时可对猪肉进行编码，从而通过供应链追踪到消费者、前端经销商、供应商等多方面的购买或销售习惯。

（六）资源集成：基于业务、场景导向构建多主体协作模式

广州市属国企对于进行业务模式融合、与第三方合作或立足于用户

扩大自身数据资产都进行了一定规划与思考，呈现了资源集成的新亮点。广州地铁集团积极与高德地图等第三方合作伙伴进行数据置换，提供例如“地铁弹性时刻表”等服务，为用户提供实时出行信息以优化客服体验，同时也对自身的数据来源进行扩充。广药集团计划建立的“S2B2C”项目中则提到，将医药电商原有的B2B、B2C、O2O单一经营模式变为混合模式运营，实现上游供应商、广州医药、B端药店的“库存共享”，在减轻门店库存压力的同时满足患者的全方位需求，形成患者数据与门店信息在上下游数字化产业链的共享。

五、推动广州老字号振兴发展

老字号是指历史悠久，拥有世代传承的产品、技艺或服务，具有鲜明的中华民族传统文化背景和深厚的文化底蕴，取得社会广泛认同，形成良好信誉的品牌。[①]作为广州市的重要文化遗产与经济资源，老字号既是广州千年商都历史文化符号，也是市民记忆载体、城市形象元素、产业发展传承。推动老字号的创新发展，是实现“老城市新活力”、加快培育广州特色商业的国际知名品牌、推动国有经济提质增效、建设国际消费中心城市的重要抓手。

作为“千年商都”的广州，老字号资源丰富。当前，广州老字号有129家（名单见第108页表3-1），其中包括四百多年历史的“陈李济”、国家中成药行业重点企业“中一药业”、中国四大名酱园之一的“致美斋”、全国蜂产品龙头企业“宝生园”、广东凉茶领军品牌“王老吉”、拥有中国驰名商标虎头牌的“虎辉照明”，还有知名餐饮企业“陶陶居”等国家

① 《关于保护和促进老字号发展的若干意见》，中华人民共和国商务部官网，http://www.mofcom.gov.cn/article/zcfb/zcblgg/202108/20210803186261.shtml.

商务部认定的“中华老字号”。广州老字号中“中华老字号”有35家，占广东省“中华老字号”的61%以上。广州老字号中百年以上屹立不倒的老字号有37家，占广州老字号总数的28.68%，是广州的金字招牌。从行业分布看，广州老字号覆盖行业广，主要包括：餐饮住宿26家、零售11家、医药16家、工艺美术4家、居民服务7家，食品加工22家，加工制造28家，其他15家，其中占比较大的是加工制造业21.7%、餐饮住宿业20.2%、食品加工业17.1%、医药行业12.4%。从企业类型看，老字号企业分布呈现以国有企业为主、民营企业为辅的格局。国有企业共有70家，占总量的54.26%；民营企业共有52家，占总量的40.31%；合资公司共有7家，占总量的5.43%。其中，上市公司只有5家，占3.9%，其余都是非上市公司。从老字号经营情况来看，发展突出的约占18.6%（如王老吉、广州酒家等）、正常经营且持续3年盈利的约占51.9%（如珠江钢琴、风行牛奶等）、经营情况一般且后劲不足的约占16.3%（如泮塘食品、南方大厦等），经营困难或歇业的约占13.2%（如广州电影院、云香酒楼等）。①

（一）突破体制机制障碍，从源头上激活老字号品牌重生

针对不适应现代企业发展的体制机制障碍，广州政府部门以多措并举推动老字号改革。2021年9月，广州市政府常务会议审议通过了《关于振兴市属国有企业老字号的若干措施》，提出23条支持措施深化促进老字号创新发展三年行动方案成果，进一步促进国有企业老字号改革创新发展。

一是先明确实施差异化发展战略，分类明确老字号发展定位。对市属国企全部老字号进行全面和系统梳理，按照“三个类别（档次）”进行归类，差异化推进改革创新发展。制定实施“一品牌一方案”。按照“三个类别”要求，拥有老字号的市属国企，对所拥有的老字号逐一分析研究，制定并实施改革发展方案。

① 数据来源：根据本书项目组赴部分老字号现场调研及广州老字号协会提供的数据整理。

二是建立专业化运营平台推进混合所有制改革。加大资源整合力度。推动国资系统相关资源向优势老字号集聚，补长补强产业链，提高老字号集约化、规模化、一体化经营水平，增强老字号综合竞争力。建立专业化老字号运营平台，对原来所属企业集团经营不善或不愿经营的老字号企业，纳入集中统一管理和经营，实行灵活多样的市场化运作。实行动态跟踪调整，探索建立老字号品牌发展评价指标体系，根据评价结果定期调整老字号品牌的分类与发展定位。推进混合所有制改革。重点对第一、第二类老字号企业，推进混合所有制改革，开放引进各类社会资本，重点引进价值理念认同、行业地位领先、品牌运营经验丰富、协同作用突出的战略投资者。推进具有创新业态、创新商业模式等老字号企业按照有关政策实施骨干员工持股。

三是鼓励经营方式多样化探索加强数字化及创新力度。鼓励和支持老字号企业从封闭式经营走向开放式经营。在统一标准、统一品牌传播前提下，采用连锁经营、特许经营模式，扩大企业生产经营规模；加快从单店经营、一地经营走向区域经营和全国经营，有条件的鼓励“走出去”跨境经营。推进整体经营数字化转型，充分运用互联网、大数据、智能化手段开展生产经营。搭建市属国企老字号电商平台，推动经营业务线上线下融合。提升研发创新能力。推动第一类老字号企业及部分第二类老字号企业建立完善技术研发、工艺创新机构，加强技术研发人员队伍建设，原则上保证不低于市属国企平均水平的技术研发创新经费投入比例。推动生产自动化、智能化、数字化，实现传统产品的生产从配方到全流程的标准化、精细化。

四是支持不同老字号企业优质资产合并上市。设立老字号品牌振兴基金，以市场化运作投资大湾区老字号品牌。推进若干品牌价值高、盈利能力强的国有老字号企业首发上市或分拆上市，支持不同老字号企业的优质资产抱团发展、合并上市。打牢品牌文化传播基础，积极开展品牌推广活动。支持优势品牌或品牌集群建设博物馆。重点支持广药集团牵头建设岭南中医药博物馆、广州酒家牵头建立粤菜博物馆等。推动各老字号建立品牌陈列室、传承人工作室、工匠创新工作室、餐饮策划工作室等载体。认真做好老字号发展史料、典故、照片、影像、实物、口述档案的征集存档等工作。对老字号开展系统性、持续性、立体化的宣传推广，打造老字号线上博物馆。

2022年广州市政府工作报告中提出，未来五年要培育建设国际消费中心城市。其中，振兴广州老字号被列为重要工作之一，企业更应该大刀阔斧推动改革。在企业层面，要对企业体制机制进行深层变革，包括推进混合所有制改革、实施员工持股、优化完善激励机制等，以全面激发老字号企业员工与管理层的积极性和创造性，进而最终激发老字号发展的活力。在政府层面，应借助多方的力量，引导老字号建立现代企业制度，鼓励各类专业机构为老字号发展提供智力支持和保障。允许民营资本参与国有老字号的经营和发展，形成老字号的品牌优势和民营企业机制灵活优势的强强联合，如陶陶居的餐饮业务授权给山东老家经营后，焕发出新的活力。鼓励老字号企业建立健全科学的激励、决策和用人机制，探索建立职业经理人制度，改革国有老字号企业经营管理者的选拔任用方式，以体制机制的创新，从源头上激活老字号品牌的重生。

（二）增强技术和产品创新能力，丰富老字号产品线的供给

增强创新能力，推动老字号企业的技术创新，在弘扬老字号企业优良的传统工艺的前提下，在生产工艺方面精益求精。目前，年轻的消费者已成为消费主力，积极研究年轻一代和品质消费者的需求，丰富老字号的产品线，开发新产品，满足不同消费者不同层次的消费需要。

广州轻工工贸推出广货2.0版本，通过新材料研发、升级改造生产工艺和设备等，开发符合年轻人消费需求的各类产品，使双鱼等老品牌焕发出新活力。继20世纪90年代首创盒装和罐装凉茶后，在消费升级的背景下，王老吉提出“单品多元化+品类多元化”的产品战略，开发出黑凉茶、无糖气泡凉茶等凉茶单品，并推出刺柠吉饮料、椰柔生榨椰汁等产品，形成丰

富的产品矩阵，满足当下消费端需求。王老吉将“凉茶”这一特色饮品卖到全球，拥有超千万个终端网点。

源于1927年的广州风行牛奶在技术研发上同样“老当益壮”，实现将生鲜乳杀菌温度降到75摄氏度，推出的仙泉湖鲜牛奶和金牌鲜牛奶的乳铁蛋白、免疫球蛋白含量是85摄氏度杀菌工艺时的5倍；研发的巴氏杀菌全脂奶、风行牌炼乳等产品被认定为广东省高新技术产品。

2019年，广州酒家以自有资金1.99亿元收购广州陶陶居食品有限公司100%股权，陶陶居公司正式成为广州酒家全资子公司。在广州酒家的助力之下，餐饮转型取得巨大成功的陶陶居在食品板块上持续发力。2021年中秋期间，陶陶居多个联名策划“出圈”——推出“小黄人”联名月饼，携手百年皇家园林博物馆颐和园通力打造优质国风国货等。①

（三）强化品牌保护和经营，培育广州特色商业的国际知名品牌

在品牌保护方面，政府部门应该重点保护老字号的品牌这一无形知识产权。政府部门要通过多种渠道宣贯老字号品牌保护的重要性，在国内建立起法治化的营商环境，打击各种侵犯老字号知识产权的违法行为；引导老字号企业做好品牌注册工作，确保老字号品牌在国内外均受到法律保护。在品牌经营方面，落实工信部等五部门发布《数字化助力消费品工业“三品”行动方案（2022—2025年）》，明确一系列支持举措，大力提升消费品工业数字化水平。结合“三品战略”对老字号提出的要求，在确保老字号产品质量的同时，引导企业构建品牌管理体系，确定品牌定位，推动老字号与阿里巴巴、腾讯、京东等互联网企业合作，创新品牌的商业经营模式，支持创建若干品牌培育和运营专业服务机构，发掘具有国际品牌

① 涂梦莹：《1.8亿元收回陶陶居品牌经营权 广州酒家加大布局餐饮业务》，《时代周报》2021年1月1日。

潜力的老字号，集合各方力量打造出国际知名品牌。

（四）加强特色商圈规划建设，促进老字号与商圈业态共同发展

广州近年不断加大对老字号的扶持力度，已培育形成“老字号一条街”等老字号品牌集聚区。在此基础上，政府部门结合国际消费中心城市的打造，在广州城市建设发展总体规划中强化特色商圈的规划建设，全面改善现有商圈环境，促进商贸、文化、旅游、娱乐等产业融合发展，打造2～3个环境优美、商业繁华、富有岭南文化特色的都会级商圈，大力提升一批有潜力的高端商圈，支持老字号更好地融入重点商圈的发展；同时，鼓励老字号传统店铺向文化展示中心、定制体验中心转型，丰富特色商圈的业态，成为促进消费升级的平台，促进老字号与商圈业态共同发展。

2015年，陶陶居首次走出西关，进驻广州人气最旺的购物中心正佳广场，这家新式的陶陶居精致时尚却又处处透着西关风情，颠覆了人们对老字号的老旧印象，除了老广来打卡外，还吸引了年轻消费者及外地游客的青睐。把店开到购物中心及珠江新城CBD（中央商务区）的餐饮老字号还有大同酒家。2021年2月，大同酒家在珠江新城富力盈力大厦重新开业。升级版的大同酒家进一步提升了菜肴出品，除了传统菜式和硬菜升级调整外，还定期推出如“猫爪布丁”等年轻人喜爱的潮流菜式，彰显粤菜老字号的年轻活力。另一家老字号餐饮莲香楼近期也以全新的商业模式盘活，以“旗舰店、商圈店、社区店”三种形态进行创新经营融合发展，位于东风大酒店、黄埔至泰商业中心的两家高端形象店将同步开业。

2021年11月底，皇上皇首家品牌餐饮店“皇上皇·有料局”在广州IFC国金天地正式开业迎客，主打煲仔饭、烧卤等餐饮业务。下一步，皇上皇将陆续将旗下直营店升级为“餐饮+会员”模式，在广东省内将以“中央厨房+烧卤腊餐饮模式”开设烧卤腊专门店，而面向全国则会以广式煲仔饭餐

饮店模式经营。[①]

（五）借助新型营销方式，跨界融合提升老字号品牌力

近年来，多个广州老字号扎根品牌历史文化，通过跨界融合提升品牌力，让传统文化、现代文化交融碰撞，借助合作IP不断提升艺术内核、文化内核，以创意破圈传播，不断刷新消费者对老字号的认知。广州鼓励和支持老字号将传统经营方式与现代服务手段相结合，积极推进标准化改造，大力发展连锁经营、特许经营，拓展品牌影响力。深挖老字号的文化内涵，借助现代营销的理念和方式，增添、拓展内涵和外延，提升老字号品牌价值。鼓励老字号应用微博、微信、抖音等新媒体，传播老字号品牌历史和商业文化。加大老字号纪念品、礼品的开发力度，积极推广老字号旅游产品，不断推进老字号和旅游企业在景点建设、线路开发、宣传推广方面的合作。通过电商和数字化传播手段重塑形象，拉近与新生代消费群和品牌消费群的距离。通过打造粤港澳大湾区老字号博览馆、粤港澳大湾区老字号一条街、举办广州老字号博览会等途径集中宣传广州老字号品牌，提升老字号品牌传播力度。

王老吉紧抓Z世代热点，推出吉运罐、姓氏罐、联名定制罐等版本，相关话题冲上微博热搜。光华药业在抖音发起“国潮小生豫见爱”的挑战赛话题，将老字号良品白云山小柴胡推广到年轻消费群体中，10天获得2.8亿播放量。

鹰金钱深入触及时下年轻人熟悉的社交平台，通过抖音、自有品牌视频号等推广“第一罐”国潮1893，结合产品调性，精准定位90后“一人食”创新食法拍摄复古港风短片。

致美斋在抖音及美食达人等新媒体平台推出荔枝蘸酱油“神仙”吃

---

① 冯芸清：《广州：老字号跨界尝试新玩法，皇上皇首家品牌餐饮店开业》，腾讯网，https://new.qq.com/rain/a/20211130A0CFQW00.

法的创意趣味短视频，推广致美斋生抽XO酱油，以“广东喊全球吃荔枝”“荔枝季广东酱油销量暴涨”“荔枝酱油的神奇CP组合”“最佳拍档”等热门话题频上热搜，掀起品牌传播热浪。

趣香则与代表“老城市新活力”的广州首个非遗街区永庆坊IP、艺术大咖、广州大剧院IP以及不同领域的非遗文化，跨界打造“粤YEA月有趣”复古潮流派对，以浓烈的粤式经典文化融合赛博朋克风、电音、rap等潮流元素，营造出更具冲突感、颠覆感、新鲜感的用户体验。

（六）市场运作为主、政府扶持为辅，推动老字号可持续发展

充分调动老字号企业的积极性，消除老字号企业依赖政府扶持的思想，发挥企业的主观能动性和主体作用。政府在营造公平公正经营环境和着力解决老字号企业在改革创新中的重要问题上下功夫，主要发挥在规划引导、政策扶持、诚信建设等方面的作用。从老字号原始老铺的回迁、设施配套、人员培养、资金引进、技术创新等方面设立了扶持措施，需要在政策落地上进一步协调细化，如老字号企业经营场地租金支持方面，强化政策实施落地的实效性，从而推动老字号可持续发展。

一是参与设立老字号振兴基金，资本化运作将进一步促进老字号发展。该基金是由广州国资发展控股有限公司在广州市国资委指导下牵头设立的，首期计划总规模为4.04亿元，是贯彻落实《关于振兴市属国有企业老字号的若干措施》的具体行动，合伙目的为深化国资国企改革，发展混合所有制经济，对老字号企业进行战略入股，增强国有经济活力、影响力、国际竞争力和抗风险能力，推动国有资本做强做优做大，促进国有资产保值增值。2021年9月16日，广州酒家集团股份有限公司、广州科创国发产业基金管理有限公司、广州国资发展控股有限公司、广州白云山医药集团股份有限公司、广州越秀资本管理有限公司、广州商贸投资控股集团有限公司、广州岭南国际企业集团有限公司、广州轻工国有资产经营管理有限公司、广州珠江钢琴集团股份有限公司、广州市食尚国味饮食管理有限

公司、广州枫盛投资有限公司签署协议并共同出资设立了广州老字号振兴基金合伙企业。

二是实施资本整合。近年来，广州轻工科学分步实施商标所有权与经营权分离，结合老字号企业资本运作、资产整合等重要举措，完成将虎头、鹰金钱等老字号品牌商标所有权由集团划拨至相关下属企业。改制后，老字号如虎添翼，发展更显灵活。2022年1月18日，虎头公司与擅长助力国际品牌开拓中国消费市场及数字化领域的新生代商业创意公司i2mago原象达成战略合作协议，双方将利用各自深耕领域的资源和市场优势，就消费类锂电业务共同展开一系列的全新探索。

表3-1　广州老字号名单

序号	单位	创立时间	品牌（或商标）名称
1	广州白云山陈李济药厂有限公司	1600年	陈李济
2	广州致美斋食品有限公司	1608年	致美斋
3	广州白云山中一药业有限公司	1662年	中一
4	广州白云山敬修堂药业股份有限公司	1790年	敬修堂
5	广州广钢金业集团有限公司	1796年	双狮
6	广州市泮塘食品有限公司	1798年	双喜龙
7	广州采芝林药业有限公司	1806年	采芝林
8	广州市越秀区三多轩文房用品商店	1825年	三多轩
9	广州王老吉药业股份有限公司	1828年	王老吉
10	广州市文化用品有限公司新以泰体育用品分公司	1860年	新以泰
11	广州宝生园有限公司生茂泰茶厂	1862年	生茂泰
12	广州市越秀区余同号饼印雕刻服务部	1865年	余同号
13	广州白云山奇星药业有限公司	1875年	奇星
14	广州市信孚服装中心	1880年	信孚

续表

序号	单位	创立时间	品牌（或商标）名称
15	广州陶陶居食品有限公司	1880 年	陶陶居
16	广州市太平馆饮食有限公司	1885 年	太平馆
17	广州市莲香楼有限公司	1889 年	莲香楼
18	广州白云山潘高寿药业股份有限公司	1890 年	潘高寿
19	广州市泮塘五秀贸易有限公司	1892 年	泮塘五秀
20	广州食品企业集团有限公司	19 世纪末	孔旺记
21	美晨集团股份有限公司	1900 年	美晨
22	广州白云山明兴制药有限公司	1900 年	明兴
23	海珠大戏院	1902 年	海珠大戏院
24	广州市纶章商贸有限公司	1902 年	纶章
25	广州市沧洲肉食制品有限公司	1903 年	沧洲
26	广州市越秀区东山云香酒楼	1904 年	云香酒楼
27	广州市九同章商贸有限公司	1905 年	九同章
28	广州市清心堂健康产业有限公司	1906 年	清心堂
29	广州市新兴家喻饮食有限公司	1910 年	新兴家喻
30	广州市艳芳照相馆有限公司	1912 年	艳芳照相馆
31	广州白云山光华制药股份有限公司	1912 年	禾穗牌
32	广州市李占记钟表有限公司	1915 年	李占记
33	亨得利集团有限公司	1915 年	亨得利
34	广州公交集团电车有限公司	1915 年	广州电车
35	广州市新大新有限公司	1916 年	新大新
36	广州市南方大厦集团有限公司	1918 年	南方大厦
37	广州市南方大厦酒店有限公司	1918 年	南方大厦酒店
38	广州市白云区神山艺华美术工艺厂	1919 年	昭亮宫灯

续表

序号	单位	创立时间	品牌（或商标）名称
39	广州市悦盛金发食品有限公司	1919年	港三元
40	广州鹰金钱企业集团公司	1920年	鹰金钱
41	广州虎辉照明科技公司	1921年	虎头牌
42	广州市利工民针织有限公司	1923年	利工民
43	广州市宝生园股份有限公司	1924年	宝生园
44	广州市北园酒家有限公司	1927年	北园
45	广州市新亚大酒店有限公司	1927年	新亚
46	广州风行牛奶有限公司	1927年	风行牌、风行牛奶
47	广州市演出电影有限公司永汉电影院	1927年	永汉电影院
48	广州市白宫酒店有限公司	1928年	白宫酒店
49	广州市越秀区诚实妙栈烧腊店	1928年	妙栈
50	广州市状元坊戏服有限公司	20世纪20年代	状元坊戏服厂
51	广州二天堂大药房连锁有限公司	1931年	二天堂
52	广州市新华大酒店有限公司	1932年	新华
53	广州市全新针织厂	1932年	555、505
54	广州市东方红印刷公司	1933年	东方红
55	广州市点都德饮食有限公司	1933年	点都德
56	广州黄振龙凉茶有限公司	1933年	黄振龙
57	广州市大学鞋业有限责任公司	1934年	大学鞋店
58	广州市荔湾区南信牛奶甜品专家	1934年	南信
59	广州骆驼保险柜有限公司	1934年	骆驼牌
60	广州市虎头电池集团有限公司	1934年	555、虎头牌
61	广州广氏食品有限公司	1934年	广氏、双喜

续表

序号	单位	创立时间	品牌（或商标）名称
62	广州酒家集团股份有限公司	1935 年	广州酒家
63	广州市演出电影有限公司广州电影院	1936 年	广州电影院
64	广州市鸡公车食品有限公司	1937 年	广茂香
65	广州八百载肉食制品厂有限公司	1937 年	八百载
66	广州市爱群大酒店有限公司	1937 年	爱群
67	广州白云山医药集团股份有限公司白云山何济公制药厂	1938 年	何济公
68	广州皇上皇集团有限公司（趣香）	1938 年	趣香
69	广州市旅业有限公司广东大酒店分公司	20 世纪 30 至 40 年代	广东大酒店
70	广州皇上皇集团股份有限公司	1940 年	皇上皇
71	广州大同酒家饮食有限公司	1942 年	大同酒家
72	广州奥桑味精食品有限公司	1943 年	双桥
73	广州市新北京大酒店有限公司	1943 年	北京大酒店
74	广州市香雪亚洲饮料有限公司	1946 年	亚洲
75	广州新华印务有限公司	1947 年	新华印务
76	广州市泮溪酒家有限公司	1947 年	泮溪
77	广州市琳琅婚纱摄影有限公司	1947 年	琳琅
78	广州市鹤鸣鞋帽商店有限公司	1948 年	鹤鸣鞋帽商店
79	广州市越秀区老字号华华照相馆	1948 年	华华照相馆
80	广州白云山天心制药股份有限公司	1948 年	心字牌
81	广州南洋电器有限公司	1948 年	南洋电器
82	广州市新华书店集团有限公司	1949 年	广州市新华书店
83	广州市南方面粉股份有限公司	1949 年	南方面粉

续表

序号	单位	创立时间	品牌（或商标）名称
84	广州白云山星群（药业）股份有限公司	1950 年	星群
85	广州医药股份有限公司	1951 年	广州医药
86	国光电器股份有限公司	1951 年	GGEC
87	广东茶叶进出口有限公司	1951 年	金帆牌
88	广州市演出电影有限公司平安大戏院	1951 年	平安大戏院
89	广州果子食品厂有限公司	1952 年	红棉牌
90	广州市越秀区昌兴童装	1952 年	昌兴
91	广州金银首饰有限公司	1952 年	第一福
92	广州健民医药连锁有限公司	1952 年	健民
93	广州积士佳食品有限公司	1953 年	积士佳
94	广州双鱼体育用品集团有限公司	1954 年	双鱼
95	广州市谭山蜂业有限公司	1955 年	谭氏
96	广州市大新象牙工艺厂	1955 年	天工牌
97	广州绣品工艺厂有限公司	1955 年	广秀
98	广东燕塘乳业股份有限公司	1956 年	燕塘
99	广州市工艺美术总公司	1956 年	穗美
100	广州珠江钢琴集团股份有限公司	1956 年	珠江
101	广州轻出集团股份有限公司	1956 年	三角
102	广州百花香料股份有限公司	1956 年	百花
103	广州鹰金钱从化三花酒厂	1956 年	岭南玥
104	广州市妇女儿童用品公司	1956 年	广妇儿
105	广州木雕家具工艺厂	1956 年	宝鼎
106	广东省木偶艺术剧院有限公司	1956 年	图形商标
107	广州市回民饭店有限公司	1956 年	回民饭店

续表

序号	单位	创立时间	品牌（或商标）名称
108	广州市越秀区锦泉眼镜店	1956 年	锦泉
109	广州市越秀区餐饮公司八珍菜馆	1956 年	八珍
110	广州华侨大厦企业有限公司华厦大酒店	1957 年	华厦大酒店
111	广州市家宝红木家具有限公司	1957 年	宝鹰红木
112	广州红棉吉它有限公司	1957 年	红棉
113	广州人民印刷厂股份有限公司	1957 年	广印、人印
114	广州华糖食品有限公司	1958 年	红棉
115	广州市农业生产资料公司	1958 年	广州农资
116	广州市松园木雕家具有限公司	1958 年	松园红木
117	广州五羊表业有限公司	1958 年	广州
118	广州广高高压电器有限公司	1958 年	广高牌
119	广州珠江制药厂	1958 年	新洲牌
120	广州银记肠粉店	1958 年	银记
121	广州市浪奇实业股份有限公司	1959 年	浪奇
122	广州五羊自行车有限公司	1959 年	五羊
123	广州友谊集团有限公司	1959 年	广州友谊商店
124	广州岭南集团控股股份有限公司东方宾馆分公司	1961 年	东方宾馆
125	广州市塑料工业股份有限公司	1961 年	珠江
126	广州市荔湾区秀丽民间首饰工艺厂	1966 年	秀丽
127	广州市广州宾馆有限公司	1968 年	广州宾馆
128	成珠酒家	1990 年	成珠酒家
129	广州岭南轩茶业有限公司	1991 年	荣昌号

第四章

深化改革释放活力

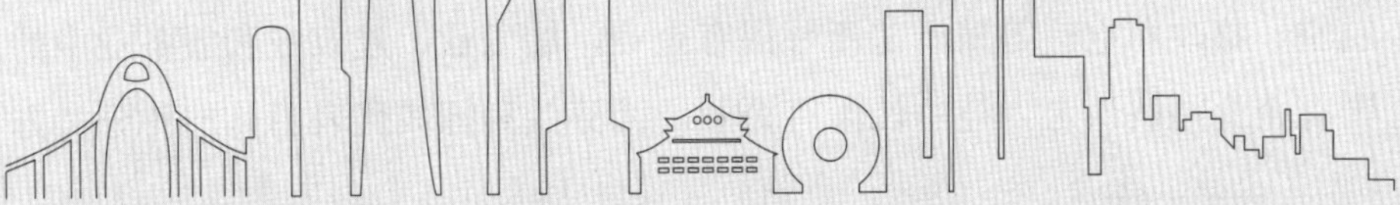

一、分类分层推进混合所有制改革

发展混合所有制经济，是深化国有企业改革的重要举措。党的十八届三中全会以来，国企改革已经进入一个新的阶段。大力推进国有企业混合所有制改革，以“混资本”促“转机制”，把机制作为激活整个企业微观主体的关键切入点，是释放国企改革活力的重要方向。①

（一）分类分层推进混合所有制改革的蓝图

1. 分类改革的基本逻辑

2015年12月7日，根据《中共中央、国务院关于深化国有企业改革的指导意见》有关要求，为了准确界定不同国有企业功能，有针对性地推进国有企业改革，国务院国资委、财政部、国家发改委联合印发了《关于国有企业功能界定与分类的指导意见》，其中提出：“立足国有资本的战略定位和发展目标，结合不同国有企业在经济社会发展中的作用、现状和需要，根据主营业务和核心业务范围，将国有企业界定为商业类和公益类。”同时，将划定分类的权力按照“谁出资谁分类的原则”分配下去，“按照谁出资谁分类的原则，履行出资人职责机构负责制定所出资企业的功能界定与分类方案，报本级人民政府批准；履行出资人职责机构直接监管的企业，根据需要对所出资企业进行功能界定和分类”。

各地政府都根据自身实际情况出台了自己的分类管理办法，具体分类参照了国外做法。法国、新加坡等国家按照企业市场地位或者竞争程度，将企业分为垄断性国有企业和竞争性国有企业两类。其中，电力、铁路、航空、邮政和电信等属于垄断性国有企业，加工业、建筑业和服务业中的国有企业则被认定为竞争性国有企业。而芬兰和挪威代表另外一种分类方

① 吴波、马瑞敏：《习近平总书记关于国有企业改革发展的几个重要观点》，《贵州省党校学报》2022年第1期，第24-32页。

法，即按照利益属性和赋予目标进行分类，通常划分为承担特定任务的国有企业、有战略利益的商业性国有企业和以投资者利益为主的纯粹商业性国有企业三类。其中，电网、产业投资公司属于承担特定任务的国企，铁路、航空等属于战略利益的商业性国企，养老金信息服务公司则属于纯粹的商业性国企。通常来说，各地政府将商业类国企分为处于充分竞争行业和领域的企业和处于关系国家安全、国民经济命脉的重要行业和关键领域，也就是“处于重要行业和关键领域”的国有企业。此外，公益类国有企业主要是指以社会效益为导向，保障民生公共服务为主要目标的企业。

对于完全竞争性国有企业，原则上这类企业应该完全走向市场，即国有资本从竞争性领域中逐步退出，让国有企业通过产权制度改革成为自主经营、自负盈亏的市场竞争主体。完全竞争性国有企业进行混合所有制改革的主要目的就是增强国有经济活力，实现国有资本的保值增值，迅速做大做强国有资本。对于那些效率低下、规模较小、市场竞争度高、市场需求变化快、产业重要性和关联度小，生存很困难，基本靠国家担保和为其埋单的企业，就可以直接通过民营化实现国有资本的退出。对于“处于重要行业和关键领域”的国有企业，比如水利、环境和公共设施管理业，交通运输、仓储和邮政业，电力、热力、燃气及水生产和供应行业等，一方面要追求利润，另一方面也承担了一定的社会义务。要同时实现这两个目标，就要在通过股份制改革引入多元化投资主体的同时，确保国有资本的控股地位，明晰产权关系，确立法人财产权，尤其需要排除行政性垄断，规范政府与企业之间的关系，完善公司治理结构，优化激励机制，强化市场对公司的约束与激励，提高其经营效率。对于公益性的国有企业，原则上应保持国有独资地位，但在细分环节上，仍有进行混改的空间。

2. 分层改革的基本逻辑

在《中共中央关于全面深化改革若干重大问题的决定》中，根据国资监管理念提出一系列关于国有企业分类分层改革的新论述，包括根据功能分“三类”、资本分“三层”和国资委监管实现“三个转变”，并称为国企改革与监管的“三三工程”。在“三三工程”中，最亮的点是从过去的国资委、国有企业两层架构，转为国资委、国有资本投资运营平台、混合所有制企业三层架构，实现政企分开，政资分开。在国企混合所有制改革中，应该分层明确任务。[①]

一是国资委层面：政府在“管资本”的体制下，明确自己的“裁判员”而非“运动员”角色，可以站到更超脱的地位，正确处理与市场的关系。这对政府也是一次解放。这种体制将从根本上理顺长期困扰我们的政府、市场和企业的关系，化解体制转轨中的诸多矛盾。国有资本的预期效能主要通过市场而不是行政力量来实现，这就使国有资本具有“亲市场性”，从而保障我国在保持较大份额国有经济的情况下，“使市场在资源配置中起决定性作用”。

二是国有资本投资、运营平台层面：以管资本为主加强国有资产的监管，更加突出了出资人代表的性质，更加突出了国有资本的运作，更加强调从出资人的角度来加强监管。国有资本投资运营平台要依法通过公司章程，通过公司治理，来围绕“管好资本”这四个字落实出资人的职责，不干预具体经营活动，就是不干预企业的法人财产权和经营自主权。[②]

三是混合所有制企业层面：要进行整体的股份制改造，通过混合所有制改革，推动企业建立协调运转、有效制衡的现代公司治理结构，恢复企业在市场经济中的经营主体地位，充分发挥市场配置资源的决定性作用，进一步激发企业活力、创造力和市场竞争力。

3. 引进各类资本参与国有企业混合所有制改革

混合所有制改革的落脚点是要提高国有资本配置和运行效率，优化国有经济布局，增强国有经济活力、控制力、影响力和抗风险能力，主动适应和引领经济发展新常态；促进国有企业转换经营机制，放大国有资本功能，实现国有资产保值增值，实现各种所有制资本取长补短、相互促进、

① 徐怀玉、宋蕊：《国企混改：理论、操作与案例》，企业管理出版社2019年版，第38页。

② 杨振：《产权清晰视角下国企混改的制度逻辑及政策启示》，《经济体制改革》2022年第2期，第95-100页。

共同发展，夯实社会主义基本经济制度的微观基础。根据《国务院关于国有企业发展混合所有制经济的意见》列出的具体措施，包括鼓励非公有资本参与国有企业混合所有制改革、支持集体资本参与国有企业混合所有制改革、有序吸收外资参与国有企业混合所有制改革、推广政府和社会资本合作（PPP）模式、鼓励国有资本以多种方式入股非国有企业、探索完善优先股和国家特殊管理股方式、探索实行混合所有制企业员工持股等。

（二）利用资本市场深化混改的“广州模式”

近年来，广州国资充分利用资本市场，推动市属国企IPO上市、“二次混改”“双向混改”，已形成广州模式。

1. 高标准政策引领

广州市高度重视推动企业上市工作，2015年广州市出台《关于全面深化国资国企改革的意见》（以下简称《意见》），率先提出以“整体上市”为主要形式推动集团层面混改，并明确提出“至2020年，竞争性领域的市属企业全部实现整体上市或至少控股1家上市公司”。《意见》提出，按照分类推进原则重点推进竞争类国有企业混合所有制改革。对竞争类国有企业，以提升企业核心竞争力、增强国有经济活力、放大国有资本功能、提高国有资本配置和运行效率为目标。准公益类国有企业以强化公共服务功能和持续发展能力为主要目标，引入社会资本参与重大基础设施项目投资、建设和运营。同时，鼓励各类资本参与市属国有企业混合所有制改革。吸收外资参与国有企业混合所有制改革。引入外资参与市属国有企业改制重组、合资合作，鼓励通过海外并购、投融资合作等方式，利用国际市场、技术、人才等资源和要素，发展混合所有制经济，参与国际经济竞争和全球产业分工，提高市属国有企业全球化配置资源的能力。

2018年，广州市出台《关于促进国资国企改革创新发展的实施意见》等政策，对混改的模式、方案设计、决策程序以及混合所有制企业法人治理结构等内容提出指导性和实操性意见。2019年，广州市印发《关于监管企业所属科创型企业实施员工持股、股权和分红激励的工作指引》，提出加快推进一批科创型企业实施员工持股、股权激励和跟投创新创业业务，助力科创型企业实施混改，为下一步上市发展打下基础。2020年，广州市制定《广州市国企改革三年行动实施方案（2020—2022年）》，进一步提出“2022年每家公益性企业至少控股一家上市公司”。

2. 聚焦IPO上市工作

在中共广州市委、广州市人民政府的正确领导下，广州市国资委指导推动市属国企上市发展力度较大、成果显著。“十三五”期间，广州推动6家国有企业上市，放眼其他一线城市，北京推动2家国有企业上市、上海推动5家国有企业上市（均为2017年以前）、深圳推动3家国有企业上市。但广州国有控股上市公司的总市值距离上海（大于25000亿元）、北京（大于12000亿元）、深圳（大于7000亿元）还有一定的距离，仍有较大的发展空间。截至2020年底，广州市国有控股上市公司共有30家，总市值约5000亿元。截至2020年底，市属国企集团公司层面整体上市公司5家，拥有上市公司的市属国企集团公司有17家，超过七成，其中，竞争类市属集团公司有14家，达到93%。

具体来说，“十三五”期间，广州市国资委推动广州港、广州酒家、广哈通信、广州农商行、广电计量、广州地铁设计院6家企业成功IPO上市。经过上市后的发展，这6家企业的市值均得到较大提升，企业资产快速增长，发展成效显著。截至2020年12月17日，这6家上市公司资产总额为9202.74亿元，净资产为892.71亿元，整体总市值达到856.92亿元。相较上市时，资产总额平均增长率达91.4%，最高的是广州酒家（增长199.7%）；净资产平均增长率达100.6%，最高的是广州酒家（增长158.1%）；总市值平均增长率均达103.1%，最高的是广哈通信（122.2%）。该6家企业上市后发展态势良好，均取得显著成绩。其中，广州港积极整合市内、省内港口资源，实现了与珠三角、粤东、粤西三大港口群的互联互通，外贸航线总数达120条，2020年前三季度货物吞吐量和集装箱吞吐量排名均位列全国沿海港口第四位，“广州港口型国家物流枢纽”获正式授牌；广州酒家位列

2019年度广东餐饮百强企业榜单第四位，旗下利口福月饼产销量连续八年位居全国同行业第一，荣获第二届“新财富最佳上市公司”奖项；广哈通信助力国家重大工程乌东德水电站建设投产发电，与西安电子科技大学广州研究院合作共建智能通信软件联合研究中心；广州农商行经营业绩稳健增长，净利润增速创五年新高，存款增量在广州同业排名第一，广州市存款市场份额排名第二，荣获“2019年度农商行天玑奖”；广电计量牵头多家单位联合中标工信部两项国家级项目，助力中国首架高速互联网飞机首航成功，荣获2019年“全国电子信息行业创新企业”称号、2020年度“企业数字化转型安全建设最佳创新奖”；广州地铁设计院在2020年10月22日成功上市，成为全国公益性企业市场化改革发展的先行示范，其在城市轨道交通、综合交通枢纽、上盖物业开发等领域拥有领先的设计技术和科研成果，未来发展可期。

案例1：广州无线电集团的混改之路

一、率先推行员工持股，推进混合制激励机制改革

1997年，党的十五大报告中首次提出发展混合所有制的概念，也为广州无线电集团首次推行员工持股提供了相关的政策依据，集团开启了市场化改革历程。为全面建立与市场经济相适应化的创新机制，集团依法依规在主要骨干企业中推行混合所有制形式改制，引入职工持股，要求经营班子带头入股，号召骨干员工积极入股，鼓励其他员工自主选择入股：2000年8月，当时新设立的广州海格通信有限公司通过员工持股、经营管理骨干入股完成了多元主体的混合所有制改革；2002年1月，广电运通也通过员工持股实现了企业混合所有制改革；2003年9月，经股东会表决同意，广电物业（现广电城市服务）以增资扩股的方式实施混合制改革，员工持股比例占15%。集团通过推行员工持股，形成了企业与员工“利益共同体、命运共同体、责任共同体”，激发了企业发展的内生动力，开创了广州国企混改的先河。

二、着力打造上市平台，推动集团进入发展快车道

2007年，党的十七大对深化国有企业公司制、股份制改革提出了新的要求。集团积极贯彻党的十七大精神，在体制的发展模式：2007年，广电运通顺利在深圳证券交易所上市，成为国内ATM设备生产厂商中的首家上市公司；2010年，海格通信正式在A股上市，是国内军工行业第一家军工业务整体IPO上市的军工企业，募集资金总额达32.3亿元，成为当时广州市60家已上市公司中募集资金最多的企业，国有股东和员工共同分享了企业发展红利；2009年，广电计量通过广州产权交易所挂牌交易，完成员工增资扩股计划，为推进公司的上市战略奠定了基础。

三、推进“二次混改”，增强集团可持续发展动力

“十二五”以来，集团紧抓新一轮深化国资改革机遇，继续推进下属企业的混合所有制改革：2014年底，海格通信向通信管理层及骨干员工增发股票，是广州市国资体系内第一家推出员工持股计划的上市公司；2015年，广电运通推行非公开发行股票计划（暨员工持股计划），员工通过持股计划间接成为广电运通股东，建立了良好的员工与企业利益共享机制。“十二五”期间，广电计量通过多次增资扩股和混合制改革后，在新三板挂牌上市，成功搭建资本平台，推进全国布局和规模扩张，保持营收和利润连续3年增长50%以上的良好势头。集团通过打造上市平台，推动企业资本多元化和社会化，有效拓宽融资渠道，完善企业资本结构，注重技术创新，多年来研发投入占同口径营业收入比重超过12%，新产品产值率年均超过80%，主要经济指标年均保持20%的增长速度，转型发展为以“高端高科技制造业、高端现代服务业”为战略定位的多元化产业集团。

四、调整职能定位，改组国有资本投资公司

在广东省、广州市国资委的大力支持下，集团于2018年8月被国务院国资委纳入“双百企业”，同年被批准实施国有资本投资公司改革试点，调整集团功能定位，并被授予包括战略规划、产权管理、激励机制等10项经营权限。集团结合综合改革工作台账，按照“以管资本为主加强国有资产监管，改革国有资本授权经营体制，真正确立国有企业的市场主体地位”

的改革指导方向，全力推进各项改革任务，以产业发展为核心目标，优化国资产业布局，做优做强做大主业，不断提升集团产业综合竞争力。2019年，广电计量成功实现A股上市，成为广电运通、海格通信后集团自主培育的第三家A股上市公司。

资料来源：调研材料，参见广州无线电集团党支部官网，https://m.thepaper.cn/newsDetail_forward_ 9984679.

（三）深化混合所有制改革，释放广州国企活力

以打造上市公司为主要途径是今后推进混合所有制改革的方向。要积极推进竞争类子企业混合所有制改革，应改尽改，积极培育具备上市条件的企业，进一步实施国有控股上市公司“二次混改”。[①]

1. 以规划指引加强顶层设计

以《广州市国有经济布局优化与结构调整“十四五”规划》和《广州市国企改革三年行动实施方案（2020—2022年）》为指引，为“以打造上市公司为主要途径推进混合所有制改革”谋篇布局。深入挖掘广州市国有企业存量上市资源，按照分类分层原则推进混合所有制改革。支持和引导持股比例高于50%的国有控股上市公司，引入持股5%及以上的战略投资者作为积极股东参与公司治理。把推进市属国有企业上市作为重点工作，配合上市后备企业协调解决好上市过程中的资产处置、股权转让等问题；并协助企业与金融办做好沟通对接工作，联动市政府各有关部门推进企业上市工作。

2. 推进重点企业尽快上市

围绕广州市产业发展规划布局，坚持工业立市，大力发展战略性新兴产业，打造人工智能和数字经济集聚区。重点培育新兴产业在科创板上

① 马艺天、吴雨伦：《广州打出深化混改组合拳，释放国有企业竞争力》，网易网，https://www.163.com/dy/article/GGFK492F055002GG.html。

市，用好“两类公司”，通过并购重组、股权运作等增强国资综合实力。积极引进战略投资者，对符合条件的业务板块进行分拆上市，推动越秀集团、广汽集团旗下企业独立上市计划落地。有针对性地制订有发展前景的子企业上市工作方案，指导国企积极对接多层次资本市场，大力挖掘、梳理并推动更多符合条件企业到新三板及股权交易中心挂牌，为下一步上市储备重点资源。

3. 积极推进企业员工持股计划

对骨干员工实施股权激励措施，支持符合条件的企业在混合所有制改革中，骨干员工与非国有股东同股同价持有股权。科学设计员工持股方案，建立容错纠错机制，让干部在改革创业中“胆子大，步子稳”，切实保护好地方和部门推进混合所有制改革的积极性、主动性、创造性。建立员工持股管理机构，将持股方式专业化，鼓励员工通过公司制企业、合伙制企业、资产管理计划等持股平台持有股权。要进一步完善持股比例，退出机制的设计，从完善制度机制的视角出发，实现企业与员工利益的共同兼顾，构建“命运共同体”。

二、用工体系市场化改革

深化国有企业用工体系市场化改革是释放国企活力的重要举措，是企业加强和改进管理、转换经营机制的重要基点，也是改革的重点和难点。建立科学合理的劳动用工管理制度，可以充分调动员工的积极性与主动性，吸引和稳定核心骨干人才，保持企业的活力，保持企业持续发展的动力。[1]

---

① 杜丘：《国有企业劳动用工制度改革管理模式与机制分析》，《人才资源开发》2017年第10期，第214-215页。

（一）探索契约化、市场化的约束激励机制

1. 用人问题是释放国有企业活力的核心

党的十九大报告指出："经济体制改革必须以完善产权制度和要素市场化配置为重点，实现产权有效激励、要素自由流动、价格反应灵活。"作为要素市场的重要组成部分，劳动力市场的配置效率不仅在微观上影响着劳动者的个体福利及工作激励，在宏观上还深刻影响着我国收入分配的格局，是释放国有企业活力的核心。

从中华人民共和国成立初期至改革开放前，中国处于计划经济体制下的固定工模式。国营企业实行"充分就业""统包统配"的国家用工制度，虽然解决了"人人都有饭吃"的问题，但是国有企业冗员充斥、缺乏积极性、缺乏创新和活力。①1978年改革开放后，国有企业用工市场化经历了多渠道用工的固定工制、内部双规制用工阶段、市场化多元用工阶段。在20世纪90年代中后期，国企改革实行减员增效、下岗分流，大量的劳动者解除原有的劳动关系进入劳动力市场，再以临时工、劳务工、合同工等市场化形式重新进入国有企业和其他所有制企业。21世纪初，国有企业又借鉴了一些外资企业、民营企业的做法，引入劳务派遣等新的用工制度。

国有企业用工市场化改革已取得一定成效。2022年4月，国资委新闻发言人彭华岗此前在新闻发布会上表示，2021年，国有企业三项制度改革在更大范围、更深层次破冰破局，经理层任期制和契约化管理覆盖率超过了90%；5600多户具备条件的企业开展了中长期激励，激励人数超过45万人；公开招聘、竞争上岗、全员绩效考核等市场化用工制度普遍推行。

2. 完善激励机制是用工市场化的改革方向

激励机制是企业管理制度的关键所在。通过建立科学合理、具有吸引力的激励体系，可以吸引外部优秀人才，健全公司人才梯队，支撑公司持续

---

① 陈剩勇、曾秋荷：《国有企业"双轨制"用工制度改革：目标与策略》，《学术界》2012年第1期，第5-25页。

健康发展。尽管国有企业在劳动力市场化改革方面已取得较大的成效，但仍然在劳动力资源配置效率、内部劳动力市场规则及企业家才能的挖掘等方面存在改进空间。因此，加快推进国有企业用工制度的改革，引导并督促国有企业通过制度创新，完善用工体系的激励机制，既能体现国有企业的本质属性，又符合市场化改革的基本方向和现代企业制度的要求。①

有效的激励机制应当包括一些基本的要素组成，例如根据员工需求确定激励形式、根据组织期望明确激励方向、保持有效激励的范围、建立约束规定形成闭环等。目前，通常建立市场化用工体系方式包括建立市场化人才选聘及配置的选人机制，建立强激励严约束的用人机制，落实按劳分配为主、效率优先、兼顾公平的多种分配方式的国企薪酬改革原则，建立多维度职业通道转换的育人机制，解决传统国有企业内部的晋升机制单一僵化问题，建立结构优化、有序进退的留人机制等。

3. 推进职业经理人制度

建立职业经理人制度，是深化国有企业改革的重要任务。2020年，国务院印发了《"双百企业"推行经理层成员任期制和契约化管理操作指引》和《"双百企业"推行职业经理人制度操作指引》，加速推进职业经理人制度。

职业经理人制度是指一整套有关职业经理人选拔、培养、考核、评价、激励、约束、退出等的规章制度和运作机制，职业经理人制度为企业提供日常经营管理的人才，是市场经济规律下人才的流动机制。职业经理人制度的建立有赖于完善的法人治理结构、规范的职业经理人管理机制以及健全的职业经理人市场。

国有企业职业经理人试点工作正在逐步开展，但由于国有企业的特殊性及政策配套不完整等，在推行职业经理人制度过程中仍存在许多操作层面的难点。②目前，职业经理人改革有增量模式和存量模式。增量模式的

① 张银平：《国企劳动用工制度改革，市场化是方向》，《经济观察报》2019年4月21日。

② 朱莉华：《国企职业经理人制度的运行机制探索》，《经济管理文摘》2021年第9期，第113-114页。

做法就是在现有管理者的基础上采取职业经理人制度，明确身份转换的人员类别，并采用差别化的管理机制，薪酬和管理模式是双轨制。双轨制的结果就是由于存在剪刀差，导致现有管理者和职业经理人干一样活却拿不同的薪酬，管理效果不尽如人意。存量模式的做法就是全体现有经营管理者统一改制为职业经理人，不调整职级、不调整岗位、不进行聘任，最终结果就是“吃大锅饭”，没有抓住“市场化选聘、契约化管理、制度化退出”的核心，是形式上的职业经理人。职业经理人制度需要达到的“职位能下”“薪水能减”“岗位能降”的目的不能实现。此外，职业经理人的人事档案和个人事项管理，职业经理人与党委会、董事会的交叉任职，职业经理人中长期激励与违约管理，职业经理人内部转聘为职业经理人的转回等都存在一定的困难。

（二）广州持续推进用工市场化改革

1. 勇立桥头求创新

广州作为千年商都，处于改革开放的最前沿。市属国有企业在深化改革谋发展的奋斗历程中，敢于尝试，勇于探索，不断完善市场化选人用人机制，取得了较好的成效。2009年，在中共广州市委、广州市人民政府的统一部署下，广州在全国率先取消市属国企的行政级别，逐步在竞争性企业铺开企业领导人员市场化选聘工作。在中共广州市委组织部、广州市国资委的指导支持下，越秀集团、岭南集团、广州金控等企业在二级及以下企业推行职业经理人制度，越秀集团累计选聘职业经理人近百名。实践证明，职业经理人制度在吸引优秀人才、激发企业活力、推动创新发展等方面成效显著。

2020年，为振兴广州市属国有企业老字号，广州市国资委指导轻工集团在鹰金钱等老字号企业进行市场化选聘职业经理人，选聘了一批想干事、能干事的优秀人才充实老字号企业经营班子，使得鹰金钱等老字号企业发展质量和效益大幅提升，面貌为之一新。市属国有企业中竞争性行业的二三级企业均已实现市场化选聘经营管理人员。具体选聘管理权限：二三级企业的上级党组织会同本企业董事会选聘，其中二级企业职业经理人由市管企业党委会同二级企业董事会选聘，二级企业正职选聘后需报市国资委备案。

在深入调研的基础上，广州市国资委在市委组织部和市委改革办的指导支持下研究制定了《关于在市管企业开展职业经理人试点工作的指导意见》（以下简称《指导意见》）。该《指导意见》于2019年8月经广州市委深改委审议通过，由市委组织部和市国资委党委联合印发实施。《指导意见》对试点企业基本条件、确定程序、试点职位、选聘方式、管理规范等提出了明确规定。其中，试点企业的基本条件：市场化充分的竞争性企业；企业党组织领导作用明显；企业法人治理结构完善并通过规范董事会建设验收；企业领导班子团结合作和创新精神强，对推进职业经理人试点的意见比较一致。

2. 积极试点职业经理人制度

根据《指导意见》，试点企业的确定程序：企业党委和董事会研究取得一致意见后，向市国资委党委提出申请；市国资委党委研究同意后，报市委组织部；市委研究同意后，试点企业组织实施。职业经理人实行任期制、契约化管理，每届任期3年，试点企业董事会按照有关规定和程序确定人选后，与其签订劳动合同、聘用合同、经营目标责任书等协议，明确职业经理人任职期限、年度和任期经营目标、考核办法、薪酬待遇、违约责任等内容。每年根据聘用合同拟定的目标责任进行考核，经考核胜任的，继续聘任；考核不胜任的，解除聘用关系，同时劳动合同依法解除。解聘情况报市委组织部、市国资委党委备案。

开展试点以来，广汽集团围绕职业经理人选聘、考核、激励、监督和管理等问题进行了实践探索，初步建立起市场化选聘、契约化管理、差异化薪酬、市场化退出等可借鉴的做法经验。得益于职业经理人试点等改革举措，广汽集团领导班子齐心协力，抓创新促发展，顶住了宏观经济下行、贸易局势震荡、环保标准切换、新能源补贴退坡等因素带来的市场下行压力。在2019年汽车行业整体表现低迷、国内汽车行业持续下行、销量同比下降8.23%的严峻形势下，广汽集团全年汽车销量为206.22万辆，同比下降3.99%，优于行业水平约4.24个百分点，汽车销量位列全国前五，市场占有率同比提升约0.35个百分点，业绩整体符合市场预期，优于行业平均值，世界500强企业排名由2018年的202位提升到2019年的189位。2020年，广汽集团经受住了新冠肺炎疫情和外部技术封锁的双重空前挑战，全年实现汽车生产203.5万辆，逆势增长0.5%；销售汽车204.4万辆，同比微降0.9%，向市场交出优秀答卷。

案例2：全球招贤纳士引“人才活水”，广州轻工集团两大高管职位落地签约，广州国企用人机制改革持续推进中

2021年10月19日，广州轻工集团举行全球招聘高级管理人员聘用仪式，率先落地签约集团总法律顾问、双鱼公司总经理两个重要岗位（见下图）。就在此前的5月份，广州市属国企首次面向全球公开招聘百名国企高级经营管理人才，涉及近80家广州市属国有企业，职位多达130个。随着首批高管人才的陆续落地签约，广州国资系统正在加快培育一支市场化、专业化、年轻化的国有企业家队伍。

广州轻工集团全球招聘高级管理人员聘用仪式

一、人才改革触发企业机制革新

广州“十四五”规划纲要对全面激化市场主体活力作出要求，提出深化职业经理人改革，完善市场化薪酬分配和中长期激励机制。其中，广州国资系统通过不断完善市场化选人用人机制，深化国企改革三年行动计划，为广州“十四五”高质量发展提供有力支撑。

广州轻工集团党委书记、董事长曾郴湘表示，人才是企业发展的“关键变量”和“最大变量”，要让“赛场选马”成为改革共识，全面释放各领域各层级人才创新活力，活化集团老字号资源。

“在此次全球招聘中，我们开放了多个重要职位，经过层层选拔之后，最终成功选聘出了两位高管。”曾郴湘介绍。

羊城晚报记者获悉，出任广州轻工集团下属双鱼公司总经理的赵相林有着20多年的体育产业从业经验。而出任集团总法律顾问的廖济贞是一名“80后”，系武汉大学国际法学专业博士研究生，并在相关领域深耕多年，两位高管的背景和资历，与广州国企打造“市场化、专业化、年轻化”人才团队的诉求可谓不谋而合。

“要让专业的人干专业的事，引入一批经过市场真金火炼的优秀人才到集团干事创业，注入人才活水，能够发挥‘鲇鱼效应’。”曾郴湘介绍。

作为市属大型国有企业集团，广州轻工集团“十四五”规划瞄准“成为营收突破千亿规模的、具有国际竞争力的时尚消费产业集团”的战略目标，推动老字号品牌焕新与制造业高质量发展。

“高质量发展的赛道要靠改革打开，创新的事业要靠人才引领。集团相继在市场化程度高、竞争激烈的日用消费品板块企业推行经理层任期制与契约化管理，尝试市场化公开选聘职业经理人，就是要让听得见市场炮火声的人做决策者，通过人才改革这块‘试验田’触发企业经营机制的全面革新。”曾郴湘表示。

二、“赛场选马”促老国企迸发新活力

实际上，今年以来，广轻集团紧紧围绕人事改革为改革发展破题，目

前已先后在旗下鹰金钱公司、虎头公司、华糖公司、轻出公司、三角公司等5家企业推行经理层任期制和契约化管理。

赛场选马、推进用人制度改革，为老字号企业带来哪些新活力？曾郴湘举例道，鹰金钱公司作为集团内首个推行经理层任期制与契约化管理、率先尝试市场化选聘职业经理人的试点企业，改革效应已在公司内部显现。2021年1—9月鹰金钱公司实现营业收入同比增长31.7%，利润总额同比增长64.5%。而虎头公司通过内部选聘迎来新任总经理，并完成经理层任期制与契约化转聘，目前正在紧锣密鼓推进IPO工作中。

作为最早走出国门的体育国货精品企业，双鱼体育同样也被寄予厚望。"十四五"期间，双鱼体育成为广州体育产业的"链主"企业，肩负着向上突围，打造具有国际影响力的民族运动品牌的重任。新任总经理赵相林表示，双鱼将重点布局体育器材、体育服饰、体育服务三大核心产业，打造"一主两翼"产业互动新格局。

三、推进任期制与契约化管理全面覆盖

"国企治理的关键点，离不开战略、人才与制度保障。"曾郴湘表示。市场化人才到位后，如何做到契约定责赋权明确，实现管理人员"能上能下"，员工"能进能出"，收入"能增能减"同样至关重要。

据悉，广轻集团将制定契约化管理、差异化薪酬以及市场化退出路径，将职业经理人的业绩与薪酬挂钩，强化正向激励，通过建立精准科学的薪酬考核激励机制，实现以岗定薪、多劳多得、优绩优酬。曾郴湘介绍表示，集团其他二级企业经理层将有序推进任期制与契约化管理或市场化选聘职业经理人等工作。"集团今年将在所有二级企业经理层全面覆盖任期制与契约化管理，其中将有约1/3通过市场化选聘职业经理人实现。"

曾郴湘坦言，广州市国企改革三年行动着力解决的就是国企不够新、不够强、不够活的问题，而解决这些问题的关键词是"市场化"。广州轻工集团拥有众多老字号企业，大多处于充分市场竞争领域，集团以老字号国货焕新、促进时尚消费产业蓬勃发展为使命，企业对于通过强链、补链、延链加速转型升级的需求尤其迫切，所以，坚定推进市场化经营机制改革是集团进入“十四五”时期以来最核心、最紧要的工作任务。如何让企业尽快融入市场化环境，充分“活”起来，人的因素最为关键。

资料来源：羊城晚报，http://ep.ycwb.com/epaper/ywdf/html/2021-10/20/content_795_436280.htm.

案例3：全球选聘高端人才 广州国资持续推进用人机制改革

企业总经理、副总经理职位50名，总经理助理、总经济师、总法律顾问等市属企业高管职位50余名、行业专业人才职位20余名……日前，广州国资国企体制机制改革又推出重大举措，面向全球公开选聘高级经营管理人才，提供各类高端管理职位多达130个，涉及近80家广州市属国有企业。

一、突出年轻化国际化

记者观察到，本次招聘既有广汽集团、越秀集团、广药集团、广州港集团等大型市属综合性企业集团公司，也有广州金控、广州银行等广州本地知名金融企业，还有广百股份、地铁设计等一大批行业知名上市公司。

广州市国资委相关负责人介绍，本次面向全球选聘国企高级经营管理人才提供的职位，基本覆盖了广州全部市属企业集团，涉及汽车制造、生物医药、低碳能源、机械设备、多元金融、交通基建、城市公共服务、酒店旅游、食品饮料、现代物流、商务流通、房地产等多个行业领域，选聘职位之多、层次之高、力度之大，为广州国资国企市场化公开选聘历次之最。

高层次专业性人才是广州国资国企引进重点。在此次公布的选聘职位中，有广州市属国有资本投资运营平台——广州国资发展控股有限公司首席投资官、广汽研究院首席智能网联专家、越秀集团首席信息官、广州工控数字化中心主任、广州地铁集团国家工程实验室副主任、广州地铁设计院总规划师、万力轮胎总工程师、虎头电池总工程师等一批投资管理、资本运作领域高端专业人才和行业高技能人才职位，广州国资国企期待吸引和聚集一批行业高端专才，以优化广州市国有企业经营管理人才队伍结构，为广州国资国企技术创新和高新技术产业发展提供更好的人才支撑。

年轻化、国际化是广州国资国企选聘人才重要标准之一。记者注意到，本次选聘职位，在资格条件中大部分对年龄做了要求，其中市属企业总经理、副总经理、总经理助理、总经济师、专业部门总经理/总监等职位大多要求“80后”或“85后”，市属企业专业部门副总经理/副总监等职位大多要求“85后”或“90后”，特别优秀的可以适当放宽年龄。

广州市国资委有关负责人对此表示，本次重点面向全球市场化引进一批高素质、专业化的“80后”“85后”“90后”国有企业经营管理人才，按照人岗相适、人事相宜原则，担任市属企业高级管理人员或中层干部，进一步增强广州市国有企业年轻干部人才储备和优化人才队伍年龄结构，确保国资国企事业后继有人和持续健康高质量发展。

二、期待释放“鲇鱼效应”

突出市场化、契约化是广州国资国企此次人才选聘的重要原则。记者了解到，本次面向全球公开选聘高素质专业化的企业优秀高级经营管理人才，将按照“市场化选聘、契约化管理、差异化薪酬、市场化退出”原则，与企业签订劳动合同和岗位聘任协议，明确任期和考核指标，强化考核兑现。

广州市国资委有关负责人表示，目前，广州正在市属国企各级子企业经理层全面推行任期制和契约化管理，这次面向全球公开选聘高素质专业化的企业优秀高级经营管理人才，就是推进任期制和契约化管理工作的重要举措，希望引来活水，发挥“鲇鱼效应”，真正激发市属企业干部队伍内生动力和内部活力，强化市属企业经营管理人员“闯的精神、创的劲头、干的作风”，推动广州国资国企改革创新发展更上一层楼。

优质的人才需要与之相匹配的、有市场竞争力的待遇。记者注意到，本次广州国资系统面向全球公开选聘的百名企业高级经营管理人才职位中，不乏广州国投、广州粮食集团、万联证券、立根租赁、广百股份、广之旅、致美斋、虎头电池、双鱼体育等行业知名企业总经理或副总经理，以及其他中高管职位，选聘职位实行任期制和契约化管理，部分职位年薪100万元左右，个别特别紧缺的金融高管职位年薪超过300万元。

广州市国资委相关负责人表示，广州国资国企以最大的诚意、最优的环境、优厚的待遇，拿出了一批具有吸引力、竞争力的关键、紧缺职位，期待通过本次面向全球公开选聘，真正吸引和聚集一批企业高级经营管理人才，打造一支年轻化、专业化、国际化的高素质国有企业经营管理干部队伍，助力粤港澳大湾区人才高地建设，为广州国资国企“十四五”高质量发展提供坚实人才保障。

三、深化市场化选人用人

用人机制是提升企业活力、效率的关键环节。差异化、市场化的用人机制改革是国有企业从干部到员工人事用工制度改革的整体要求，也是国企推动三项制度改革的中心环节。

早在2009年，广州已在竞争性企业中铺开企业领导人员市场化选聘。广州市国资委相关负责人介绍，广州国资国企在发展过程中不断完善市场化选人用人机制，自2009年以来，越秀集团、岭南集团、广州金控等企业累计选聘职业经理人百余名，较好实现了吸引优秀人才、激发企业活力、推动创新发展的目的。

作为此次招聘的重要参与企业之一的广汽集团，推出了包括集团总经理助理、研究院首席智能网联专家在内的10个高端岗位。“此次参加选聘的岗位主要是基于广汽集团‘十四五’规划，重点招聘新四化转型和资本投资运营方面需要的人才。”作为首批入选国企改革“双百行动”的地方国企，广汽集团董事长曾庆洪称，在人事改革方面，大力实施职业经理人改革试点、推进经理层任期制和契约化管理，不断探索建立健全国有企业市场化专业化选人用人机制和激励约束机制。

2018年12月，广汽集团正式实施职业经理人改革，除董事长、党委副书记、纪委书记和工会主席外，经营班子成员全部转为职业经理人，同时探索市场化的选人用人机制，是广州首家完成职业经理人改革的国企。

按照“双百行动”要求，广汽集团不断建立完善与市场化选任方式等各种选聘方式相适应的企业经营管理者和高层次人才激励制度；近年来持续开展赴美国、欧洲大型海外招聘，目前拥有包括来自海外的技术人才在内的约4000人的国际化研发团队。

目前，广州正在市属国企各级子公司经理层面全面推行任期制和契约化管理，这次面向全球公开选聘高素质专业化的企业高级管理人才，就是推进任期制和契约化管理工作的重要举措。广州市国资委相关负责人表示，市属企业所属各级子企业经理层推行任期制和契约化管理改革将争取在2021年底前完成70%，在2022年6月底前完成100%。

资料来源：经济参考报，http://www.jjckb.cn/2021-06/07/c_139992724.htm.

（三）提振广州国企人精神活力

1. 正视广州国有经济“人”的问题

做强做优做大广州国有经济的核心是“人”的问题。[①]广州国有经济体量已被深圳逼近，只有抓住“人”这一“牛鼻子”，才能更好地应对广州国有经济产业布局不够优、企业实力不够强、资本运作不够活、体制机制不够新等问题。

（1）国有企业管理层的企业家精神未被激发，“一把手”奖惩制度不健全，部分企业存在守成思想。企业的管理层尤其“一把手”是核心中的核心，往往决定了企业的气质、格局、活力。有的国有企业“一把手”和管理层比较重视市管干部的身份，而缺乏对企业家身份的认同，对退休后的身份待遇存在不满情绪。有的企业“一把手”和管理层既难上、也不能下，从而失去进取心，存在守成思想。有的企业“一把手”和管理层更换过快过频，不利于企业的战略规划和长期发展，不利于培育和激发企业家精神。

① 谢庆隆：《深化国有企业改革 健全市场化选聘机制》，《中国集体经济》2022年第7期，第49—50页。

（2）职业经理人制度试点推进较慢，企业管理存在行政化掣肘，长此以往将产生内耗影响士气。广州市属国有企业集团层面只有广汽集团一家推行了职业经理人制度试点，相比北京、上海、深圳等市进度较慢，集团层面可复制推广的经验不多。竞争性领域的国有企业大都有推行职业经理人制度的意愿，但上级管理部门和企业管理层之间对职业经理人制度推行方案未形成共识，主要担心推行职业经理人的效果、身份转换后的管理、绩效考核能否真正执行到位等问题能否得到解决。有些非竞争性领域的国有企业集团层面、甚至二级企业的年轻干部则更倾向于保留体制内身份，为自己留下政治上升空间，对职业经理人制度持等待观望态度，导致企业管理也偏于行政化。但应该看到的是，同一企业同一级别甚至同一岗位，只因身份不同导致待遇不同，更有上下级薪资倒挂现象，长此以往将产生心理不平衡现象，造成管理上的权责混乱。

（3）部分国企的企业文化缺乏竞争基因，用工市场化没有全覆盖，专业性高端人才引进难、流失快。广州国有企业在改革历史中没有搞一刀切，通过市场竞争留下的企业都是非常有底蕴的。然而，部分国企对企业文化这一无形资产的挖掘、运用程度不够，没有形成竞争向上、开拓进取的可遗传可复制的企业基因。部分国企用工市场化机制还有待完善，缺乏战略性系统性人才引进、绩效考核、岗位晋升、人员淘汰机制，造成“上层没动力、中层缺机会、底层流动快”的困境。部分企业因薪酬体系缺乏市场竞争力，专业性人才引进难，而自己培养起来的高端人才成为市场尤其是民营企业“挖墙脚”的对象。

（4）不敢作为心理普遍存在，国企改革创新风险分担机制欠缺，上级部门监管力度与支持力度均不够。部分国企领导缺乏担当精神，存在“宁愿错过、不愿做错”“做多错多、不做不错”等错误认识，形成严重的不敢作为的不良作风。有的国企领导虽有改革创新蓝图，但害怕承担改革创新失败的风险而畏首畏尾，风险分担机制、创新鼓励机制亟须健全。同时，上级部门对国有企业监管越来越缺乏抓手，国资委的机构职能需进一步厘清，上级部门对国有企业的支持力度、保护力度不够。

2. 开拓广州国企用人新局面

今后在落实《广州市国企改革三年行动实施方案（2020—2022年）》过程中，既要完善制度激发国企人干事创业的积极性，更要发挥企业家精神和企业文化的引领作用，不断开创广州国有经济新局面。

（1）尊重发扬国企企业家精神。[①]一是赋予国有企业更大的经营自主权，给予国企改革创新更大的支持和保护力度，让国企管理层获得事业成就感。二是完善国企“一把手”的奖惩机制，设立“企业家精神”奖，对成绩突出的国企领导给予政治激励和精神激励，对不敢担当、不作为的国企领导进行轮岗淘汰。三是出台国企企业家长期培养规划，重视培养从企业内部成长起来的高层经营管理者——企业家。

（2）塑造、弘扬广州特色国有企业文化。一是由国资委牵头统筹，塑造广州国企的整体形象，向全世界宣传展示广州国有企业的精神面貌。二是各个国有企业要提炼提升自己的企业文化，通过企业文化管理企业，形成竞争向上、开拓进取的环境。三是让优秀的企业文化复制传播，在企业重组、人才选拔方面向有优秀企业文化的国企倾斜。

（3）加快推进职业经理人制度试点工作。一是坚持“分类管理、一企一策”原则，总结广汽集团经验，加快市属国有企业集团推行职业经理人制度。二是对竞争性领域的二级企业要全面推行职业经理人制度，加快构建广州自有的职业经理人人才库。三是加强宣传引导达成共识，引入第三方中介机构设计多方认可的职业经理人推行方案。

（4）大力推行市场化用工制度。一是实行任期制和契约化管理，营造“干部能上能下、人员能进能出、工资能高能低、机构能分能合”的企业氛围。二是打造“以岗定薪、岗变薪变”的薪酬体系，复制推广越秀集团的绩效考核体系、无线电集团的末位淘汰机制等优秀企业的管理经验。三是针对专业性高端人才，赋予企业更大的自主权，探索特岗特薪制度。

---

① 李浩澜、石书德、张勇：《激发和保护国企领导人的企业家精神》，《中国人才》2017年第9期，第38-39页。

（5）营造鼓励干事创业的浓厚氛围。一是落实“三个区分开来”原则，对国企改革创新中的失误、失败予以免责或酌情从轻、减轻处理。二是加强党建引领，用习近平新时代中国特色社会主义思想引领国有企业发展，通过党史学习教育激发国企领导干事创业、勇于担当的奋斗精神。三是监管部门要抓大战略、放小细节，创新监管方式，继续推广外部董事、总会计师等制度。

三、深化“两类公司”改革

所谓“两类公司”，即是指国有资本投资、运营公司。在党的十九大报告关于国有企业改革的论述中，开篇即提出要完善各类国有资产管理体制，改革国有资本授权经营体制，加快国有经济布局优化、结构调整、战略性重组，促进国有资产保值增值，推动国有资本做强做优做大。

（一）“两类公司”改革成国企改革重要主线

1. “两类公司”改革的重要性

“两类公司”是国有资产市场化运作的专业平台，是构建政府与企业“一臂之距”的核心，是体现政企分开、政资分开、所有权与经营权分开的分水岭。[①]2022年2月22日，国务院国资委党委召开专题会议，会上指出2022年要围绕做强做优做大国有资本和国有企业、加快建设世界一流企业的目标，加强对国资国企重大理论和实践问题研究，持续推动国企改革向纵深发展。

① 侯志宏：《从七个方面看淡马锡经验对“两类公司”改革的启示》，《国企》2021年第7期，第46-47页。

“两类公司”试点是完善国有资产管理体制的重要举措。党的十八届三中全会首次提出“两类公司”的概念，为其赋予了“完善国有资产管理体制，以管资本为主加强国有资产监管”的历史重任；党的十九大报告进一步提出，“要完善各类国有资产管理体制，改革国有资本授权经营体制”。《国务院关于推进国有资本投资、运营公司改革试点的实施意见》提出，“两类公司”试点是改革国有资本授权经营体制的核心。2018年11月，国务院国资委提出，开展“两类公司”试点是改革国有资本授权经营体制的关键举措，对国有企业改革全局具有重大意义。

除体制机制创新外，“两类公司”试点更为重要的是要发挥在国资布局结构调整中的作用，尤其是平台作用。[①]“两类公司”的未来发展不仅取决于制度设计，更取决于自身作用的发挥。2020年3月，国务院国资委秘书长彭华岗在调研中国建材时，要求国有资本投资公司在推动国有资本布局优化和结构调整过程中发挥“主力军”作用。

2. “两类公司”改革的政策梳理

（1）《中共中央关于全面深化改革若干重大问题的决定》（以下简称《决定》）。2013年11月党的十八届三中全会通过《决定》，明确要改革国有资本授权经营体制，组建若干国有资本运营公司，支持有条件的国有企业改组为“两类公司”。

（2）《中共中央、国务院关于深化国有企业改革的指导意见》（以下简称《指导意见》）。2015年8月中共中央、国务院发布《指导意见》，提出要改组组建“两类公司”作为国有资本市场化运作的专业平台。

（3）《国务院关于改革和完善国有资产管理体制的若干意见》（以下简称《若干意见》）。2015年10月国务院印发《若干意见》，明确了“两类公司”的组建形式、监管关系、试点工作安排等。

---

① 刘瑶：《国企改革三年行动背景下地方两类公司深化改革路径分析》，《中国产经》2022年第2期，第72–74页。

（4）《国务院关于推进国有资本投资、运营公司改革试点的实施意见》（以下简称《实施意见》）。2018年7月国务院下发《实施意见》，明确“两类公司”试点安排，就其功能定位、组建方式、授权机制、治理结构、运行模式、监督与约束机制等方面进行全面部署。

（5）《国务院关于印发改革国有资本授权经营体制方案的通知》（以下简称《通知》）。2019年4月国务院印发《通知》，明确要将更多具备条件的企业纳入“两类公司”试点范围，赋予更多经营自主权。

（6）《国务院国资委授权放权清单（2019年版）》（以下简称《清单》）。2019年6月国务院国资委下发《清单》，授予“两类公司”31项权限，为“两类公司”提供了更多自主权。

（7）《中共中央、国务院关于新时代加快完善社会主义市场经济体制的意见》（以下简称《意见》）。2020年5月中共中央、国务院印发《意见》，提出要有效发挥“两类公司”功能作用，坚持“一企一策”，成熟一个推动一个，运行一个成功一个。

（8）《国企改革三年行动方案（2020—2022年）》（以下简称《方案》）。2020年6月中央全面深化改革委员会审议通过《方案》，提出到2022年基本形成“两类公司”、产业集团功能鲜明、分工明确、协调发展的国家出资企业格局。

3. “两类公司”改革的方向

一是加强授权放权机制建设。国务院将“两类公司”作为改革的综合试验区，积极探索授权经营体制改革。如国务院国资委向“两类公司”下放31项权限。国投集团选取4个维度14个指标对二级子公司进行测评，划分充分授权、部分授权、优化管理三类，通过推行股权董事制度做实子公司董事会。

二是加快实施全面转型。国务院国资委积极推动“两类公司”建立新型管控模式，探索形成投资公司“集团总部资本层—专业化公司资产层—生产单位执行层”三级管理架构以及运营公司“运营总部+专业平台+持股企业”三层组织架构。如中国诚通将总部部门分为前中后台，前台承担融资、投资、资产管理业务，中台承担战略研究、风险防控等任务，后台部门在党建、廉洁监督、人力资源等方面提供基础保障。

三是优化调整国资布局结构。国务院国资委依托“两类公司”大力开展内部整合和外部并购，推动产业结构优化和发展质量提升。如，宝钢集团与武钢集团重组为宝武钢铁集团，有效提高产业聚集程度，推动低端产能退出。招商局集团与中外运长航进行重组整合，超级油轮、超大型矿砂船船队规模、盈利能力和综合实力稳居全球第一，成为世界前五的综合物流服务供应商，招商局集团公路业务板块也通过重组跃居中国公路行业市值第一位。

四是促进出资企业转换经营机制。部分“两类公司”认真发挥推进国企改革平台作用，对出资企业开展落实董事会职权、探索职业经理人制度等改革，发挥综合性改革协同效应。如，招商局集团积极深化出资企业三项制度改革、子企业市场化选人用人、市场化激励约束等综合改革，加快培育灵活高效的微观主体。

五是推动国有资本提升流动性。“两类公司”通过推进混改、投资基金化等方式，提升国有资本流动性，促进布局优化和结构调整。如，中国诚通、国新公司在基金的成功发起和实际运作上，把央企、地方企业、金融企业和社会资本等各方资金集聚起来，为央企结构调整和转型升级提供了融资新渠道和投资新机制。

（二）广州以“两类公司”为抓手推动资本优化配置

1. 积极成立“两类公司”

为贯彻落实党的十八届三中全会精神，建立以管资本为主的国有资产监管体系，推动国有资本优化配置。2015年，广州市成立首家国有资本运营公司——广州国资发展控股有限公司，围绕国有股权持股平台、资本运作管理平台、战略投资发展平台等功能定位开展改革探索。2018年，广州无线电集团改组为广州市首家国有资本投资公司试点企业，打造以专业投资平台与上市公司投资平台为依托的投资体系，实现产融结合、产融互动。

截至2020年底，广州国发资产规模从成立之初的541亿元增长到816亿元，增幅为50.8%；营业收入从256亿元增长到404亿元，增幅为57.8%；累计实现利润总额近100亿元，资产负债率约为56%。位列2020年中国企业500强第445位、中国服务企业500强第165位。2020年，广州无线电集团积极应对新冠肺炎疫情给公司业务拓展、资源成本、管理方式等带来的挑战，实现营业收入168亿元，同比增幅4.4%；新签合同191亿元，同比增幅8.3%；工业产值63亿元，同比增幅10.1%。集团全年实现利润总额19亿元，同比增长7.7%；净利润17亿元，同比增长12.2%。利润总额增长率高于广州市属国企利润增长率9.2个百分点、高于全国国资系统利润增长率12.2个百分点，经营指标全面逆市飘红。

2019年12月，广州工控在中共广州市委、广州市人民政府关于到2020年完成国有资本85%以上投向前瞻性战略性产业、先进制造业与现代服务业、基础设施与民生保障等关键领域的要求下，由广钢集团、万宝集团、万力集团等三家广州老牌国企联合重组而成。2021年，广州工控改组为国有资本投资平台；同年，为整合市属资源、打造广州先进制造业龙头企业，对广州智能装备产业集团有限公司实施重组。广州工控发展迅速，位于2021年中国企业500强第267位，2021年中国制造业500强第119位。

2. *充分发挥资本平台载体作用*

一是盘活资产支持市属国资发展。作为广州市第一个国有资本投资运营平台，广州国发以“打造专业化、市场化的国有资本运营公司”为目标，立足国有股权持股平台、国有资本运作管理平台、战略投资发展平台定位，坚持服务广州、服务国资、服务国企。将持有的广州发展和珠啤股份上市股权作为信用资产，通过银行借款及发行中票、公司债、超短融等多种融资方式，累计实现市场化融资171亿元，其中2020年新增融资平均年化利率为2.98%，为广州国资国企发展提供了低成本的资金支持。按照“投资广州、投资实体、投资国企”原则，先后参与广汽集团、越秀金控、白云山、珠江啤酒、岭南控股、广州浪奇等市属国有控股上市公司的定增项目，支持市属上市公司进行资产重组、结构调整、转型升级，累计投资超120亿元，带动广州市新增工业投资500余亿元，广州市属上市公司整体实力和产业投资能力得到进一步加强。

二是做好战略投资服务实体经济发展。“十三五”期间，广州国发集团紧紧围绕广州产业发展规划，推动投资项目落地，先后完成投资近200亿元。先后成立广州中小企业发展基金、广州绿色基础设施建设基金、科创国发基金、国资并购基金、国资混改基金，整体管理规模约62.55亿元。加大资产证券化力度，培育孵化老字号品牌“陶陶居”并成功注入上市公司广州酒家，使陶陶居品牌商标无形资产价值增长88倍，陶陶居公司净资产增幅近4倍。

三是推进国有资本有序进退促进国资保值增值。截至2020年底，广州国发集团通过二级市场减持实现收益约13亿元。整合原广州市科技局下属26家企事业单位，组建广州科技金融集团，构建集科技载体运营管理、科技产业投融资、科技创新综合服务于一体的全链条科技服务供应商。将原广州工业发展集团打造成为专业化资产处置公司，更名为广州国有资产管理集团，进一步发挥“低效国企重组整合平台、不良资产接收处置平台、存量资源培育孵化平台”功能。完成国际工程咨询公司、创业服务中心、科技交流馆等事业单位转企改制，完成广州产权交易所等十家全民所有制企业公司化改造。

四是通过资本运作优化产业布局。广州无线电集团积极开展资本运作完善产业链，依托上市公司加快投资拓展，广电运通收购五舟科技20.2%股权，进一步强化软硬件一体化能力；投资金额3.27亿元并购信义科技，切入平安城市领域；投资金额3.12亿元并购北京中科江南，拓展智慧财政信息化领域；投资金额4291万元并购像素数据，补充人脸识别技术，拓展智慧教育跑道；以增资扩股的方式为平云小匠引入战略投资者。海格通信收购控股子公司驰达飞机自然人股东部分股权，策划驰达飞机增资扩股并引入战略投资者；全资子公司海华电子公开挂牌转让其持有的海华交通股权，进一步聚焦主业，优化资产配置。广电计量收购中安广源，迈出“产业+资本”双轮驱动发展的第一步。

案例4：广州产投集团：新征程，我们再出发！

深水行舟正奋楫！时值国企改革三年行动进入全面攻坚期，为加快广州市前瞻性、战略性新兴产业和支柱产业发展，推动产业延链、补链、强链、扩链，巩固提升国家中心城市的地位和功能，服务粤港澳大湾区建设，经中共广州市委、广州市人民政府研究决定，改组组建广州产投，这不仅是广州国企改革的“重头戏”之一，亦是广州产业激发内生动力、高质量发展的新引擎。

新征程，重新定义了发展，也重塑着广州这座老城市的新活力。作为广州市第一家国有资本投资运营公司，广州产投集团先行先试、大胆实践，在控股广州发展、珠江啤酒的基础上，参股广汽集团、岭南控股、越秀金控、广药白云山、地铁设计院等多家上市公司，2021年新增控股广州环投集团。先后整合了广州市国际工程咨询公司、广州国资管理集团、广州生产力促进中心等全市功能型平台企业，成立广州科技金融集团，构建涵盖产业投资基金、中小企业基金、科创国发基金、绿色产业基金、国资并购基金、国资混改基金和老字号基金等基金群，推进建设产业创新园区，基本形成“上市公司集群+功能平台集群+基金集群+价值园区集群”的整体运营模式。

站上新的起点，广州产投集团坚持党建引领，立足战略投资发展平台、国有股权持股平台、国有资本运作管理平台定位，高标准推进“产业投资”和“国有资本运营”，致力于“投资，让城市更美好”，以国际视野布局战略性新兴产业，以大运作、大投资引进落地一批大产业、大项目，促进广州布局优化和产业升级，引领广州未来产业发展，助力加快实现“老城市新活力”“四个出新出彩”，力争到2025年集团总资产超2000亿元、主营业务收入超1000亿元，为打造市场化、专业化、国际化的一流国有资本投资运营公司、迈向世界500强而勇毅前行。

一、聚焦投资：国有资本与社会资本强强联手

2021年12月3日，广州产投集团与全球领先的风投机构IDG资本投资顾问（北京）有限公司（以下简称“IDG资本”）签订了战略合作协议，开启国有资本与社会资本强强联手的投资新模式。

IDG资本投资涉足领域甚广，《盗梦空间》《星际穿越》等大片背后有他们的身影，华为智造、小鹏汽车等背后亦有他们的身影，这家自1993年起率先在中国开展风险投资业务的机构曾捧回“中国最佳创业投资机构”“中国最佳外资创业投资机构”等荣誉，投资覆盖初创期、成长期、成熟期、Pre-IPO各个阶段。

从国际经验看，知名投资机构业务链条很丰富，除了一级市场的布局外，顶流一级私募机构还纷纷将业务延伸至二级市场。从目前看，IDG资本重点关注的领域有消费品、连锁服务、互联网及无线应用、新媒体、教育、医疗健康、新能源、先进制造等。

据悉，此次IDG资本与广州产投集团合作，双方将分别利用区域及产业优势、股权投资优势，积极探讨创新合作模式，丰富合作内容，深化合作层次；在推动深化战略合作中，将扩大产业投资合作规模，并充分发挥IDG资本作为顶级投资机构的产业影响力和号召力，广泛带动社会资本，提升广州投资新兴产业的能力。

在产业投资方面，双方将对互联网与高科技（TMT）、新型消费及服务、文化娱乐、医疗健康、先进制造及清洁能源等新兴产业领域开展产业研究、合作设立私募股权投资基金、联合开展新兴产业项目投资等。

二、投资版图亮点纷呈

从广州产投集团现有的投资版图清晰可见，其专业性、前瞻性贯穿于“上市公司集群+功能平台集群+基金集群+价值园区集群”的整体运营模式，服务广州乃至粤港澳大湾区的战略发展。

（一）控股阵营强大

控股的市管企业广州发展是国内知名的大型绿色低碳综合能源集团，

建成电力、能源物流、燃气、新能源、能源金融等业务协同发展的产业体系。在落实“双碳”目标中，在建投产52个新能源项目，获得“2020杰出绿色企业大奖”“2020广东上市公司综合实力10强”。

控股市管企业珠江啤酒，在中国啤酒行业率先实施“品类创新+文化创造”发展新模式，推进啤酒酿造产业和啤酒文化产业“双主业”协同发展。

控股市管企业广州环投，构建以清洁能源生产、固废资源再生、智慧环卫服务、环保装备制造、环境治理服务为核心的五大业务板块，致力于打造成为国内领先的环保产业集团。

（二）基金群图谱

广州产投集团目前构建了涵盖产业投资基金、中小企业基金、科创国发基金、绿色产业基金、国资并购基金、国资混改基金和老字号基金等基金群，协助其成功收购山河智能、苏交科、南方宇航、佛山通宝等项目，所投广州三孚新科等6家企业成功上市，形成以基金促进投资发展的生态圈。

近日，广州产投集团牵头成立的广州绿色基础设施产业投资基金（以下简称“绿色基金”）在增量及存量基建项目领域投资取得两大重要突破：一方面联合中建股份、省建工等成功中标广州地铁芳村至白云机场城际“股权投资+施工总承包”项目，多方联动共同组建绿色基建一号基金参与项目投资，基金总规模超过40亿元。据悉，整个基建项目线路起于芳村站，止于机场北站，全长约41.1公里，项目估算总投资约310亿元。这是市属国资基金创新参与广州市重大基础设施项目投融资模式，助力广州市轨道交通建设“腾飞”。另一方面，作为战略投资者，成功参与越秀交通旗下华夏越秀高速REITs项目，以市属国资基金推动存量基础设施资产证券化，实现资产-资本闭环。

此次基金合作是绿色基金积极支持广州地铁推动轨道交通建设的重要实践，不仅有利于协助广州地铁拓宽投融资渠道，更为广州市属国企破解基础设施项目资金筹措问题探索出新的路径，实现“基金+国企+合作方”

多方共赢。

（三）振兴老字号

广州产投集团发起成立的广州老字号投资公司，集中管理运营旗下莲香楼、大同、惠如楼等老字号品牌，切实破解老字号企业机制、创新、融资、人才等瓶颈问题，推动老字号焕发新活力。

（四）党建服务

旗下广州国企党建服务中心，在广州市国资委指导下，全力打造广州国企党建全网运营服务体系，构建智慧党建一体化运营服务平台，获得“2020年度全市组织工作改革创新十佳案例”，“党建时空”基地获评首届广州市属国企党建十佳基地。

（五）科创引领

旗下广州科技金融集团以服务粤港澳大湾区和国际创新中心建设为核心，打造全链条科技创新发展服务体系。

（六）孵化平台

旗下广州国际企业孵化器，是全国9家“国家企业孵化器试点单位”之一，形成生物医药企业、专业技术平台与高端科技人才聚集的特色优势，成为区域最具影响力的国家级科技企业孵化器。

（七）工程咨询

旗下广州市国际工程咨询公司是全国66家甲级综合资信机构之一，已为众多政府部门、企业和中外投资者提供项目投资总额超过2万亿元的各类咨询服务。

（八）新型智库

旗下广州生产力促进中心是国家级示范生产力促进中心、广东省科技服务业百强企业，也是广州市新型智库试点，为众多政府部门、企业提供“创新智库、创新服务、技术服务”等科技服务。

（九）科技金融服务平台

由广州产投集团牵头组建的大湾区科技创新服务中心，着力打造大湾区一站式科技金融服务平台。至2021年12月3日，累计帮助企业融资贷款超过210亿元。

资料来源：广州国企党建公众号，https://m.thepaper.cn/baijiahao_15689926.

（三）广州“两类公司”大有可为

1. 发挥“两类公司”作用调整国资结构

进一步落实“管资本”的要求，转变以往依托产业集团发展产业的思路，“跳出产业看产业”，以“两类公司”为核心抓手，谋划新一轮产业布局优化、资产结构调整和产业迭代升级工作，推动新旧动能有效转换。指导“两类公司”围绕战略性新兴产业投资，打造“跨行业、泛产业”的投资运作能力，以资本为纽带牵引城市支柱型和前瞻性产业的龙头企业、全产业链或产业链关键环节落户广州，打造区域产业集聚区。通过资产兼并重组、并购整合等系列资本运作，助力产业迭代升级，通过资本运作等手段助力盘活各领域沉淀国资。

2. 支持“两类公司”做强做大

将国资委直接持有的部分上市公司股权划转至广州国发，适时推进更多上市公司股权向广州国发集中。推动广州国发全面开展持股企业股权运作，分门别类、一企一策，推动其整体上市或核心业务上市，通过混改基金等形式帮助暂不能上市的企业引入战略投资者。指导国发加快调整优化持股企业的资本结构，通过清理退出一批、重组整合一批、创新发展一批，实现国有资本形态转换，变现后投向更需要国有资本集中的行业和领域。支持无线电集团、广州工控对标广州市战略发展和产业布局规划开展投资，着力做好内部产业调整优化、外部产业重组整合、增量产业培育发展等工作。

3. 着力解决突出问题

截至2020年广州国发总资产约800亿元，无线电集团约360亿元，与深投控的5000多亿元、重庆渝富的3000多亿元、上海国际的2200多亿元差距巨大，影响平台作用发挥。在当前财政资金难以大规模注资的情况下，建议结合实际研究支持“两类公司”解决资本金规模偏小的问题：一是推动企业、土地等相关资源整合时重点考虑“两类公司”的需求，适当向“两类公司”倾斜；二是研究国资收益支出整合的可行性，在安排年度国资收益支出时，将原先分散给各企业的资金集中注资给广州国发，经广州国发对外融资放大杠杆后再投入具体企业的项目，既可以增加国发资本金规模，又放大资金杠杆效应；三是借鉴上海、深圳等地做法，支持广州国发设立产业发展大基金，整合分散在各部门的产业基金，原安排给各产业基金的财政资金转为增加对广州国发的国家资本投入，经广州国发对外融资放大杠杆后再投入产业基金，便于广州市对重点项目进行投资。

四、提升广州国有经济金融赋能实力

（一）发挥金融职能助力国企改革

国有企业是国民经济基础，新形势下国企需要改制改革，不断激活企业创新活力。我国国有企业改制改革从体制结构改革着手，改变经营方式，丰富投资主体，实现经营主体的多元化，适应社会主义市场经济发展需要，其根本是推动企业发展壮大，服务社会经济发展，带动就业，更好地服务我国社会主义现代化建设。金融是企业的血液，每个企业都与金融机构有着复杂的关系，国有企业的经营和改革都与金融有非常密切的关系，国有企业改制需要理顺原有的金融信贷关系，做好信贷金融服务的可持续性，还要获得更多的金融支持，实现资产结构的优化，更需要为改制后的企业提供更多的金融服务，以此来推动改制后的企业快速发展壮大。[①]

一是当好国有资本放大器。近年来，通过债权运作及股权投资等方式，不断放大国有资本在支持基础设施、重点工程和民生项目建设，促进产业发展等方面发挥作用。坚持扎根地方经济建设发展，努力优化区域资源配置，通过充分发挥融资租赁、保理服务在供应链金融方面的优势，积极服务实体经济，支持地方建设，紧紧围绕重点地方国企、优质民企、小微实体企业等重点客户，开展专业、高效、特色化服务。

二是推动金融转型创新。国有企业改制改革也是推动金融改革发展的重要契机，不少金融企业也是国有企业，也是改制的对象，也要推动其经营方式转变和服务创新发展。金融业在企业改制过程中，由传统的提供信贷服务向更多的方向发展，探索投行业务、新兴股权投融资业务，为企业改制改革提供更多创新产品和服务。根据国企改制需要，为其提供相应的创投基金，负责发行相应的企业债券，与国资管理部门合作更好地推动“管资本”业务，服务国有企业发展，也推动自身发展进步。

三是为国有企业改制重组提供完备金融服务。我国国有企业当前正处于改革过渡关键期，在改革中涉及很多金融服务领域：一方面，兼并重组、淘汰僵尸企业牵涉金融债务重组，影响银行信贷资产安全；另一方面，部分企业暂时存在资金困难而又具有发展潜力或一个企业某个单一产品具有市场竞争优势。这些问题，都需金融机构积极参与，积极与企业自主协商沟通、妥善解决工业企业兼并重组中的金融债务重组问题，确保自身合法权益，对于资金暂时有困难工业企业，支持通过债务重组等多种方式有效降低其债务负担和杠杆率，为顺利推动国企改革提供良好金融服务。

① 叶永卫、李增福：《国企“混改”与企业金融资产配置》，《金融研究》2021年第3期，第114–131页。

（二）发挥广州金融赋能支持国企改革

1. 支持市属金融机构兼并收购、异地展业做大做强

广州市属国有银行存在的最大问题是资本金过低，因此尽快上市补充资本金，才可能做大做强。另外急需在省内开设市外的分行，拓展业务范围。对于市属证券公司万联证券而言，最需要的是市场化的激励机制，从传统的经纪业务券商转型为综合金融服务商。可以效仿东方财富证券这种互联网券商加财富管理模式，也可以效仿华泰证券，进行兼并重组从做大经纪业务扩大市场化份额到业务全面开花的做大做强摸索。无论是开启互联网转型和异地营业部的拓展，还是发力财富管理业务，首先需要做的都是上市融资。对于市属的广金期货、广金基金，应该通过市场化手段，全球招揽人才，设定市场化的薪酬和相应的考核机制，在新时代快速做大做强。

2. 市属风险投资、创业投资机构对标学习“深创投”

广州市属风险投资、创业投资机构应全面对标“深创投”经验，从管理团队、投资决策、激励机制、投后增值服务体制等方面进行改革创新，通过金融手段吸引和培育高科技企业促进广州的制造业转型升级和做大做强。深创投的主要管理人员都是具有十多年相关行业经验的资深投资管理人员，每年招收来自全球顶尖名校的博士后人员超过20名，每年为公司补充优秀的人才。投资决策方面以投资决策委员会为核心，由投资经理团队全程负责，包含项目筛选、初审、联合立项会、审慎调查、项目听证会、投资决策委员会、签订投资协议、投后管理、退出等一整套工作机制。同时，深创投还打造了“阳光下决策”和“全员参与”机制。主要做法就是公司所有员工都可以参加项目评审会，员工可以畅所欲言地在会上表达自己对项目的观点和看法。按照阳光决策的原则，投资委员会采用投票方式对所评审的项目进行表决，经过参加会议的三分之二以上投资委员会同意且没有被外部专家委员否决的项目，才可以进行投资。投资决策委员会主任、副主任则有一票否决权。深创投的这种决策机制，较好地保证了投资项目的质量，避免了关系项目和潜在利益输送的可能。

深创投为激发员工干事创业的热情，创新了企业激励约束机制。一是加大收益分享。从成立之初就建立了有别于传统国企的激励机制，将公司净利润的8%奖励给全体员工，将项目净收益的2%奖励给项目团队。通过这种较为领先的激励机制，公司吸引到一大批高素质专业人才。随着行业的发展和社会环境的变化，2016年，深创投进一步优化了这已显落后的机制，将净利润奖励比例提高到10%，项目净收益奖励比例提高到4%。新的激励机制和国际基本接轨，也收到了明显的效果，以往每年都有一定比例的优秀人员流出，新机制实施以来至今，没有一个人主动离职。二是推行超额奖励制度。2003年，深圳市国资委进一步完善了深创投的激励机制，明确在当年净利润高于平均净资产的一定比例时，超额部分提取一定比例给予高管奖励。同时，公司每年对所有员工进行评先评优，对超额完成任务的团队和优秀个人，授予荣誉称号并给予物质奖励，极大地调动了全体员工的积极性。

3. 优化金融风险防控机制，全面排查对房地产企业的贷款、网贷、理财机构等类金融机构的风险情况

当前广州面临的主要金融风险是房地产的融资。广州银行业应集中摸排涉房地产的贷款、信托理财产品、债券等的存量资产规模，提前采取措施，规避可能发生的流动性和偿付性风险。近年来广州的集资诈骗和电信诈骗也给本地金融稳定带来隐患，因此当前对电信诈骗的从严打击非常必要。

4. 创新国企管理层和员工的激励机制和考核机制

建议根据国有企业的分类完善激励机制和考核机制，特别是激励机制。广州市属金融企业应该参考深圳和香港，对高级管理人员完成业绩目标有一定比例的业绩激励，对于风险投资和创业投资机构，容许主办的投资经理跟投和进行盈利的分成，具体数量可以参考创投。在考核机制中应该贯彻“三个区分开来”，只要不谋求私利或违法犯罪，容许一定的工作失误，不能对能干事会干事的同志因为某一次偶发的工作失误进行过多追责，从而降低了整体的工作活力。

案例5：广州科技金融集团介绍

为发挥国有资本的优势和战略引领作用，优化广州市科技创新创业发展生态，根据中共广州市委、广州市人民政府工作部署，在广州市国资委、科技局、金融局等相关部门的大力支持下，广州国发整合原市科技局下属26家企事业单位，在2019年6月组建成立广州科技金融集团有限公司（简称“科金集团”），注册资本10亿元。

科金集团包括广州市高新技术创业服务中心、广州市科技交流馆公司、广州市科技金融综合服务中心、广州国际孵化器等企业，具有丰富的科技资源。科金集团着力构建集科技创新载体运营管理、科技产业投融资、科技创新综合服务“三位一体”的科技创新投融资服务全链条生态营运模式，力争通过3～5年打造成为具有国资特色、科技特色、湾区特色的全国一流科技金融集团。

科金集团是广州市国资系统里面，唯一的全体系、“一站式”科技创新创业综合服务平台，已经形成以“科技园区为核心，科技投资与科技服务为两翼”的综合服务体系，逐步打造成创新集群“织网人”，为科技创新创业提供从技术创新、成果转化、种子期、成长期到成熟期的全生命周期科技金融综合服务。

目前，科金集团具体的业务模式就是为科技型企业提供“五个找”（找资金，找技术，找场地，找人才，找市场）服务。

一、找资金：3个投融资服务平台

一是债权融资平台。受市科技局委托，管理广州市科技型中小企业风险损失补偿资金池，与广东省23家银行合作，推出“科技信贷”，截至2021年3月，为广州市4166家企业提供累计发放贷款额超340亿元；受市市场监督管理局委托，管理广州市知识产权质押融资风险补偿基金，为广州市企业提供198笔授信贷款，累计入池共计8.82亿元。

二是股权融资平台。科金集团与广州科创国发产业基金管理有限公司联动，实缴60亿元，管理广州市中小企业基金母基金（200亿元）、广州市科技成果转化引导基金子基金（市科技局），以及科创智汇一号基金。同时，还是广州科技创业投资有限公司第二大股东，投决会成员，已成功投资3家中小板上市公司，2家创业板上市公司，2家新三板挂牌公司。

三是上市并购平台。运营管理全国股转系统（新三板）华南基地；为广州科创企业在新三板、科创板、港交所挂牌、上市融资提供培训、对接服务。

二、找技术：4个技术服务平台

一是科技金融智慧平台。平台有科技企业数据库、科技成果库、科技金融机构库等线上功能库，其中，广州科技企业数据库超过10000家，广州高校科技成果项目有3000多项，科技金融机构数据库有400多家。通过线上的方式为科技企业对接金融机构。

二是技术合同登记平台。统筹全市技术合同认定登记服务（每年登记技术合同超过15000项，交易金额超800亿元）、与科技部国家火炬中心技术经纪人广东培训基地合作，建立广州执业技术经纪人认证培训中心，开展执业技术经纪人认证培训工作。

三是技术交易服务平台。科金集团代表市属国有企业参股广州市国际技术交易中心有限公司，提供技术交易服务、技术孵化服务、技术转移服务、高价值知识产权服务等业务。

四是高新技术企业服务平台。广州市高新技术企业协会管理全市12000家高新技术企业，协会承担国家高新技术企业认定广州市受理窗口、省高新技术企业培育入库广州市受理窗口和国家高新技术企业认定申报等工作。

三、找场地：3个创新创业孵化平台

一是国际企业孵化器。位于科学城核心区域，国家A级孵化器，已建成面积12万平方米，在孵企业超过250家，同时在建四期、五期工程，约8万平方米。

二是创业服务中心。位于天河东路，天河区核心路段，面积1万平方米，国家A级孵化器，在孵企业超过80家。

三是广州市科技企业孵化协会。截至2020年底，孵化协会有会员266家，为广州市405家孵化器提供服务。

四、找人才：3个人才服务平台

一是中国海外人才交流大会（以下简称“海交会”）。主办单位是“教育部、欧美同学会、广州市人民政府”，海交会是为海外高层次人才搭建的高端交流合作平台，2020年，超过5000个海外高端人才参会，现场436家企业发布人才岗位需求接近3万个。

二是广州市智汇谷人才联盟。该联盟共有58个发起单位，主要是链接、集聚大学城13所高校的创新、创业人才。

三是广州市高端专业人才资源链接平台：受托对40个广州市创业领军团队项目、33个创新领军团队项目、16个红棉计划海外人才项目实施效果进行评价，打造广州市高端人才资源链接平台。

五、找市场：3个市场对接服务平台

一是高端展会对接平台：承担中国创新创业成果交易会、中国广州国际投资年会成果展、世界5G大会等广州科技创新部分的展区。

二是高端企业家对接平台：举办广州市创新标杆企业总裁班、中银科创IPO培训班、中银科创并购培训班等。

三是高端协会对接平台：管理广州市科技企业新三板促进会、广州市高新技术企业协会、广州市科技企业孵化协会。

六、搭建全市首个科技服务综合大厅和科技企业路演中心

一是建成了“科技服务综合大厅”，落户在广州（国际）科技成果转化基地（天河北路886号），提供包括高企认定、科技项目辅导、科技信贷、知识产权服务、技术合同认定登记、科技成果鉴定、海外人才交流等科技服务。也就是以上介绍的5个“找”的服务，在科技服务综合大厅全部都能实现。

二是建成“科技企业路演中心”，围绕科技企业融资需求，联动投资机构、金融机构、证券公司等在天河科技成果转化基地举办科技企业路演，促进双方进行精准对接。与合作机构联合开展“行长接待日”、“科技信贷沙龙”、广州科创板挂牌、新三板服务、港交所上市、科创板培训等专题活动等。

资料来源：调研材料，参见广州金融科技股份有限公司官网，http://www.gzclearing.com.

第五章

以高质量党建引领高质量发展

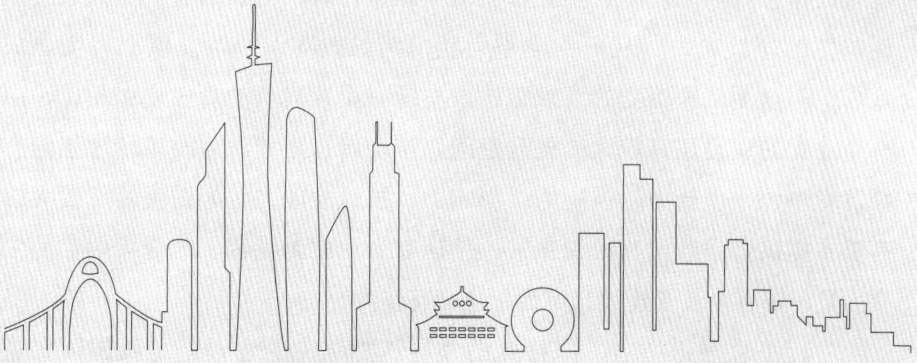

一、做好新时代国企党建工作

国有企业是中国特色社会主义的重要物质基础和政治基础。坚持党的领导、加强党的建设是国有企业的“根”和“魂”，是我国国有企业的独特优势、光荣传统、力量所在。

（一）为国有企业强“根”铸“魂”

1. 习近平总书记高度重视国有企业党建工作

党的十八大以来，习近平总书记就国有企业改革发展和党的建设作出一系列重要指示批示。特别是2016年党中央召开全国国有企业党的建设工作会议，习近平总书记出席会议并发表重要讲话，为国有企业改革发展和党的建设指明了前进方向、提供了根本遵循。

现代经济发展表明，企业强则国家强。我国发展需要一大批优秀企业，国有企业在其中的作用不可替代。办好国有企业，党的领导、党的建设在企业精神、领导力、队伍建设等方面发挥着重要作用。2021年，全国国有企业有基层党组织80多万个、党员1000多万名、在岗职工4200多万人。总体上这支队伍是坚强有力的。党的十八大特别是全国国有企业党的建设工作会议以来，国有企业管党治党意识和责任明显增强，党的领导弱化、党的建设缺失、从严治党不力状况明显改观，改革发展取得明显成效。但与全面从严治党的要求相比，与国有企业肩负的责任使命相比，国有企业党的建设还有较大的提升空间。推动国有企业深化改革，增强国有经济竞争力、创新力、控制力、影响力、抗风险能力，为做强做优做大国有资本提供坚强政治和组织保证，使国有企业成为党和国家最可信赖的依靠力量，国有企业党建大有可为，也必有作为。

习近平总书记指出，坚持党的领导、加强党的建设，是我国国有企业的光荣传统，是国有企业的“根”和“魂”，是我国国有企业的独特优势。新形势下，国有企业坚持党的领导、加强党的建设，总的要求是：坚持党要管党、从严治党，紧紧围绕全面解决党的领导、党的建设弱化、淡化、虚化、边缘化问题，坚持党对国有企业的领导不动摇，发挥企业党组织的领导核心和政治核心作用，保证党和国家方针政策、重大部署在国有企业贯彻执行；坚持服务生产经营不偏离，把提高企业效益、增强企业竞争实力、实现国有资产保值增值作为国有企业党组织工作的出发点和落脚点，以企业改革发展成果检验党组织的工作和战斗力；坚持党组织对国有企业选人用人的领导和把关作用不能变，着力培养一支宏大的高素质企业领导人员队伍；坚持建强国有企业基层党组织不放松，确保企业发展到哪里、党的建设就跟进到哪里、党支部的战斗堡垒作用就体现在哪里，为做强做优做大国有企业提供坚强组织保证。①

2. 抓住国有企业党建的“牛鼻子”

习近平总书记关于国有企业党的建设的重要论述，连同党的十八大以来党中央对国有企业作出的重要指示，完整系统地宣示了我们党在新时代关于国有企业、国有经济的重大主张，为开创国有企业改革发展和党的建设新局面提供了根本遵循和行动指南。必须坚持和加强党对国有企业的全面领导。党政军民学，东西南北中，党是领导一切的。国有企业是党领导的国家治理体系的重要组成部分，理所当然要坚持党的领导。党对国有企业的领导是具体的，要把党建工作要求写入公司章程，明确党组织研究讨论是董事会、经理层决策重大问题的前置程序，实行“双向进入、交叉任职”领导体制，充分发挥国有企业党委（党组）把方向、管大局、保落实的领导作用，确保企业广大党员干部职工始终听党话、跟党走，确保国有企业国有资产牢牢掌握在党和人民手中。②

一要紧紧抓住坚持党的政治建设这个首要任务。国有企业党组织必

---

① 《习近平在全国国有企业党的建设工作会议上强调：坚持党对国企的领导不动摇》，新华网，http://www.xinhuanet.com/politics/2016-10/11/c_1119697415.htm.

② 常借铭：《以党建引领提升国企改革成效的路径探索与实践》，《中外企业文化》2021年第12期，第177-178页。

须高举中国特色社会主义伟大旗帜，把政治建设摆在首位，旗帜鲜明讲政治，深入学习贯彻习近平新时代中国特色社会主义思想，坚持用党的创新理论武装党员干部，增强“四个意识”、坚定“四个自信”、做到“两个维护”。

二要紧紧抓住坚持党的领导融入公司治理这个重大课题。要解决好国有企业发展与党建工作“两张皮”的现象。要摒弃抓党建工作会影响企业生产经营的错误观念，要建立健全国有企业党组织，选好配齐国有企业的党组织班子。

三要紧紧抓住坚持基层党组织建设这个基础工作。以提升组织力、增强政治功能为重点，把提高企业效益、增强企业竞争力、实现国有资产保值增值作为国有企业党组织工作的出发点和落脚点，深化企业基层党支部标准化建设，把国有企业党的基层组织建设成为宣传党的主张、贯彻党的决定、领导基层治理、团结动员群众、推动改革发展的坚强战斗堡垒。

四要紧紧抓住坚持党管干部、党管人才这个重要原则。把党管干部原则和发挥市场机制选人用人结合起来，严格落实国有企业领导人员“对党忠诚、勇于创新、治企有方、兴企有为、清正廉洁”20字标准，树牢正确的用人导向，建设高素质专业化国有企业领导人员队伍。

五是要细化完善落实全面从严治党主体责任清单，压实企业各级党组织的主体责任、书记第一责任、专职副书记直接责任和班子成员“一岗双责”；强化考评问责，以责任制落实推动党建工作全面加强。

3. 国有企业党建工作结硕果

党的十八大以来，各地各国有企业赓续红色血脉、传承红色基因，把国有企业打造成为党和国家最可信赖的依靠力量，成为我们党赢得具有许多新的历史特点的伟大斗争胜利的重要力量。

各地各国有企业普遍把学习贯彻习近平新时代中国特色社会主义思想作为“第一议题”，推动党的创新理论进企业、进车间、进班组。通过扎实开展党的群众路线教育实践活动、“两学一做”学习教育、“不忘初心、牢记使命”主题教育，切实提高政治判断力、政治领悟力、政治执行力。[①]2021年以来，各国有企业党组织紧紧围绕庆祝中国共产党成立100周年，深入开展党史学习教育，注重挖掘国企红色资源，深入学习国企创业史、改革史、发展史，把国企光荣传统和红色基因传承好、发扬好。

广大国有企业把学习成果转化为破解难题、推动发展的“金钥匙”，在促进企业处僵治困、转型升级、绿色发展的进程中，坚持学思用贯通、知信行统一，不断凝聚起推动国有企业创新发展的强大内驱力。无论是落实国家宏观调控政策、实施国家重大战略，还是抗击重大自然灾害、应对各类突发事件，国有企业牢记“共和国长子”和“国家队”的使命本色，提升产业兴国、实业报国精气神，把“两个维护”体现在工作中落实到行动上，在融入党和国家中心大局中担当使命。2020年，在抗击新冠肺炎疫情的关键时刻，党中央一声号令，国有企业党组织和广大党员闻令而动。十余天建成火神山、雷神山医院；迅速转产防护服、口罩机；率先复工复产、稳定产业链供应链……国有企业党组织和广大党员冲锋在前，发挥了抗疫主力军的重要作用。

（二）广州国企党的建设交出优异答卷

1. 发挥高质量党建的引领作用

近年来，广州国资系统认真贯彻落实习近平总书记在全国国企党建工作会议重要讲话精神和关于国资国企改革创新和党的建设重要论述，牢牢把握加强党对国有企业的全面领导这一重大政治原则，筑牢国有企业的“根”和“魂”，坚持两个“一以贯之”，全面实施国有企业基层党组织工作条例和国企基层党建三年行动计划，以高质量党建引领保障企业高质量发展，为做强做优做大国有企业提供根本动力和坚强保证，实现全国“双首创一率先”，即创建全国首个国企党建学院，打造新时代国企党员

① 《国企党建创新样本》编委会：《国企党建创新样本》，中央党校出版社2018年版，第25页。

干部教育培训的摇篮；全国首创覆盖国资系统的党建工作全网运营模式，荣获广东机关和事业单位党建十佳创新案例奖；在全国率先出台实施《关于加强混合所有制企业党的建设工作的指导意见（试行）》。率先在广东省“一企一品”打造36个国企党建“广州样板”，相关做法获《中国组织人事报》头版专题报道。认真对标国企经济责任、政治责任、社会责任，主动担当国企改革、脱贫攻坚、疫情防控等重大政治任务，充分发挥党委领导作用、支部堡垒作用、党员先锋模范作用。广药集团、广州交投党员干部岑宇铿分别荣获全国脱贫攻坚先进集体、先进个人，6家企业分获广东省抗疫先进党组织和先进集体荣誉称号，6名党员和4个党组织被授予广东省“两优一先”荣誉称号，23名党员和11个党组织被授予广州市“两优一先”荣誉称号。3年来，国家、省、市主流党报党刊专题报道广州国资系统党建工作经验做法近50篇次。

2. 多措并举夯实国企党的建设

（1）加强政治思想建设。一是增强做好国企党建工作政治自觉。坚持落实管资本也要管党建要求，切实把党建工作作为国资监管的主责主业，增强政治自觉和行动自觉，坚持把党建工作主业放在心上、扛在肩上、抓在手上；成立国有企业党建工作领导小组，2017年10月率先在广东省国资监管机构专门设立企业党建处，确保了国企党建有专门处室抓、有专职干部做；先后制定出台国企党建制度文件20份，有效发挥统筹指导作用。通过以点带面、抓重点带一般，初步扭转了长期以来部分监管企业“有党员无组织、有组织无活动、有活动无效果”的局面。

二是严格落实“第一议题”制度。坚持用党的创新理论武装国企党员干部职工，深入学习贯彻习近平新时代中国特色社会主义思想，组织市属国企举办习近平总书记重要讲话精神系列培训班，2017年以来培训市管企业领导干部和各级党组织负责人及党务干部2.6万余人次。坚持把习近平新时代中国特色社会主义思想作为基层党组织“三会一课”的主题，作为党员培训的首课主课必修课，推动习近平新时代中国特色社会主义思想进企业、进车间、进班组、进头脑，增强“四个意识”、坚定“四个自信”、做到“两个维护”。

三是认真落实中共广州市委有关党建工作的重要部署。扎实推进广州市构建“令行禁止、有呼必应”党建引领基层共建共治共享社会治理格局各项工作，广州工控等8家企业创新案例入选广州市构建“令行禁止、有呼必应”党建引领基层共建共治共享社会治理格局优秀案例。积极响应市委关于“红色引领、共建发展”的“红联共建”活动，开展“国企联民企、共建促发展”红联共建工作，以产业链、产权链、产业园“三个纽带”为路径，17家市管企业与299家民营企业实现“党建联姻”，有关做法得到中组部和省委组织部专题信息刊载推广。

四是坚持融入湾区，在推动湾区发展上展现新作为。坚持湾区所需、国企所能，出台“1+3+N”支持湾区建设发展工作举措，积极承担城市公共交通、港口机场、环保能源、食品生鲜、保障性住房等基础设施及公共服务的保障供给，支撑城市能级提升和湾区发展。越秀集团是国内资产规模最大的地方驻港企业，广药集团成立澳门国际总部。广州港货物年吞吐量位列全球第四，粮食吞吐量全国第一。广州地铁运营里程居全国前列、运能利用度全国第二、承担3条湾区城轨运营。

（2）补齐基层党组织建设短板弱项。一是夯实混合所有制企业党建基础。针对企业混改过程出现的党的建设弱化问题，广州在全国率先出台加强混合所有制企业党建工作指导意见。广汽集团等15家市管企业贯彻落实《关于加强混合所有制企业党的建议工作的指导意见（试行）》取得实效，广汽集团探索建立混合所有制企业党建工作新机制的做法得到省委组织部的肯定。二是加强企业党务干部队伍建设。针对二级及以下企业党务干部存在不专职、不专业等问题，推动企业配备党务干部7564人（专职1307人，占党员总数1.8%），发挥“头雁”效应。三是加强特殊企业党组织的建设工作。针对基层企业党组织、班组存在党的建设虚化问题，推动在抗疫一线、重点工程项目攻坚一线等建立临时党组织和联合党组织，做到应建尽建、全面覆盖。四是开展软弱涣散基层党组织排查整顿。针对排查出的基层党组织存在的软弱涣散问题，坚持从严督导整改，印发《开展软弱涣散基层党组织排查整顿工作的通知》，明确要由集团领导挂点督导，并选派一名优秀年轻干部担任第一书记。五是防范化解重大风险。组织开展疫情防控、贸易风险、私车公养和脱贫攻坚专项监督检查，报告市管企业违规经营造成重大损失等重要事项。出台《广州市市属企业违规经营投资责任追究实施办法（试行）》等制度，完善制度规范。

（3）党建引领打造高素质专业化企业领导人员队伍。一是坚持党管干部原则，健全完善企业法人治理结构。进一步明晰企业党委、董事会、经营层和监事会权责，建立各负其责、协调运转、有效制衡的企业法人治理结构。二是严格对照企业领导人员“20字”要求，选优配强企业领导班子。配合市委组织部加强对监管企业领导班子和领导人员队伍建设情况研判评估，严把政治关、能力关、廉洁关，及时提出相关调整配备建议意见，统筹选优配强重组企业、新组建企业领导班子，推动企业做优做强做大。三是加快年轻干部选拔培养使用。联合市委组织部印发《广州市市管企业“789”优秀年轻干部培养五年行动计划（2019—2023年）》，大力推进落实年轻干部发现培养选拔“808590”工程，拓宽年轻后备干部培养渠道，积极配合市委组织部从广州市属国企选派42名优秀年轻干部到政府机关交流锻炼。四是拓展外部董事来源渠道，充分发挥外部董事的智库作用。修订完善《广州市国资委监管企业外部董事管理办法（试行）》等，建立专职外部董事制度，进一步规范外部董事履职考核评价和日常管理。五是加强对企业“一把手”和领导班子的监督。出台《关于加强二级企业领导班子建设的指导意见》《关于进一步加强企业负责人履职待遇和业务支出管理的通知》等文件，看住“关键人”、管好“关键事”。成立市国资委党委巡察办公室，重点对二级及以下企业开展机动式巡察，发挥巡察利剑监督震慑作用。

（4）着力织密上下贯通的组织体系。一是加强国企党建总体规划和顶层设计。制定出台《广州市加强党的基层组织建设三年行动计划（2018—2020年）》《市属企业贯彻落实〈广州市加强党的基层组织建设三年行动计划（2021—2023）〉实施方案》等国企党建制度文件20份。健全国企党建体制机制，成立国有企业党建工作领导小组，加强对国有企业党建工作的领导。二是深入开展主题教育活动。2018年举办“不忘初心、牢记使命”知识竞赛，2019年“传承红色经典、助力国企发展”红色经典诵读，2020年“讲好战疫故事，凝聚强企力量”微党课展示活动，2021年举办广州国资系统党史知识比赛，有效地激发了广州国资国企广大党员干部守初心、担使命的工作激情。三是创办全国首个国企党建学院。联合中共广州市委组织部、市委党校指导创办广州国企党建学院，定位“立足广州、辐射湾区、面向全国，以国企党建为主要特色的综合性党建教育培训示范基地”。四是积极推动国企基层党建创新示范。在全国首创国企党建全网运营模式，同步运营“两中心一公号”（广州国企党建服务中心、广州国企智慧党建中心、“广州国企党建”微信公众号），项目荣获广东基层党建创新案例。打造国企党建“广州样本群”，坚持“一企一品”推进特色党建品牌创建活动，开展了广州国企党建十大品牌和十大党建基地评选活动，被中国组织人事报头版长篇专题报道，取得了良好的成效。五是落实企业党建经费阵地保障。巩固“日常督导+专项检查+季度例检+年度研判”机关党建工作体系。部署推进“星耀国企”党支部工作，落实企业配备党务干部7564人。全市国资系统党建工作经费逐年增加，2019年6587万元，2020年9261万元，2021年预算近1亿元。成立国企党校20家，建设党员活动阵地1315个，20家监管企业成立党校，479家企业建成党员活动阵地1315个，打造了“红色羊角”“共享发展”“匠心智造”等一批富有特色的国企党建活动阵地。六是坚持党建引领企业文化建设。先后举办广州国资系统“讲好战疫故事，凝聚强企力量”微党课展示、广州国资系统学习贯彻《习近平谈治国理政》第三卷进企业专场暨“决胜小康、奋斗有我”百姓故事宣讲等活动，有效激发国资国企广大党员干部职工守初心、担使命的工作激情。

（5）深入推进国企党风廉政建设。一是推动管党治党主体责任有效落实。明确企业党委全面履行领导职责，党委书记履行“第一责任人”责任，班子其他成员履行“一岗双责”执行和推动职责，纪委严格履行监督责任。二是健全党风廉政建设工作体制机制。建立国有企业党风廉政建设联席会议制度，定期研究国有企业党风廉政建设重大问题。印发实施《关于市属国有企业进一步落实全面从严治党主体责任的指导意见》《广州市市管企业党建工作责任制实施意见》等党风廉政建设系列制度文件。组织实施“广州廉洁国企”十大行动，出台《广州市国资委党风廉政监督员管理办法》等制度文件，加强对国有企业党风廉政建设的监督。三是完善党建责任闭环。制定《广州市国有企业党建工作责任制实施意见》，坚持用好考核评价“指挥棒”，持续抓好党建工作责任制年度考核这个制度化常态化的有形抓手。建立实施监管企业专职副书记季度工作例会制度，每年定期召开现场会，召开驻穗央企党建工作座谈会。四是有效发挥巡察利剑作用。强化企业政治巡察，探索构建市委巡察与市国资委机动式巡察、市管企业内部巡察的国企巡察工作格局，加强廉政风险防控，强化巡察成果运用，针对巡察发现的突出问题，研究出台《广州市市属企业违规经营投资责任追究实施办法（试行）》等文件。

案例1：越秀集团提升党建“八力”　开启新征程扛起新担当

近年来，越秀集团党委加强党的全面领导，持续提升党的建设质量，把增强“四个意识”、坚定“四个自信”、做到“两个维护”贯彻到经营管理和改革发展全过程各方面，努力实践党建“八力”做法，为集团高质量发展提供了坚强保证，集团先后荣获“全国五一劳动奖状”“广东省先进党组织”等荣誉称号。

“十三五”期间，越秀集团坚持将优化发展结构、提升发展质量作为发展主题，培育全新业务单元，形成4+X（即以金融、房地产、交通基建、食品为核心产业和造纸等传统产业、未来可能进入的战略性新兴产业）发展格局；集团通过加速资源整合，深化改革创新，全面超额完成期初设定各项发展指标。2020年，集团总资产近7300亿元，全年实现营收774

亿元、同比增长19%，利润190亿元、同比增长20%，均逆势双位数增长。与“十二五”期末相比，集团资产总额增长85%、营收增长89%、利润增长123%，实现了“再造一个越秀”的目标。

“十四五”期间，越秀集团明确了“12345”战略目标（资产规模超过1万亿元，营业收入超2000亿元，利润总额300亿元，四大主业，利税总额超500亿元），努力高质量迈向世界500强。

一、持续提升思想引领力

越秀集团党委持续深化党委会、中心组学习、专题培训班、“三会一课”和党员自学等联动学习体系，不断提升党员、干部政治教育、宗旨教育、党性教育成效。2021年，集团把开展党史学习教育作为贯穿全年的重大政治任务，聚焦学史明理、学史增信、学史崇德、学史力行目标要求，突出政治站位，强化组织领导，压紧压实责任；突出结合实际，针对不同层级、板块和对象抓好分类指导、精准施策；突出宗旨意识，立足国家、省市战略发展大局和集团发展、职工群众需求，扎实开展“我为群众办实事”实践活动；突出学用结合，教育引导广大党员干部在集团高质量迈向世界500强的新征程上展现新作为、创造新业绩。

党史学习教育开展以来，集团各级党组织以中心组学习、专题研讨会、“三会一课”、“主题党日”等形式开展学习676次，举办专家讲座、专题培训班近百场，覆盖近4万人次；创新方式方法，集团领导班子成员带头讲“百年红色记忆”微党课、举办“学党史、跟党走”党史知识比赛并获得市国资系统团体特等奖、组织开展“红色诵读”展演等，推动党史学习教育不断走深走实。扎实开展“我为群众办实事”实践活动，在西塔建立全市首个商务楼宇新冠疫苗临时接种点，服务超过3.6万人次；把疫情防控作为最紧急、最重要任务，全力做好物资保供、安保支援、社区服务等工作，累计组织近1.4万人次参与一线抗疫，捐赠500余万元食品医疗物资保障全市疫情防控需求。

坚持以学促干，全力以赴达成年度经营目标，2021年1—5月，集团实现营业收入240.6亿元，利润总额47.9亿元；集团上下还抓紧抓实国企改革三年行动方案和“双百行动”工作方案，大力推进市“攻城拔寨”项目等重点项目攻坚，努力把学习成效转化为工作动力和工作实绩。

二、持续提升政治领导力

越秀集团不断强化党委的领导作用，明确党委“把方向、管大局、促落实”在公司治理结构中的法定地位，扎实推进党建要求入公司章程，落实“双向进入、交叉任职”的领导体制，先后出台244项规章制度，制定党委前置研究讨论企业重大经营管理事项清单和党委研究决定事项清单60项等，做到“四确保”（体制上确保、组织上确保、制度上确保、具体操作上确保）。在确立党委领导作用基础上，集团党委坚持与业务工作“五同步”（同步研究、同步部署、同步实施、同步考核、同步述职），系统性谋划“十八个一”全年工作，认真履行全面从严治党、统一领导、直接主抓、全面落实的主体责任。

三、持续提升班子决策力

越秀集团党委按照“既要政治过硬，也要本领高强”的要求，持续开展政治素质好、经营业绩好、团结协作好、作风形象好的“四好班子”建设，推动政治思想素质、业务能力、团队精神、作风品质相统一的领导力全面提升，确保各级党员领导干部在干事创业中充分发挥“头雁”领航作用。

通过严肃党内政治生活，落实双重组织生活制度、党委会“第一议题”和中心组“常设议题”制度，紧抓政治思想建设；通过强化领导力素质培养，紧扣战略业务开展领导力系列培训，优化“领秀”“飞越”“金珠”“攀越”“通越”等各类领导力培训体系，同时开展对标世界一流管理提升行动，优化各条线职能和管理机制，紧抓经营能力提升；通过积极推动各板块文化及产业协同，开展企业文化共创，促进团队文化共识，统筹做好“十四五”战略规划在各板块间的宣贯、落地、分解与联动，紧抓团队协作能力提升；通过落实谈话工作制度、持续开展纪律教育学习月活动、创新性开展“人才盘点”廉洁审查、开展述职述德述廉活动，紧抓作风形象建设。

四、持续提升基层组织力

越秀集团高度重视抓基层、打基础工作，2016年以来，结合落实市加强党的基层组织建设三年行动计划，创新开展“强组织、增活力、促发展”支部建设主题活动，目前已形成党支部“分类定级、整改提高、循环推进、长期坚持”常态化工作机制，自2020年起，全面铺开“星耀越秀”党支部评星定级工作。建设智慧党建系统，达到“12345”（1网、2端、3级组织、4个平台和5个效果）建设目标，搭建了集党建基础管理、“三会一课”、党员教育培训等功能模块为一体的管理平台，实现支部建设主题活动、党支部和党员评星定级、党建管控考核、党组织书记述职评议考核等管控机制线上化。优化提升基层党组织领导下的“令行禁止、有呼必应”共建共治共享社会治理格局，组织15个党组织与雪松、富力等民企党组织开展红联共建，取得了“党建搭台，业务唱戏”的良好效果。

五、持续提升队伍战斗力

越秀集团坚持党管干部党管人才原则，积极探索创新具有国有企业特色的职业经理人队伍建设，逐步优化形成人才管理体系文件近50项、构建了闭环职业经理人管控体系，通过创新实施职业经理人选拔任用、任期聘用、激励约束、团队培养、约束退出机制等五个方面的工作，努力打造忠诚干净担当的干部人才队伍。在职业经理人制度体系建立健全过程中，集团紧抓四个关键环节：一是贯彻党的“德才兼备，以德为先”用人原则和20字国企领导干部标准，结合越秀集团“秀七条”，培养、选拔、任用和管理好干部；二是健全完善集团职业经理人制度体系，做到民主、公开、竞争、择优；三是健全完善和落实新任职领导人员廉洁谈话、考察、职业经理人“带病提拔”责任倒查等制度；四是创新和落实廉洁审查机制。

六、持续提升考核检验力

越秀集团充分借鉴和运用经营管理上的绩效管理工具，将党建工作纳入企业经营管理和绩效考核，构建了基于平衡计分卡的党建管控指标考核体系。自2012年搭建体系至今，已形成了“制定指标、推进落实、督导检查、考核评价、总结提升”的基本思路和工作程序。整个体系围绕“两确保、三同步、紧扣一个主题”开展相关工作。确保集团有强有力的机构和专职人员落实、确保责任落实；与经营工作同步制定部署、同步考核评价、同步审视总结提升；紧扣一个主题，结合上级要求，把全面从严治党的各项工作紧扣主题落到了实处。经过近年来的努力，集团逐步构建起模板化、工具化、系统化的党建管理指标体系模型和能实践、能操作、能考核的有效机制，该项目的实施也得到了中共广州市委组织部的充分肯定，曾获评为广州市基层党建创新十大“示范书记项目”。

七、持续提升党建约束力

越秀集团充分认识坚持党要管党、全面从严治党的重要性，通过深化落实“两个责任”，不断推动党风廉政建设和反腐败工作取得新进步。集团通过建立健全落实“两个责任”的体制机制，着重在构建落实党风廉政建设责任管理体系和廉洁风险防控体系上狠下功夫，不断强化监督执纪问责质量，突出抓好作风建设和专项整治，涵养清正廉洁文化，推动集团党风廉政建设和反腐败工作不断走向深入。2021年，集团党委修订完善全面从严治党主体责任管理办法及相应责任清单6项，进一步完善“党委主责、书记首责、纪委专责、党委班子成员和部门分工负责”的工作格局，认真落实一把手监督各项措施，扎实推动市委巡察反馈意见整改“回头看”，坚持推进内部巡察、形式主义官僚主义专项整治，不断深化派驻机构改革，推动全面从严治党主体责任深化细化、落到实处。

八、持续提升组织凝聚力

越秀集团以社会主义核心价值观引领，不断创新思想政治工作内容、方法和载体，在集团上下努力培育践行“不断超越，更加优秀”和“四信”企业文化，着力从不断完善文化理念内涵、打造企业文化多维宣传平台、组织开展企业文化主题实践活动、持续开展企业文化的审视提升等四个环节抓实各项工作，努力把党的思想政治工作和企业文化植入员工内心，转化为价值追求和自觉行动，使党的思想政治工作和企业文化成为凝聚力量、推动改革的重要动力。

越秀集团立足国有企业责任担当，积极履行企业公民责任。2020年执行高速公路免费和物业租金减免政策，合计达12.3亿元；为抗疫救灾捐赠现金与物资超过1700万元。2019年以来，累计向香港科技大学捐赠1.8亿港元，推动粤港澳大湾区的产学研深度融合。决胜脱贫攻坚，集团围绕基础设施、产业布局、就业发展等核心要素，发挥综合资源和产业发展优势，注重实现从单一帮扶到立体帮扶、从物质帮扶到合作共赢的转变。“十三五”期间，集团精准扶贫，累计投入2549.91万元，在贵州产业帮扶首期投资25亿元，帮扶8个村961户4541名贫困人员全部脱贫，在广东，帮扶清远英德市三个村建档立卡贫困户270户600人全部达到退出标准，梅州市七都村建档立卡贫困户107户317人全部实现脱贫。

资料来源：广州日报，https://gzdaily.dayoo.com/pc/html/2021-07/01/content_630_759906.htm.

案例2：广州港集团：全国首创国有企业党建学院，精心打造党建教育“红色港湾”

2020年1月，在中共广州市委组织部、广州市委党校和广州市国资委党委的精心指导下，广州港集团依托集团教育培训中心和集团党校创办的全国首家国企党建学院——广州国企党建学院在珠江岸边广州港口中心揭牌成立。学院成立以来，采取政府主导、市场化运作的办学模式，共培训学员7万多人次，有效纾解国企培训教学力量薄弱、党建党务人才培养困难等痛点，成功打造了国企党建教育培训阵地的“广州样本”，被认定为广州市机关企事业单位干部教育培训定点机构，被评为广州市组织工作改革创新优秀案例，入选首届广州国企党建“十佳基地”。

一、背景与起因

学院的创办，是广州国资系统贯彻落实习近平总书记关于国有企业党的建设重要讲话精神、加强国企基层党建工作的重要举措，是广州港集团党委遵循新时代党的建设总要求、致力培养高素质国企党建队伍和新时代国有企业家队伍所承担起的使命担当。

近年来，中央密集出台和修订了基层党组织建设一系列党内法规，迫切需要基层党支部书记和党务干部学懂弄通、规范执行，推动基层党组织的规范化建设、提升组织力；同时，《中国共产党党员教育管理工作条例》明确提出每名党员每年集中轮训不少于32个学时，并明确了地方各级国资委党委按照职能职责承担所监管企业的党员教育管理工作任务；中共广州市委组织部印发《关于加强和改进全市党员教育培训工作的意见》，明确提出要高标准建设国企党校（党建学院）。

广州市属国企基层党务干部大多是兼职，平时业务繁忙，缺乏系统必要的党建业务知识学习，也缺乏对国企基层党务干部系统培训的组织实施。创办国企党建学院是坚持问题导向，推动国有企业更加重视党建业务培训，抓住党支部书记这个“关键少数”，示范引领全系统党员全员轮训落到实处，并成为广州国资系统党建抓基层打基础的重要平台。

改革开放以来，广州取得令人瞩目的成就，并拥有中共三大会址纪念馆等30个党员教育基地，广州市国资系统也打造了一批具有鲜明特色的国企党建品牌和党建示范点。创办国企党建学院，可以满足各地来穗学习互动的现实需求，并以学院为重要平台，充分展示广州改革开放所取得的成绩，成为宣传广州、宣传广州党建、宣传广州国企党建的窗口，由此带来的人流和物流也可拉动广州经济社会发展。

二、做法与经过

国有企业党建学院是持续提升国企党建质量、加强国企基层党建工作的重要平台。学院的建设一直被中共广州市委组织部、市委党校、市国资委党委作为广州市基层党的建设工作中的一件政治任务和重大事项，全程高起点、高格局、高质量、高标准、高效率推进。

第一，高起点谋划。一是高水平看齐。2019年“不忘初心、牢记使命”主题教育期间，广州市国资委党委研究提出依托市管企业创办承担全市国资系统党建大学习、大培训任务的市国资委党校的意见。9月初，市国资委分管企业党建工作的副主任覃海宁带领国资委机关和广州港集团相关人员组成专题调研组，分赴深圳和厦门调研学习创办国资国企党校的做法与经验。10月，结合对市管企业党建培训资源的调研，市国资系统党委决定支持广州港集团，依托属下的广州海港培训有限公司（挂广州港集团党校），发挥其全国和广东省职工教育培训示范点、广州市专业技术人员继续教育基地等培训资源优势，借鉴“深圳学院”“厦门学院”的办学背景、模式、特色和成效，高起点、高标准谋划创办广州国企党建学院，并把原广州海港培训有限公司注册更名为广州国企培训学院有限公司。二是高规格揭牌。经过几个月的积极筹办，2020年1月15日，广州国企党建学院在广州港口中心正式揭牌，中共广州市委常委、组织部部长王世彤，省委党校、省社科院、市委党校、市社科院，广州市国资委以及28家市管企业党委书记、专职副书记、纪委书记、专职外部董事、组织人事部负责人，各区国资监管部门主要负责人，人民日报社广东分社等新闻媒体代表共300余人参加了揭牌仪式。王世彤在学院成立揭牌致辞中表示，希望学院始终坚持以习近平新时代中国特色社会主义思想为指导，严格治校、严谨治教、严肃治学，办出特色、办出品牌，把学院建设成为全省乃至全国一流的党建人才培养基地，努力为国有企业改革发展输送高素质党建人才。三是高标准配套。学院在广州港集团港口中心开辟了约3600平方米的教学场地，正在配建1200平方米的“广州国企党建展示中心”，打造国企党建阵地的“广州样本”；学院目前拥有港航中心及市属国企党校等一批教学基地和设施设备齐全的多功能培训室，同时与广州市内及周边多家酒店签署了合作办学协议，可以满足各类培训业务开展。

第二，高格局办学。一是明确办学定位。明确在广州国企党建学院（广州港集团党校）的基础上，实行“两院一校”合署办公运作模式，定位为“立足广州、辐射大湾区、面向全国的国资国企党建大培训、大研究、大宣传示范基地”，精准聚焦以党支部书记为主体的国企基层党务干部，承担以国企党建为特色的综合性党建教育培训职能，创办全国首个国企党建学院，打造新时代国企基层党务干部的培训摇篮。二是明确办学机制。学院采取部门指导、企业主办、市场化运作的原则，秉持“党建引领、强根固魂”的理念，坚持“国企姓党”的政治基因，突出政治立校、质量强校、特色办学、精准培训，形成品牌和规模效应，多渠道保障场地、人员和经费，坚持实践创新与理论研究相结合，努力办成广州国资国企系统“党性锤炼的大熔炉、业务培训的主渠道、理论研究的主阵地”，致力打造高素质的国企党建干部队伍。三是明确领导体制。由中共广州市委组织部、市委党校、市国资委党委指导，依托广州港集团党委主办，由广州港集团党委书记、董事长兼任广州国企党建学院院长，广州港集团分管党建工作的领导兼任常务副院长，广州国企培训学院有限公司主要负责人担任执行副院长，负责党建学院的日常工作。

第三，高质量建设。一是加强师资队伍建设。学院建立了一支结构合理、专兼职结合的师资队伍，涵盖全国党建领域专家学者、各级领导干部、优秀党政干部和党务工作者、企业管理精英、基层先进典型代表等。二是完善培训课程体系。根据《2019—2023年全国党员教育培训工作规划》中明确的党员教育培训主要任务，学院开发了政治理论教育、政治教育和政治训练、党章党规党纪教育、党的宗旨教育、革命传统教育、形势政策教育、知识技能教育等7大系列150多门课程，并开发了一批具有国企特色和岭南文化特色的精品课程。三是丰富培训教学模式。学院综合运用集中轮训、专题培训、现场教学、联合办学等丰富的培训形式，灵活运用讲授法、研讨法、模拟法、体验式等教学方法，整合广州市红色教育基地及市管企业特色党建资源，共建共享办学。

第四，高标准培训。一是开办“广州国企大讲坛”。为市管企业中高层领导量身打造了高层次讲坛——“广州国企大讲坛”，先后邀请了广东省统计局党组书记、局长杨新洪，广州市国资委党委书记、主任陈浩钿，广州市委组织部副部长陈晓嘉，全国人大代表、省律师协会会长肖胜方等领导和专家授课，推动和促进市管企业中高层管理人员及时掌握现代企业发展前沿资讯，拓宽国际视野。二是开发“红色教育资源”。学院充分利用省内外红色教育资源和国企党建品牌基地开展现场教学，先后组织国企党员干部赴梅州三河坝、雷州青年运河，以及韶关、延安等地的革命教育基地学习；提供个性化定制培训服务，成功为政府部门、市管企业开展了党员干部定制培训，课程设置、师资安排和班务管理等工作均获得了广大学员的高度肯定和一致好评，共计培训党员干部1.85万人次。三是创办“珠江红色讲堂”。在党史学习教育期间，集团党委深入学习贯彻习近平总书记关于用好党的红色资源开展党史学习教育的重要指示精神，充分挖掘珠江两岸丰富的红色资源，在市国资委党委支持下，联合广州广电传媒集团创办“珠江红色讲堂”，采取“课堂+基地”的培训模式，开发沉浸式党史教育之旅。3月30日，“珠江红色讲堂”正式启动，为广州国企党建又增添了一张靓丽的名片。

三、成效与反响

学院成立以来，围绕“1+1+9”工作部署和市委“1+1+4”工作举措，紧扣广州市国资委党委党建工作总目标，立足推动国有企业基层党组织全面进步全面过硬，分层次、分类别、全方位开展党员干部教育培训，取得了良好社会反响。

第一，学院打造的精品课程趋于成型。精心打造“百千万”培训工程。开展“百名领导上讲台”活动，先后邀请市委组织部、市委宣传部、市国资委等领导共开讲25次；开展“千名书记大轮训”活动，组织培训国企基层党组织书记和党务干部25期近4800人次；开展“万名党员进党校”活动，组织培训党员和入党积极分子77期1.3万余人次。量身打造“广州国企大讲坛”，先后开办“粤港澳大湾区城市群协同发展”等4期专题讲座，突出提升国企高管战略思维。

第二，学院探索的教学模式出新出彩。主动牵手名校联合办学，学院先后与深圳市经理进修学院、延安干部培训学院、遵义干部学院等省内外知名干部培训院校签署培训基地共建合作协议12份，选送培训广州国企系统学员13批次690名。学院联合市委党校和广州广电传媒集团积极创办“珠江红色讲堂”，以全新红色主题游船为载体，以珠江为串联纽带，充分挖掘珠江沿岸丰富的史迹，打造沉浸式红色文化体验之旅。

第三，学院担当的社会责任充分彰显。新冠肺炎疫情防控期间，学院率先行动，推出“疫情防控知识网络课程培训”，推出“疫情期间公职人员心理调适”微课，为疫情防控阻击战的骨干力量提供心理健康支持；开办“线上名师大讲堂”，定期邀请专家学者免费开展直播培训，网络培训达3万余人次。结合市国资委党委开展的国企党建品牌创建工作，与市国资委企业党建处联合推出品牌课程《党建品牌的力量》，课程内容丰富，案例翔实，可操作性强，累计培训了1500多人次，广受学员好评。学院还圆满承办广州国资系统首届48个“国企党建品牌”“国企党建基地”项目展演评选活动，得到《中国组织人事报》头版长篇专题报道。

四、创新意义与价值

广州国企党建学院的成功创办，是推进习近平新时代中国特色社会主义思想在广州国企落地生根、结出丰硕成果的具体实践，根本在于坚持了以新发展理念为指导，坚持了正确的目标导向和问题导向，以党建为引领，用改革创新的办法解决了国企基层党建工作中的新问题。

第一，科学定位是成功创办的先导条件。广州国企党建学院实行“两院一校+多个校区”的运作模式，与深圳改革开放干部学院、厦门城市党建学院形成错位发展，定位为“立足广州、辐射大湾区、面向全国的国资国企党建大培训、大研究、大宣传示范基地”，成为展示国有企业改革发展成就的窗口、宣传国企党建工作品牌的阵地、新时代国企党员干部成长成才的摇篮。

第二，全新平台是高效运营的必要载体。实行广州国企培训学院、广州国企党建学院合署办公，员工党群关系并入广州港集团总部党委和总部工会进行管理，员工薪酬待遇参照广州港集团总部部门；师资队伍实行外聘名师，课程体系实行名师名课，采取集中轮训、专题培训、现场教学、联合办学等方式，以主体班形式，以问题为导向，安排专题讲座、研讨交流、案例教学、情景模拟、实地参观、红色教育等；同时多渠道保障场地、人员和经费，形成品牌和规模效应。

第三，市场机制是作用彰显的内在动力。学院采取部门指导、企业主办、市场化运作的模式，由中共广州市委组织部、市委党校、市国资委党委指导，依托广州港集团党委主办，以广州国企培训学院作为实体运营，克服了党校事业单位编制的局限，在领导体制、运作机制上都更加灵活，同时也可以充分利用企业资源、调动企业办学、教学教研的积极性，实现了管理模式的融合贯通。

展望未来，广州国企党建学院将继续树立责任担当，以培养忠诚、干净、担当的高素质国企党建队伍和新时代国有企业家队伍为使命，以新理念、新机制、新作为全力打造高起点、高标准、高品质的党员干部教育培训基地，助力广州国企高质量发展。

资料来源：南方杂志，http://static.nfapp.southcn.com/content/202111/01/c5892247.html.

（三）国有企业全面从严治党永远在路上

1. 对标对表找差距

虽然近年来广州市属国企基层党建工作取得一定成效，但对标习近平总书记重要讲话精神，对标中共中央、广东省委和广州市委要求，结合巡视巡察、党建责任制考核、民主生活会对照检查等情况，仍存在一些问题亟待推动解决。如各企业间党建工作发展不平衡，思想认识有差距，个别基层党组织书记仍存有党建工作“说起来重要、做起来次要”的思想，国企党建弱化、虚化、边缘化问题还不同程度存在；少数企业仍处于被动式抓党建的阶段，抓党建工作思路不够清、办法不够多、措施不够硬，一阵风、走过场、虚功虚做，党建工作体内循环、就党建抓党建，重形式轻实效的现象仍然存在，“头雁效应”发挥不充分；制度保障不完善、队伍建设不专业、活动方式不创新，基层党建基础仍然比较薄弱，党建品牌意识、开拓创新意识还有待提高；国企管党治党责任传导不够，责任层层递减、效果层层减弱，基层党建“最后一公里”问题亟须解决。

2. 真抓实干促落实

全面从严治党永远在路上，广州国有企业要推动加强党对国有企业的全面领导，全面落实独立法人企业党支部（党总支）对企业重大事项集体研究把关要求。一是要切实加强国有企业党的政治建设，建立完善第一议题制度，推动习近平总书记重要讲话、重要指示精神进企业、进车间、进项目，提高政治能力，增强“四个意识”、坚定“四个自信”、做到“两个维护”。二是要推动织密上下贯通执行有力的组织体系。规范基层党组织设置，理顺隶属关系，加大力度消灭“空白班组”。三是要制定企业党务干部队伍建设的制度机制。研究制定把基层党组织书记岗位作为选拔培养企业领导人员的重要平台、把党务岗位作为培养企业复合型人才的重要平台的制度措施。四是要进一步加强市管国企党风廉政建设工作。理顺国有企业党风廉政建设监管体制，完善和落实全面从严治党责任制度，推动党委主体责任、书记第一责任人责任和纪委监督责任贯通联动、一体落实。

二、推进党的建设工作与生产经营深度融合

推动党的建设与生产经营深度融合，将党的领导融入公司治理各环节，以制度固化形式将党组织内嵌到公司治理结构之中，把制度建设贯穿党建和生产经营全过程，建立和完善党建工作考核评价机制，是加强党的领导，深化国有企业改革的重要方向。[①]

① 戴芸芸：《国企党建与业务双融双促工作机制的探索与实践》，《现代企业》2022年第1期，第58–59页。

（一）与生产经营深度融合是国有企业党的建设工作的重要内容

1. 落实党中央的具体要求

推动企业党建工作与生产经营深度融合这一理念，从习近平总书记在全国国有企业党的建设工作会议上的重要讲话中提出，到党的十九大修改的党章体现，到《中国共产党国有企业基层组织工作条例（试行）》（以下简称《条例》）出台的规定，再到党的十九届四中、五中全会提出基层党建引领基层治理的新理念，无不渗透着企业党建工作与生产经营深度融合的深刻内涵和实践要求。《中国共产党章程》第五章“党的基层组织”第三十三条第二款：国有企业和集体企业中党的基层组织，发挥政治核心作用，围绕企业生产经营开展工作。《条例》第一章“总则”第三条国有企业党组织工作应当遵循以下原则之（二）坚持党建工作与生产经营深度融合，以企业改革发展成果检验党组织工作成效。

近年来，关于党建工作与生产经营深度融合的问题，从政策层面来讲越来越提到了相当高度，从实践层面来讲也越来越提到了议事日程。中共中央2019年12月发布的《条例》，把“坚持党建工作与生产经营深度融合，以企业改革发展成果检验党组织工作成效”，作为国有企业党组织工作应当遵循的五大原则位居其二；中央全面深化改革委员会于2020年6月审议通过的《国企改革三年行动方案（2020—2022年）》，也强调“推进党建工作与生产经营深度融合”。

2. 国企党的建设与生产经营融合的必要性分析

首先，坚持国企党组织与公司法人治理结构有机结合，是促进国企党建与生产经营深度融合的根本保障。[①]习近平总书记指出，中国特色现代国有企业制度，“特”就特在把党的领导融入公司治理各环节，把企业党组

① 王鹏：《新形势下国企党建与生产经营深入融合的思考和践行》，《活力》2021年第20期，第159-160页。

织内嵌到公司治理结构之中，明确和落实党组织在公司法人治理结构中的法定地位。[①]这里的“融入”和“内嵌”，就是党建引领的两个“入口”所在。

其次，以企业改革发展成果检验党组织工作成效，从字面意思上来说，检验党组织工作成效的标准，绝不能仅仅是党建工作本身做得如何，而应该是企业改革发展成果。把这层意思再发展下去，第一，对党建工作考评的标准应该有所变化，最好是能把企业发展成果与党组织工作成效的关系找准；第二，在对党组织工作进行总结时，落脚点必然应该是企业改革发展成果，包括出业绩、出干部——这就是党建引领的两个“出口”所在。

最后，有助于国企核心竞争力的提升。知识经济时代背景下，企业的核心竞争力体现为人才竞争。无论是国企党建工作创新，还是生产经营活动的开展，均需以专业人才为支撑。在实际党建工作开展过程中，需依托于“人的头脑”来推动党建创新，在国企生产经营中，需以“人和人的群体”为主要参与对象。通过生产经营与党建工作的融合发展，可提升国企对人才建设的关注度，将国企经营发展的焦点放在人才发展方面。通过对国企职工素质能力盲点的精准把控，加大人才建设力度，为国企职工搭建培养平台，实现对国企职工素质能力的提升，达到核心竞争力提升的目的。

（二）党建工作与生产经营深度融合的现实问题

在全面从严治党不断向纵深发展的背景下，一些国有企业，特别是二级以下企业党组织暴露出战斗力、凝聚力不强的问题，集中表现在“两张皮”“三不够”“四个化”的问题。

---

① 《习近平在全国国有企业党的建设工作会议上强调：坚持党对国企的领导不动摇》，新华网，http://www.xinhuanet.com/politics/2016-10/11/c_1119697415.htm.

1. “两张皮”的表现

一是党的领导和公司治理结构的“两张皮”，二是党建工作和生产经营的“两张皮”。[①]这个问题既是老生常谈的问题，也是长期客观存在的问题。“两张皮”存在的客观背景，在国企党建融合中，实际上是一个经济组织和一个政治组织的融合，这两种类型的组织是有差异的，而且这个差异是长期、客观存在的，政治组织是要凝聚人心，经济组织是要效益，两个要融合需要找到一些结合的点。[②]

2. “三不够”的表现

一是融合力度不够。有的企业思想认识上不够到位，对加强党建工作的新形势、新任务认识不够全面，还不能在思想上形成深度融合的紧迫感、使命感，工作的动力、奋进的引擎还不足。有的企业战斗堡垒作用有待进一步加强，尤其在应对困难和挑战时，个别基层组织政治核心和战斗堡垒作用发挥不够充分，缺乏解决难题的智力、促进发展的活力。

二是融合深度不够。有的企业存在着浅层融合现象，党建工作与经营发展不平衡，从严治党责任和压力向基层延伸不够到位，基层组织建设还有薄弱环节。有的企业存在着滞后融合现象，研究制定党建工作整体思路统筹协调不够，工作措施落实质量有待提升。

三是融合精度不够。有的企业模糊了“党建”和“党务”两个词的概念，误将党务工作等同于党建工作，导致党建工作效果不佳。有的企业党建考核导向上有偏差，现有的党建考核管理办法似乎只是针对事务性的党务工作完成情况进行考核，缺乏对党建引领作用是否有效发挥的考评条款。

3. “四个化”的表现

一是工作责任“淡化”问题。一些企业存在思想误区，认为党建是软

---

① 崔爱辉：《国企党建工作与生产经营深度融合的现状及解决对策》，《商业文化》2021年第29期，第38–39页。

② 康红军：《国企党建与生产经营“两张皮”问题及其理论解释》，《岭南学刊》2020年第6期，第65–91页。

任务，实际效果“看不见、摸不着”，导致党建“说起来重要、做起来次要、忙起来不要”，越往基层认识则越淡化。有的企业主责意识不强，抓党建消极应付、被动去做，“一岗双责”未落地生根，书记抓党建述职评议效果不佳，“上热下冷”的问题还未有效解决。

二是核心作用“弱化”问题。一些企业“三会一课”、主题党日形式单调、内容枯燥。基层党支部生活会、民主生活会和谈心谈话效果不佳，批评和自我批评不敢动真，主题教育与企业脱贫解困结合度不够。一些改制企业党建工作与生产经营工作各行其道，导致生产经营方向不对、定位不准和目标不明，一旦遇到问题企业本身无法解决，只能上交矛盾。

三是体制机制“虚化”问题。少数企业党建考核奖惩、党员教育管理与实际契合度不高，抓基层党建缺乏手段，特别是纪检监察与审计监督结合不紧密，专项提醒多，融入制度少。少数企业党员档案不完善，党员积分管理不经常，谈心谈话不充分，民主评议党员台账有缺失。

四是专业力量“边缘化”问题。有些企业抓党建与生产经营融合的复合型人才缺乏，观念不新、技能不强、方法不多，抓不住党建重点与生产经营难点，后备人才储备与企业发展需求存在较大差距。有些党务干部“身兼多职”，精力“一重一轻”，抓党建工作的专业化素质薄弱，特别是个别企业脱困任务艰巨，抓党建容易“顾此失彼”。

（三）广州国企党建工作与生产经营深度融合的路径

1. 加强思想认识方面融合

一是注重开展形势任务宣贯。要想进一步促进党建与生产应用的融合，国企需结合自身发展现状，组建学习教育宣讲团，深入到基层中积极开展形势任务宣讲活动。宣讲团组长由国企党委书记担任，相关负责部门为小组组员，以上级会议精神落实、企业改革为宣讲核心，结合国企经营生产现状的分析，以分批次、分阶段的形式开展宣传教育，进一步提升国企职工群体对国企改革的认知，提高国企职工对改革的接受度，为国企党建工作与生产经营融合打下良好基础。

二是注重学习教育强化。落实“N+学习”模式，注重对政治理论教育的深化。依据对国企职工素质能力现状的分析，实施“自主学”“重点学”“互动学”教育形式，即在职工培训教育过程中开展“集中+自主”的职工系统性培训教育、“线上+线下”的职工自学机制、“研讨+党课”的职工互动学习形式等。

2. 推动领导体制深度融合

一是推动党建工作要求写入公司章程。写明党组织的职责权限、机构设置、运行机制、基础保障等重要事项，明确党组织研究讨论是董事会、经理层决策重大问题的前置程序，落实党组织在公司治理结构中的法定地位。

二是完善“双向进入、交叉任职”领导体制。明确党委班子成员和董事会、经理层成员的交叉原则，优化调整企业党委会、董事会、经理层人员配备。全面推行国有企业党委书记、董事长“一肩挑”，党员总经理兼任党委副书记。

三是制定国企党组织前置研究讨论事项清单。国有企业党委结合实际制定企业党组织前置研究讨论事项清单，厘清党委和董事会、监事会、经理层等其他治理主体的权责。

3. 注重企业管理方面融合

一是重视对党的制度优势充分发挥，做到在企业运行发展中融入党的民主集中制、选人机制、纪检反腐机制等，有效提升国企管理水平。建立从生产经营骨干中选拔基层党组织书记机制，把懂党务、懂业务、懂管理，会解读政策、会疏导思想、会解决问题，政治过硬、作风过硬、廉洁过硬“三懂三会三过硬”的党员选拔到基层党组织书记岗位，把基层党组织书记岗位作为选拔培养企业领导人员的重要台阶。

二是加强对国企人员的管理激励。在强化人才的激励中，注重实施典型激励和情感激励，通过宣传优秀典型的先进事迹，引导各类人才立足岗位、扎实工作、努力成才。加强党风廉政建设，强化对权力运行的制约和监督，深入开展重点领域突出问题专项整治，及时发现生产经营中存在的突出问题，正风肃纪，防范风险。

4. 推动企业文化深度融合

一是牢牢把握意识形态工作主动权。大力倡导“公、诚、勤、简、谦”的企业价值观，“创新、担当、奋斗”的企业精神，“市场导向、稳健经营、包容创新、成就价值”的经营理念，塑造共同价值导向。

二是积极推进“六个转化”。把党的理想信念通过企业价值理念建设转化为企业的凝聚力，把党的方针政策通过企业战略规划及实施转化为企业的发展力，把党组织的政治核心作用通过企业党建工作创新转化为企业的领导力，把党的作风建设通过企业规章制度及行为规范转化为企业的执行力，把党员的先进性标准通过企业先进典型及形象塑造转化为企业的带动力，把党的执政为民理念通过强化企业员工的“主人翁”地位转化为企业发展的主体创造力，真正让党组织和党员在改革发展中唱主角。

案例3：创新凝练“融心聚‘荔’”党建品牌促推党建经营深度发展

一、案例背景

新形势下党建工作面临新的挑战与考验，荔湾支行党委秉持“融入经营抓党建，做强党建促发展”的指导思想，结合党建工作和经营业务实际，深入研究新情况、解决新问题、总结新经验，以提升党建工作科学化水平、发挥好党组织在深化改革发展过程中的先锋模范意识和战斗堡垒作用为切入点，创新凝炼出融心聚“荔”党建特色品牌，拓宽党组织和党员更好地服务基层、服务群众渠道，带动普惠金融发展和核心价值提升，切实将党委领导核心作用贯穿于管理决策和执行监督全过程，把党的政治优势转化为促进支行经营业务的发展优势，进一步筑牢基层党组织坚强堡垒，全面提升综合竞争力。

二、主要做法

荔湾支行党委积极践行“三带”“三联”“三先”模式，牢固树立

“紧贴区域经济发展脉搏，在根植荔湾、助力三农、服务实体经济上勇担使命、奋发作为”的工作理念，以高质量党建促推经营管理高质量发展。

（一）勠力融红心，“三带”模式筑根基

1．党委带支部扛好“红色旗帜”。全面落实党委班子成员双重组织生活制度，发挥“头雁”效应，强化责任意识，激发担当精神，切实落实“一岗双责”，永葆党员政治本色，扛好“红色旗帜”。

2．支部带党员打造“红色引擎”。以支部标准化建设提升基层组织力，实施党员先锋模范工程，各部门均设置党员责任区、党员示范岗，营业网点设置党员先锋窗，党员突击队定期开展志愿服务活动，这些党建元素深入日常经营工作，让每一位党员，时刻都能够牢记自己的身份、充分发挥自身党员先锋模范作用，创新开展“双培双带”工作，打造“红色引擎”。

3．党建带群团激发“红色动力”。精心打造“红领青传”团建品牌，拓宽互联互促渠道，以党建带动群团全面争先创优，增强基层组织的生机活力，使党组织充分发挥推动发展、服务群众、凝聚人心、带动群团的重要作用，为推动荔湾实现“老城市新活力”激发“红色动力”。

（二）协力融同心，“三联”机制绘蓝图

1．结对共建联盟绘制乡村振兴蓝图。通过阵地共享，搭建共同提升渠道；经验共享，搭建取长补短平台；人才共享，提供对标建设支持，实现银村全方位互联互通。荔湾支行党委先后与辖内23个村社和1个民营企业党组织建立结对共建关系，通过创新活动形式，带动双方党建工作提质增效，引领经营管理高质效发展，实现与区域乡村结对共建联盟。

2．支农支小联席绘制区域发展蓝图。荔湾支行党委积极开展“筑基工程”营销活动，主动走访辖区内街道、商业协会、村社及企业，开展产品对接会、宣讲会累计超过21场，深入开展银政、银街、银村、银企合作，做到“产品宣贯全覆盖、企业需求全响应、服务落地有实效”，支农支小再贷款量超区域总量的80%，超额完成2020年支农支小、服务实体经济的目标，各项指标完成率均超200%。

3. 公益帮扶联贯绘制和谐社会蓝图。荔湾支行党委致力打造以党员、团员青年为主力军的志愿服务队伍，支持济困、助残、弘扬传统文化的公益慈善事业，承担社会责任、热心公益、关爱弱势群体，坚持把温暖送到需要的地方，用人文关怀提升党群活动的温度。近两年开展“与听障儿童互动”“花城有爱·冬日暖阳”“无偿献血”等慈善公益活动30余次。作为公益事业的倡导者和践行者，荔湾支行始终把助力公益事业作为己任，展现新时代荔湾支行对社会责任应有的担当和奉献社会的赤诚情怀。

（三）奋力融初心，“三先”情怀担使命

1. 联防联控“我先上”！新冠肺炎疫情期间，支行党团组织众志成城，志愿服务突击队下沉联防联控一线280人次，实现区域村社全覆盖，得到人民日报以及市区和各共建村社网络平台报道。

2. 复工达产“急先锋”！全面排查中小企业存量客户受疫情影响情况，免费用、惠利率、延期限、增授信，援企战疫贷等一系列惠企政策落实落地，受惠企业近30个，涉及金额31.38亿元，提振复工达产信心和决心。

3. 六稳六保“当先驱”！全力推进普惠金融，联合开展银政企对接活动2次，对接重点产业园及商圈12个、企业35个，联合辖区街道开展业务产品宣讲会9场，暖企惠农金融服务充分激发市场主体活力。

三、主要成效

（一）凝聚组织合力有作为

广州农商银行荔湾支行在“融心聚‘荔’”党建品牌的引领下，以“三带”思想为指导，不断探索新时代党团建设的新思路、新方法、新途径，创建“红领青传”团建品牌，全面推行“双体联动机制+四大融合”工作体系：建立党团双体联动机制，形成党团组织优势互补、共建互促、同频共振、合力推进的新格局；推进党团建设与四大项工作（即组织联建、信息联通、机制联创、教育联抓）深度融合，使“三带”模式创出特色、创出实效、创出生命力，为企业转型升级注入强大的“发展新动能”。近三年，荔湾支行党委“融心聚‘荔’”党建品牌荣获“广州国企党建优秀品牌”称号，支行党团组织先后荣获“广东省五四红旗团支部”“广州市星级党支部”等称号，以党员团员为主力军的公益团队连续两年荣获“广州农商银行先进志愿服务团队”称号。

（二）促经营管理成效明显

近年来，荔湾支行党委在推动党建工作和经营管理深度融合的基础上，各项经营指标不断攀登高峰，2020年经营考核位于全行前列，存款规模较2018年末增长119亿元，增幅58%；贷款规模较2018年末增长46亿元，增幅90%，两年时间绘制“贷款规模翻一番，存款增长超百亿”的经营蓝图。2020年支农支小各项指标任务完成率均超200%；村社重大项目归行率100%；涉农贷款增幅125%，全行排名第一，市场占有率持续提升。

（三）区域影响力持续提升

2020年，广州农商银行荔湾支行党委在疫情防控压力最大的时候多方筹措防疫物资驰援辖内村社，受益村社纷纷送来感谢信及锦旗，系列工作举措亦受到人民日报、南方日报、羊城晚报、荔湾区政府门户网站及各村社宣传平台的关注及报道；与荔湾区发改局联合举办“支农支小，当为则为”荔湾区专项授信对接活动；参加广州市地方金融监管局举办的关于央行1万亿支农支小支民专项资金政策荔湾区落实情况督导工作会议，积极履行社会责任，彰显国企担当及全力支持企业抗击疫情和复工复产的信心与决心，区域存在感及影响力持续提升。

资料来源：调研材料，参见众骏学园百家号，https://baijiahao.baidu.com/s?id=1737572194408934372&wfr=spider&for=pc.

三、发挥国有经济公益性职能

中国特色社会主义进入新时代，国有企业履行社会责任是深化国有企业改革的重点之一。[1]国有企业属于全民所有，是党领导人民实现共同富裕和美好生活的重要物质基础，必须坚决贯彻落实党中央决策部署，把维护人民群众根本利益作为企业发展的出发点和落脚点，在履行社会责任中义不容辞、责无旁贷。

（一）发挥公益性职能是国有经济的责任担当

第一，国有企业在履行社会责任中体现了巨大的社会价值。国有企业在关系国计民生、国民经济命脉的重要行业和关键领域发挥着基础保障作用，我国油、气、水、电等基础能源资源供给，电信、铁路、航空等基础网络运营主要都是由国有企业承担，必须积极履行社会责任，当好服务社会、保障民生的排头兵、先锋队。长期以来，国有企业与时代进步、社会发展同呼吸共命运，牢记使命担当，带头落实国家战略决策，扛起了许多投资大、收益薄的基础设施和公共服务建设，承担了许多周期长、风险大的基础性研发任务，参与了许多重大自然灾害和突发事件的抗击救援，实施了许多造福群众、改善民生的重大项目，坚定不移服务和保障国计民生，全力以赴参与打赢脱贫攻坚战，积极主动落实生态文明建设，以强烈的责任担当和积极的实践作为体现了国有经济的重大价值，彰显了国有企业的特殊作用。

第二，国有企业要在新时代履行社会责任中发挥更大作用。站在新的历史起点上，国有企业必须完整准确贯彻落实新发展理念，积极融入构建新发展格局，在经济体系优化升级、国家科技自立自强、国土空间布局优化调整、加快构建生态文明体系、全面推进乡村振兴、推进区域协调发展、建设平安健康中国等一系列新决策、新部署的贯彻落实中担当重任、积极作为，为我国实现高质量发展、促进全体人民共同富裕创造更大价

① 张强忠：《国有企业社会责任驱动机理研究》，大连理工大学博士学位论文，2020年。

值、贡献更大力量，在新时代体现新担当、展现新作为。[①]习近平总书记在2016年全国国有企业党的建设工作会议上提出，国企要成为“一个依靠力量”“五个重要力量”[②]。“六个力量”的提出，既是对新时代国企重要地位的深刻阐述，也明确了国有企业在贯彻执行党中央决策部署、全面深化改革、实施国家重大战略、发展社会经济、壮大综合国力、保障改善民生等方面的庄严使命。可见，我国国有企业履行社会责任，既责无旁贷，也彰显中国特色。

（二）广州国企在防疫抗疫和精准扶贫中展现公益性价值

第一，当好疫情防控服务保障“顶梁柱”。以2021年5月底广州爆发的疫情为例，广州市国资委党委第一时间部署疫情防控工作，向广州市国资系统各级党组织和党员干部发出倡议书，成立工作专班并定期召开例会研究部署，坚持广州市国资国企一盘棋，制作国企抗疫物资保障及国资系统党员突击队支援疫情防控任务分布图，挂图作战统筹推进疫情防控工作，充分发挥防疫抗疫主力军、生力军和保障城市运行、经济社会发展稳定器、压舱石作用。其间，广州市国资系统投入疫情防控保障力量23万多人，组建党员突击队级后备队82支、3500多人，其中进驻中高风险区工作的“尖刀班”党员突击队员、志愿队员3.4万人次，1700多名专业物管安保人员在中高风险区域协助开展后勤服务管理工作；6家市属国企在封闭、封控区内建立物资保障固定供应点49个，为重点管控区域供给保障粮油蔬果肉类禽蛋超130万公斤、防护服等其他防疫物资超百万件，切实保障重点区域居民的基本生活物资供应；统筹协调34家酒店近7000间客房给全市防疫统筹使用；广州公交“一对一”安排巡游出租车725辆、大巴车6辆，全天保障考生赴考，共接送考生6672人次；广州建筑组织超5000人的应急建

① 李杰海：《疫情中的国企社会责任》，《现代国企研究》2021年第5期，第85页。

② 《习近平在全国国有企业党的建设工作会议上强调：坚持党对国企的领导不动摇》，新华网，http://www.xinhuanet.com/politics/2016-10/11/c_1119697415.htm.

设队伍在42小时内完成4万平方米场地平整和521个装配式板房供2000人住宿，累计完成围蔽66公里。

第二，持续发力精准扶贫和乡村振兴。根据扶贫工作安排，广州国资系统主要承担3省区（广东、贵州、新疆）5市（梅州、清远、毕节、黔南、喀什）帮扶任务。帮扶的清远民族地区、梅州革命老区相对贫困村和贵州毕节、黔南深度贫困村，大都是因为地理位置、思维理念等导致贫困。脱贫攻坚战三年多来，广州国资系统坚持问题导向、目标导向，精心组织开展精准扶贫工作，打造了广梅产业园、新疆广州新城、贵州王老吉刺柠吉、毕节黔南生猪全产业链等一批特色产业帮扶项目，构建了精准帮扶、产业帮扶、就业帮扶及消费扶贫全方位立体式扶贫新模式，走出了一条广州国资特色的高质量可持续扶贫之路。一是市国资委先后出台多项支持市属国企到新疆广州新城、梅州广梅产业园、贵州毕节黔南州投资经营的政策措施，制定了东西部协作对口帮扶贵州及乡村振兴三年行动方案。二是共投入帮扶资金88.57亿元，其中产业帮扶83.04亿元、广东贵州村企结对3.98亿元、从化增城乡村振兴1.55亿元。三是全面完成省内精准扶贫和贵州东西部扶贫协作帮扶的181条村，21235户，93153人实现脱贫，脱贫率达100%。四是开办了25个校企订单班，招收658名贫困学生实行就业扶贫。五是开辟消费扶贫新渠道，鼓励企业工会和员工采取多种方式和渠道以买代帮、以购代捐，2016年以来企业内部消费扶贫1.16亿元，企业利用自身力量帮助贫困地区消费扶贫3925.62万元。六是市国资系统累计派出驻村扶贫干部403人，其中驻村第一书记有71人，广汽集团、广州港集团、市建筑集团、广药集团等4个单位被广东省评为脱贫攻坚工作突出贡献集体，23名扶贫干部被广东省评为脱贫攻坚工作突出贡献个人。2019年广汽集团、广药集团、广州港集团被贵州省评为“脱贫攻坚先进集体”称号；2名同志获评贵州省脱贫攻坚优秀共产党员和脱贫攻坚先进个人。

在开展乡村振兴方面，广州市属国企坚持项目优先、资源帮扶的思路，围绕当地需求，统筹谋划各方资源助力结对镇村振兴发展。2021年上半年市属国企投入约1.62亿元，开展产业项目40个，越秀集团在狮岭镇军田村投入10.79亿元建设现代化生猪养殖基地，广环投集团探索村集体经济组织合作运营炉渣厂。支持当地挖掘农旅产业开发，公交集团成功开通了广东省第一条少数民族地区连山壮族瑶族自治县运游结合特色班线，珠啤股份与太平镇木棉村共同打造龟咀古街文创商业示范区啤酒街。支持优质农产品走出去，截至2021年6月份，广州市属企业消费扶贫资金1003万元，铺设扶贫专柜145台；广州工控搭建“双一商城”电商扶贫专区，超1.3万件农产品入库，预计直接经济效益超1000万元。广州农商银行上半年投放符合政策要求的贷款175.56亿元，惠及2631户农户、农业企业和小微企业。

案例4：广药集团运用“造血”扶贫“组合拳”，助力打赢脱贫歼灭战

2020年是我国全面建成小康社会的决胜之年，广东医药健康产业龙头企业广药集团积极贯彻落实习近平总书记关于脱贫攻坚工作的重要指示精神和广东省、广州市对开展具体扶贫工作的相关安排，发挥自身品牌、技术和渠道优势，通过线上线下结合打好消费扶贫、精准扶贫、科技扶贫、产业扶贫的“组合拳”，推动贵州、甘肃、广东、云南、西藏等地经济发展和农民脱贫致富，探索了一条国企“造血”扶贫的好路子。自从广药集团帮扶刺梨产业以来，带动了贵州刺梨生产加工企业，销售同比提高30%以上。2020年，刺柠吉系列产品在去年销售1亿元的基础上，实现销售5亿元的目标，带动贵州刺梨产业蓬勃发展，贵州刺梨种植面积已经超过176万亩，刺梨种植受益农户6.5万户21.7万人，户均增收6138元。广药集团对口帮扶的广东省梅州市三个相对贫困村141户358人也实现了全部脱贫。该集团帮扶贵州发展刺梨产业的案例入选国扶办“中国企业精准扶贫50佳专项案例”以及国家发改委“2020年全国消费扶贫入围典型案例”，是广东省唯一同时入选的扶贫案例。

一、注重理念创新，开创造血扶贫新局面

一是领导挂帅，扣紧帮扶工作责任链。围绕打赢脱贫攻坚战，广药集团成立帮扶工作领导小组，由集团党委书记、董事长担任组长，由广药白云山常务副总经理负责指导协调产业扶贫工作，由集团工会主席负责指导协调精准扶贫工作，为做好帮扶工作奠定了基础。广药集团帮扶工作领导小组提出了“123”扶贫工作思路，即坚持一个理念——“广药白云山，爱心满人间”，两种帮扶方式——“输血”和“造血”，三个工作原则——“准、早、特”（“准”即精准，是工作方向；“早”即尽早，是时间进度要求；“特”是特色，结合广药集团特色的扶贫模式），着力推动贵州、广东梅州、甘肃等地的帮扶工作落地落实。

二是转变思路，打造造血扶贫新模式。广药集团善改变以往企业扶贫大包大揽的方式，注重“授人以渔”，从促进帮扶地区和企业互促互进入手，带动帮扶地区和企业双向高质量发展。在帮忙贵州刺梨产业发展方面，广药集团举全集团科研力量，用98天开发了刺柠吉系列产品，以全国饮料第一品牌王老吉强大的品牌力为产品赋能，迅速把刺梨推向全国，促进帮扶地区的产业链发展，形成强有力的“造血”功能。在帮扶广东梅州方面，广药集团结合当地产业特色，重点支持烟叶和柚果种植业发展，种植烤烟750亩、柚树8.7万棵。在帮扶中西部地区方面，广药集团结合自身产业优势，在甘肃两当县、华池县等五个县设立了“扶贫车间”，通过药材种植采购深加工和扶助当地特色产业等途径进行扶贫，还在西藏、广西、云南、四川、新疆等地因地制宜地以“公司+基地+农户”的模式，大力发展当地优势药材种植产业，帮助当地农民致富。

二、注重营销创新，开创消费扶贫新局面

一是邀请中国工程院院士钟南山科普刺梨营养价值。疫情带来全民健康意识极大提升，同时线上经济得到快速发展，广药集团根据新形势紧抓新机遇，与贵州省政府、贵州刺梨行业协会等联合举办“贵州刺梨产业发展云论坛”，发放2亿元的刺柠吉扶贫消费券，邀请钟南山院士解读刺梨营养价值，并与广药集团党委书记、董事长李楚源一起走进直播间，向网友推广刺梨，引发强烈反响，直播累计超过258万人次观看，超过835万人次点赞。

二是聘请羽毛球世界冠军林丹担任扶贫产品代言人。2020年以来，广药集团通过央视品牌强国工程、冠名央视《喜上加喜》栏目、加强重点销售区广告投放等方式，进一步提升贵州刺梨及刺柠吉产品的知名度。2020年9月，广药集团聘请了羽毛球世界冠军林丹担任刺柠吉品牌代言人，为刺柠吉注入活力形象，“广药+林丹”的“林丹妙药”组合在网络上迅速成为热点话题。通过一系列的推广宣传，“要青春，喝刺柠吉”的产品形象不断深入人心。

三是发动广药史上首次全员营销“云摆摊”活动。为保证2020年刺柠吉5亿元销售目标的如期完成，广药集团成立刺柠吉5亿元工程领导小组，发起了广药史上首次全员营销，明确各部门、各企业销售任务，并出台专项奖励方案。广药集团5万多名员工积极开展“云摆摊”，广泛发动各类单位进行团购，在广东省率先掀起了刺柠吉热潮。截至11月底，集团员工共售出刺柠吉240多万箱，获得了很好的品牌效益和经济效益。

三、注重科技创新，开创科技扶贫新局面

一是着力提升刺梨产业科研水平。广药集团注重通过科研创新，从根本上提升刺梨产业的转型升级能力，与钟南山院士团队、贵州省呼吸疾病研究所联合成立了“刺梨防治呼吸疾病产学研联合攻关组”，与中国科学院院士苏国辉及其团队合作开展刺梨功效研究，着力解决刺梨果汁褐变及功效成分难富集等行业难题；同时，还开展了刺梨护眼、免疫调节及解酒护肝养胃等功能方向的研究，并于2020年底发布成果。广药集团还牵头推进粤港澳刺梨科研联盟的成立，汇聚粤港澳科研力量，提升刺梨产业的科技水平。

二是着力丰富刺梨产品群。广药集团设立了王老吉刺柠吉研究院，加强刺梨新产品研发，现已开发出刺柠吉果汁、润喉糖、龟苓膏、月饼、原液、压片糖等10余款产品，进一步丰富了刺梨产品群。目前，广药集团正根据市场对于饮品低糖、无糖、加气、口感多样化等需求，开发无蔗糖的刺梨气泡饮料、果味刺柠吉等新产品，致力于打造一条“高维C”的刺柠吉产品链。

广药集团“星群夏桑菊农民夜校”一角，村民利用空余时间学习

三是着力加强农民技能教育。广药集团在扶贫工作中坚持扶贫扶智相结合，发挥自身在科研技术方面的优势，加强各产业帮扶项目种植技术的研究，并在甘肃省、广东省梅州市等帮扶地区，开展技能培训班或以村企共建的形式设立农民夜校，为贫困户提供各类技能培训，极大提升了农民的种植技能，真正“授人以渔”。

四、注重基地建设，开创产业扶贫新局面

一是加快贵州产业基地建设。广药集团成立了贵州王老吉刺柠吉产业发展有限公司，对刺柠吉系列产品进行专项经营管理，以加速刺梨产业规模化、标准化、科技化发展。广药集团旗下王老吉大健康公司在黔南州惠水县投资设立刺柠吉生产基地，占地300亩，建有2条先进生产线，日产王老吉凉茶、刺柠吉饮料均为60万罐，年加工产值超3亿元。王老吉药业与毕节市七星关区政府签订了“合作开发刺梨项目协议书”，建设润喉糖生产基地。目前，广药集团在贵州的2个大型加工生产基地有效带动当地人口就业（其中大部分是山区移民户和建档立卡户），同时为当地贡献了税收。

贵州王老吉刺柠吉产业发展有限公司揭牌成立

二是完成广东梅州两个基地建设。为推动广东省梅州市经济的持续发展，广药集团在广梅产业转移工业园动工兴建全球最大的凉茶原液提取基地以及采芝林中药产业服务基地项目。两个项目占地300亩，投资预算达5.3亿元，一期工程已竣工投产，为当地解决劳动力就业600多人，并带动当地仙草等相关中药种植产业发展，推动梅州中医药产业化进程。

2020年10月29日，广药集团在梅州的生产基地竣工投产

三是推进甘肃中药科技园建设。围绕推动甘肃省医药健康产业高质量发展，广药集团与甘肃省签订了战略合作协议，开展中药产业合作，目前正在陇西建设广药白云山中药科技产业园，将打造集中药饮片生产、研发中心建设、现代中药材物流体系、中药标准制定等功能为一体的产业基地，并投资在兰州建设王老吉大健康生产基地，建立长效帮扶的“造血”引擎。

位于广东梅州的王老吉大健康梅州原液提取基地

广药集团结合自身发展优势和帮扶地区特色，走出了一条从“授人以鱼”到“授人以渔”的新型产扶融合的扶贫新路子，为构建脱贫致富的长效机制、推动乡村振兴作出了突出贡献。

资料来源：搜狐网，https://www.sohu.com/a/442291704_676866.

第六章

借鉴先进地区国有经济发展经验

国资国企改革是一项重大而又复杂的系统工程，涉及政府、行业、企业、公众等多个主体，涉及产权、治理、竞争、运营、投资、价格、规制、劳动、人事、分配等多项内容，涉及一系列约束条件和众多配套措施[①]，每一项试点都牵涉其他方面。为增强国企改革的系统性、协调性、整体性，2019年7月，国务院国有企业改革领导小组决定将上海、深圳作为首批区域性国资国企综合改革试验区。作为全国率先开展区域性国资国企综合改革试验的两个城市，近年来，上海、深圳国资国企坚决落实当地市委、市政府部署要求，积极谋划推动战略战役性改革，制定了未来三年区域性国资国企综合改革实施方案。同年9月，《上海市开展区域性国资国企综合改革试验的实施方案》《深圳市区域性国资国企综合改革试验实施方案》先后发布，为全国国资国企改革探索新路。上海综改试验坚持市场化、专业化、国际化、法制化的导向，突出完善国资管理体制、推动混合所有制改革、激发员工内生动力等着力点，推动国资国企综合改革。深圳综改试验以提高国有资本效率、增强国有企业活力为中心，以建立符合社会主义市场经济要求的国有资产管理体制和国有企业经营机制为重点，推动国资国企改革不断深化。

如今，第一批综合改革试验取得积极进展和明显成效，一批重要经济社会管理权限下放顺利推进，一批具有标志性、引领性的改革方案和举措积极实施，在推动国有经济结构调整和国有资本优化配置上树立了典范。一批重要的实践创新成果和制度创新成果不断形成。比如上海实行“直接监管+委托监管+指导监管”，直接监管企业资产、营收、利润占比均超过90%。并且搭建金融、运营和投资三个平台公司，初步形成“1+3+N”国资监管架构。调整优化监管企业功能分类，同步开展分类改革、分类监管、分类考核，推动改革更加精准化。又如深圳深化分类授权放权力度，创新构建智慧国资监管平台，以信息化助力监督效能稳步提升，推行“六位一

① 戚聿东、张任之：《新时代国有企业改革如何再出发？——基于整体设计与路径协调的视角》，《管理世界》2019年第3期，第17-30页。

体”大监督体系，实现出资人监督、党内监督和监察监督有机融合，国资监管实现高效化、数字化、智慧化。深圳第一批区域性国资国企综合改革试验成果，获国务院国有企业改革领导小组办公室向全国推广，国企市场化改革做法被国家发改委列入47条“深圳经验”向全国推介。

跻身“万亿俱乐部”，首次入围“新一线”城市榜单，京东方、长鑫存储、蔚来等一系列政府资本招商的经典案例……让合肥市成了众人心目中全国最牛的“风投城市”。国有企业改革三年行动启动以来，合肥国资国企始终处于改革“冲刺状态”，顶层设计日趋完善，重大举措层层落实，鲜活实践不断涌现，在重要领域和关键环节取得一系列重大进展。截至2021年12月底，已有67项任务基本完成，完成率达93.1%，提前完成70%的年度目标任务。“十三五”期间，合肥市国资国企迎来高速发展期，监管企业资产总量接连跨越5000亿元、6000亿元、7000亿元三个台阶。

纵观国内先进地区国资国企改革，大多城市在产业优化布局、服务城市发展、构建现代企业制度、发挥资本运作平台作用、党建引领释放活力等方面集中发力。本章选择第一批区域性国资国企综改试验区上海、深圳，以及近年表现亮眼的合肥为研究对象，可以开拓视野、取长补短。

一、上海经验

作为全国国有企业和国有经济重镇的上海，通过多种途径和方式，率先探索、创新坚持国有企业混合所有制经济改革，取得了搞活、做大做强做优国有企业（集团）和放大国有资本功能、保值增值、提高竞争力的积极成效，为全国提供了可资借鉴的经验。[1]

---

① 傅尔基：《混合化与国有企业改革全面深化——以上海国有企业深化改革为例》，《毛泽东邓小平理论研究》2015年第10期，第11-16页、第91页。

2013年，上海出台《上海国资国企改革20条》，率先响应中央会议精神。2015年，上海出台国资改革配套政策14项，涵盖薪酬分配、境外监管、科技创新等领域。近年来，上海市按照“做强做优做大”要求，国有经济进一步成为坚决执行重大战略的骨干力量、经济转型升级的可靠支撑力量、深化改革开放的积极参与力量、改善民生的坚实保障力量。

从全国来看，上海地方国资处于“领头羊”位置，2021年，上海市地方国有企业实现营业收入3.88万亿元，利润总额3469.89亿元，净利润2766.23亿元，已交税费总额2722.24亿元。截至2021年末，资产总额达到25.77万亿元。[①]国有经济加快发展壮大的同时，国有企业竞争力、影响力不断提高。2021年，上海已有6家地方国企进入世界500强，5家国企进入全球行业排名前三，7个国企品牌入围亚洲品牌500强，17家国企进入中国企业500强。上海国资国企改革中既发挥政府作用，在国资监管、党建引领方面不断创新，又发挥市场作用，激发国有企业内生动力活力。

（一）推动经营性国资监管全覆盖

上海坚持以国资监管改革深化带动国企改革深化，率先创建“代表国家履行出资人职责，享有所有者权益，权利、义务和责任相统一，管资产和管人、管事相结合”的专司国有资产管理体制，合理确定国资监管机构、国资运营平台与国企的权利边界，以“管资本”为主改革国有资本授权经营体制，打造“国资委负责资本监管、平台公司负责资本运作、企业集团负责生产经营”的新体制机制，在更高程度上发挥市场有效配置国资国企的决定性作用，更好发挥政府的监管作用，有效利用国资国企，做到既要“管好国资”，又要“优化国资”，更要“放活国企”，不断优化监管方式。

① 宋薇萍、严曦梦：《优化布局推动上市 上海国资国企改革圈定“硬指标”》，《上海证券报》2022年2月11日。

2019年8月，国务院国有企业改革领导小组第二次会议审议并通过《上海市开展区域性国资国企综合改革试验的实施方案》，并提出上海市要在国资国企改革发展重要领域和关键环节上取得一系列的成果，首先是要建成以管资本为主的国资监管体制，其次是完善市属经营性国资监管全覆盖模式，同时要使得内外衔接、上下贯通的国资监管格局更加健全等一系列目标。上海市贯彻落实《国企改革三年行动方案（2020—2022年）》的总体思路中明确提出，要优化国有资本监管与增强国有企业活力效率相结合，既要监管到位防止国资流失，又要放活企业，增强企业活力动力，提高运营效率。

上海市国资系统已经形成“直接监管+委托监管+指导监管”，并且以“直接监管为主、委托监管为辅”的国资监管模式，42家直接监管企业按照市场竞争、金融服务、功能保障三类企业类型实施分类监管。一是经营性国有资产集中统一管理制度日趋完善，根据上海市人民政府授权，对市属经营性国资履行出资人职责，将实体、金融、体育等一般经营性领域的国资，由上海市国资委直接监管，并且加快推进政企分开、事企分开、经营类事业单位改制转企，将经营性国资纳入集中统一监管体系。上海加快市属经营性国有资本统一监管，是加快产业资本和金融资本融合发展、加快政府职能转变深化行政体制改革的共同需要。直接监管企业的资产、营收、利润占市属经营性国资国企总量均超过90%。二是建立完善国资委托监管模式，对宣传文化、科教文卫、司法公安等特定领域的国资，由上海市国资委委托相关委办局实行委托监管，与委托监管单位签订协议书，在日常监管中，制度规则统一执行，运营绩效统一评价，改革重组统一谋划。三是对于区属国资国企，上海市国资委注重加强市区两级联动，主要进行指导监管。实现监管统一规则、经营统一评价、资源有效联动、功能优势互补，形成国资发展合力。灵活的监管方式，能够促进资源有效联动、功能优势互补，形成国资发展合力。通过实施国资三种监管方式，构建国资监管“一盘棋”大格局。根据规划，“十四五”末上海市国资委直接监管企业资产总额达30万亿元，委托监管企业资产总额稳步增长，区属国企资产总额达3万亿元。

2022年2月，“上海国资国企在线监管服务平台”上线发布，这是上海市国资委聚焦国资监管重点领域和关键环节，有效整合国资监管信息资源，精心打造“一云、两端、重点应用”的一体化国有资产实时在线监管模式。

（二）发挥国有资本投资、运营公司作用

“两类公司”改革是国企改革重要主线。上海市“两类公司”成立较早，市场化、专业化经营程度高，“两类公司”试点形成了独特的上海模式，发挥“国有资本运作主体、国有企业持股主体、国有资产有进有出的通道”作用。通过整合多家市属国企资源，上海共组建了上海国际、上海国盛、上海国投3家国有资本投资、运营平台，实现错位发展，构建起“金融投资+实体投资+资本运营”的国有资本投资、运营公司新格局。逐步形成“股权注入—资本运作—收益投资产业”的可持续发展模式，完成了投资中国商飞、中国航发商发、上海硅产业集团、中核海洋核动力等重大产业项目，成为上海落实国家战略、建设现代化经济体系的重要引擎和支撑。

具体来看，上海国际以金融投资运作为主，通过明确国有资本投资运营公司“金融”平台的功能定位，进一步优化主责主业，将“金融控股”列为集团主业之一，推进以金融控股为引领、国有资本运营和投资管理双轮驱动的发展战略，不断深化国资平台功能，已建成具有百亿级运营能力的国有资本运营平台。在有效防范风险的前提下，综合运用多种金融工具，创新国资运营的市场化、专业化运作模式，累计盘活资产超过300亿元，有力提升国资运营效益，发挥金融国资力量，服务国家和上海重大战略任务。与此同时，上海国际集团也积极参与国资授权管理体制改革，在规划投资、财务管理、国有产股权变动等五个方面，落实对授权管理机构的股东权责，助推上海国资授权管理体制改革，取得重要突破。为支持市

属金融机构做优做强，上海国际集团还出资近350亿元支持浦发银行定向增发与可转债发行、国泰君安H股配售与可转债发行，增强资本和经营实力，积极支持上海农商银行上市。

上海国盛主要从事产业投融资和国有股权运营，聚焦重点产业优势领域，以市场化方式参与战略性、基础性、长期性的投资。2014年，中共上海市委、上海市人民政府将上海国盛直接改组为上海两个国资运营平台之一，发挥国有股权的持股主体、价值管理的操作载体、资源配置的执行通道、产融结合的桥梁纽带功能，打造具有“国资特色、平台特征、国盛特点”的国资运作体系，为健全上海国资有进有退、合理流动机制，促进上海创新驱动发展，经济转型升级作出积极贡献。截至2021年6月末，上海国盛及其主导发起设立的基金在战略性新兴产业领域投资总额超过385亿元，所投项目中已有24家申报上市，其中申报科创板的17家企业，7家完成上市，6家获审议通过。

上海国投则以战略性持股和划转社保股权管理为主，实施国有资本战略性持股管理和资本运作，承担市场竞争类重大产业项目投资，开展市场化、专业化股权投资基金运营。2020年7月，中共上海市委、上海市人民政府决定成立上海国有资本投资有限公司——一家由上海市国资委全资控股并直接监管的大型国有资本投资平台公司。

（三）深化混合所有制经济改革

混合所有制改革对经济高质量发展具有显著促进作用。[①]自党的十八届三中全会明确提出“积极发展混合所有制经济”以来，上海联系地方实际，创新探索国有企业混合所有制经济改革，历经全面分类、积极混合和综合改革、区域试点深化阶段，促成国有资本和外商资本、民营资本和社

① 莫龙炯、景维民：《混合所有制改革对中国经济高质量发展的影响》，《华东经济管理》2020年第5期，第1—10页。

会资本等多元交叉、广泛混合的所有制经济结构，走在全国国企深化混合所有制经济改革前列，提供了可复制、可参照的有益经验。

在顶层设计上，2013年底，上海发布《关于进一步深化上海国资改革促进企业发展的意见》，提出“积极发展国有资本、集体资本、非公有资本相互融合的混合所有制经济”20条意见。2014年，上海发布《关于推进本市国有企业积极发展混合所有制经济的若干意见（试行）》，明确上海国资国企改革的主要目标是经过 3 ～ 5 年的推进，基本完成国有企业公司制改革，实现股权多元化，发展混合所有制经济，推动企业股权结构进一步优化，市场经营机制进一步确立，现代企业制度进一步完善，国有经济活力进一步增强。2016年，上海市国资委印发《本市国有企业混合所有制改制操作指引（试行）》，提出国有企业积极发展混合所有制经济的具体意见，出台多达几十项配套细则，促成数百项改革项目。2019年，上海在全国首推《上海市开展区域性国资国企综合改革试验的实施方案》，并发布贯彻落实该方案的行动计划，提出要以加快深化国有资本授权经营体制改革为重心，综合深化国有企业混合所有制经济改革，健全国有企业市场化自主经营机制，到2022年基本完成竞争类企业整体上市或核心业务资产上市，进一步优化国有企业混合所有制经济改革的股权结构，形成一批具有全球影响力的企业集团，建成以管资本为主的国资监管体制，切实增强国有经济竞争力、创新力、控制力、影响力、抗风险力。[①]

在资金支持上，信达资产与上海国有资产经营公司联合其他金融机构成立“国企混合所有制改革（上海）促进基金”，为国企混合所有制经济改革深化提供强大的资金支持，为切实改善上海国企治理结构、推动国资有序流动、全面激发国企活力等作出积极贡献。上海大型国企集团与民企合伙设立上海国企改革发展股权投资基金，立足上海，服务长三角，合作央企，放眼全国，坚持以市场化、专业化、国际化为导向，以服务国资国

① 傅尔基：《“十四五”时期上海国资国企深化混合所有制经济改革研究》，《科学发展》2021年第4期，第5-14页。

企改革为己任，深入实施国资国企改革价值链的全程运作。

长期以来，上海国企混合所有制经济改革坚持市场化改革方向，以公众公司为发展混合所有制的主要实现形式，积极推动国有企业上市发展，走资产资本化、资本股份化道路。具体表现为以公司化股份制改制为基本途径，以证券化公募式上市为主要目标，以开放性市场化重组为重要手段，以骨干层持股化员工激励为拓展形式，提高国资证券化率，以更多直接资本证券方式盘活存量，融通增量，打造股权资本利益共同体，健全企业多元股权法人治理制衡结构和市场化自主经营机制，支撑、促进企业创新转型和国资保值增值。截至2021年10月，上海国资委系统90%的市场竞争类和全部金融服务类监管企业实现整体上市或核心业务资产上市，地方国有控股境内外上市公司90家、总市值2.5万亿元、国有股市值超过1万亿元[①]，市场竞争类、金融服务类企业集团中整体上市或核心业务资产上市企业占到2/3。上海国资国企以混合所有制经济为主的发展格局基本形成，混合所有制企业约占企业总户数77%、资产总额88%、营业收入90%、净利润96%。混合所有制经济取得了搞活、做大、做强、做优国有企业，以及放大国有资本功能、保值增值、提高市场竞争力的积极成效，成为上海国有经济的基本实现形式及基本经济制度的重要表现形式，混合所有制企业已成为上海地方国有企业中最有活力、最有实力、最有发展潜力的部分。

（四）坚持党建引领，健全中国特色现代企业制度

坚持党的领导、加强党的建设，是我国国有企业的光荣传统，是国有企业的“根”和“魂”。中共上海市委高度重视国有企业党建工作，上海国资国企全面加强国有企业党的建设，牢牢把握“完善中国特色现代企业制度”这个核心、“党的政治建设”这个首要任务、“人才队伍”这个关

① 徐蒙：《解放日报：上海国资国企发展与党建同频共振》，国务院国有资产监督管理委员会官网，http://www.sasac.gov.cn/n2588025/n2588139/c21144744/content.html.

键，坚持加强党的领导和完善公司治理相统一，协同推进国资国企改革发展和党建工作。

第一，注重政治引领功能、重大任务落实和典型示范，构建高质量党建，引领高质量发展格局。党建入章、党委前置研究讨论、党委书记董事长“一肩挑”等工作，在全部监管企业和90%以上二级企业已实施完成。党员“空白班组”“空白网点”全部消除，改革推进落实情况和工作评价效果，已纳入企业综合考核评估体系，切实把党的领导落实到公司治理全链条。上海国资系统实施百个党建品牌“大创建”、千余业务主题“大考验”、万名书记“大培训”的“百千万”特色工程，实现国资国企改革发展与党的建设同频共振。

第二，跳出企业党建“小循环”，推动党的领导与公司治理内在贯通，努力构建推动国资国企改革发展和党的建设相融并进、同向发力的“大格局”。落实党组织在公司法人治理结构中的法定地位，明确党组织在决策、执行、监督各环节的权责和工作方式，推进党建工作与生产经营深度融合。全面推行“双向进入、交叉任职”，凡符合条件的企业100%落实这一领导体制。推动将党建工作写入公司章程，明确董事会对重大问题作出决策前，必须经党委会酝酿讨论，党员董事参与董事会决策要充分体现党的意图。市属国企普遍建立董事会、党委会、经理层三个议事规则相互配套的工作机制，全部制定了“前置清单”，确保党组织有效参与重大决策。①

第三，推动党管干部人才与市场化选人用人内在协同。坚持党管干部原则与董事会选聘经理相结合的工作机制，以管导向、管标准、管程序、管机制、管监督为重点，充分发挥党组织在选人用人中的重要作用。出台企业领导人员教育、选拔、管理和监督等十余项管理制度，实行任期制契约化管理，探索职业经理人薪酬制度改革，深化“三能机制”改革，创建

① 上海市国资委党委：《传承光荣传统　发挥党建优势　推动上海国资国企担当使命创新发展》，《现代国企研究》2021年第11期，第70-71页。

“国资骐骥”人才品牌，推进干部人才队伍结构不断优化。在市管国有企业任期制契约化管理全覆盖的基础上，按照“成熟一家推进一家”原则，在17家企业集团开展职业经理人改革试点，实现金融服务类全面推进、市场竞争类有条件覆盖、功能保障类与改革配套的工作目标。聚焦价值增长与高质量发展，两年里推进10家上市公司实施股权激励，3家非上市公司实施上海地方《张江国家自主创新示范区企业股权和分红激励办法》激励措施。通过激励与约束并举，激发改革发展动力和创新创业活力。

二、深圳经验

深圳国资国企全国率先开展区域性国资国企综合改革试验，围绕粤港澳大湾区、深圳先行示范区建设等国家重大战略，通过优化产业布局、破除体制机制障碍，推动深圳国资从城市型国资向区域型、全国性、国际化国资转型，努力将深圳打造成为党的领导坚强有力、国资监管科学高效、国企活力充分激发的改革高地。1979—2020年，深圳市属国企的总资产从1.6亿元到突破4.11万亿元，增长超1.5万倍。2021年，深圳市属国资国企主要经营指标保持高位，规模质效在全国继续名列前茅，在全国37个省级监管机构中，资产总额、净资产、利润总额分别排名第四、第三、第三。截至2021年底，深圳市属国资企业总资产突破4.6万亿，全年实现营业收入8991亿元，同比增长12.6%，上缴税金1094亿元，增长15.3%。提前一年实现综合改革试验确定的“到2022年底总资产达到4.5万亿元”等目标，提前半年完成国家部署的国企改革三年行动任务，在改革评估中获评A级。

2021年，深圳市属国资国企对全市经济贡献稳步提升。深圳市属企业创造增加值2812亿元，同比增长17.2%，在深纳税507亿元，同比增长23.3%；完成在深固定资产投资1553亿元，同比增长18%；承担全市120个重点项目建设任务，完成投资995亿元，完成率达125%；支持一般公共预算收入200亿元；推进市属企业支持金融机构新增银行贷款279亿元；完成政府专项债发行195亿元，占全市41%。深圳国资国企着力支持民营企业健康发展，为615家民营企业完成发债增信金额308亿元，设立风险补偿资金池，撬动新增银行信贷900亿元。

（一）通过资本运作匹配深圳城市发展战略

国有企业和国有资本都是国有经济的具体经济形式，两种不同具体经济形式各有侧重、相互作用、相辅相成，既要做强做优做大国有企业，也要做强做优做大国有资本。[①]新时期深圳国资国企的基本定位是致力提升服务深圳城市核心竞争力、服务城市运营和保障社会民生、服务多种所有制经济共同发展的“三项服务能力”。综合改革试验启动以来，深圳国资国企坚持资本运作导入的产业资源，必须高度匹配深圳城市战略和深圳国资战略的“两个匹配”原则，实施重组整合“1+N”方案，组建幸福健康、建材交易、深铁城际、征信服务、数据交易等企业集团，推动国有资本向主责主业和资本市场集中，80.3%的国有净资产集聚到以基础设施公用事业为主体、金融和战略性新兴产业为两翼的“一体两翼”领域[②]，确保资本运作的项目做到“短期保值、远期增值”。直管企业中没有一家亏损，全系统没有一家僵尸企业。紧扣智慧城市建设、营商环境优化、产业发展、民生保障等重大任务，组建智慧城市、重大产投、深港科创、数据交易、征信服务等企业集团，更好发挥“城之重器”功能作用。实施“上市公司+”和“基金群”战略，构建市国资委资本运营与平台资本运营有机衔接、高效联动的资本运作机制，全系统上市公司增至35家，资产证券化率达59.4%。围绕城市定位，深圳国资国企注重资本运作，着重支持民营企业发展、服

---

① 马津润：《新时代做强做优做大国有企业和国有资本理论与实践创新》，《山东社会科学》2020年第11期，第2页、第193页。

② 何泳、方明华：《国企改革三年行动走在全国前列》，《深圳特区报》2022年3月11日。

务高新技术产业升级。

国有经济与民营经济共生发展，实现了“1+1＞2”的效应是更好坚持“两个毫不动摇”的需要。[①]在支持民营企业发展方面，深圳实现国有企业与民营企业相互赋能、合作共赢、融合发展。一直以来，深圳民企都非常强。围绕服务产业这个定位，近两年着重在支持民营企业发展、服务高新技术产业等方面出硬招、出实招。牵头落实深圳支持民营经济发展“四个千亿”计划中的三个，以增信、债权、股权等方式，推动“三个千亿”计划覆盖了8.5万家企业，组建运营1000亿元民营企业平稳发展基金，决策支持309家民营企业540亿元，完成和推进担保发行债券1010亿元，高效运营中小微企业银行贷款风险补偿资金池，撬动银行信贷超540亿元、惠及中小微企业557家。同时，在与高科技民营企业和中小微企业合作时，深圳走了一条跟其他城市不一样的合作之路。完全按照独立法人切断风险的方式，不求所有但求所在。通过深投控控股的投控资本、深圳创新投、高新投、担保集团及天使母基金群，围绕5个方面对深圳的中小微企业和高新技术企业进行支持。

在服务高新技术产业方面，虽然深圳国资在高科技领域直接涉猎不多，但是深圳国资将自身定位为高科技企业、小微企业发展的助推器，推动深圳国有企业与民营企业在科技创新中错位发展，大力构建“空间保障+科技金融+人才服务+场景应用+平台支撑”全要素创新生态系统，通过租金优惠、融资支持、人才住房等方式，在空间保障、科技金融、人才服务、场景应用、平台支撑等方面全方位支持高科技企业和小微企业发展。比如，在空间保障方面，建设运营了71个科技园区，建筑面积近2600万平方米，以市场价7折提供给中小微科技型企业，解决其“用地贵”难题。又如，在科技金融方面，打造了涵盖天使孵化、创业投资、融资担保、上市培育、并购重组等全生命周期的科技金融服务体系，设立规模100亿元的深

① 洪阳、兰传春、洪功翔：《国有经济与民营经济共生发展的市场规模效应研究》，《经济理论与经济管理》2022年第2期，第101—112页。

圳天使母基金，国有创投担保企业累计为7.7万多家中小微企业，提供超过1.2万亿元融资支持。通过天使基金、创业投资、担保债权、证券发行等方式，累计服务上市公司1177家次，其中，深圳创新投集团扶持企业首发上市183家；深圳高新投、担保集团通过担保债权等综合金融，服务上市企业595家次；国信证券通过投行服务，支持上市企业272家次；平稳基金、鲲鹏基金等股权投资上市企业127家次。再如，在人才服务方面，设立总规模100亿元人才创新创业基金，成立人才安居集团，累计落实公共住房13万套，占全市同期总量近40%。

（二）不遗余力构建大平台培育大企业

深圳市于2004年组建投控公司，2007年成立远致公司，分别开展国有资本投资、运营公司试点。作为深圳唯一的国有资本投资公司，深圳市投资控股有限公司是深圳市国资委履行出资人职责的辅助平台，是深圳深化国资国企改革的重要抓手。为解决国资国企单项试点式改革容易产生的碎片化问题，2016年，深圳国资委就要求深投控学习对标新加坡淡马锡，率先开展对标淡马锡综合改革试点。2018年，深圳市人民政府审议通过了《深圳市投资控股有限公司对标淡马锡打造国际一流国有资本投资公司的实施方案》，在资本运作、产权变动、借款、担保等14项事项上提出授权改革举措，标志着深圳市以投控公司为试点，积极探索国有资本监管运营的市场化模式。淡马锡有何值得学习的地方？将商业职能与政府职能分离，拒绝政策性的干预，坚持市场化的方式运作，有效设置投资策略、激励机制、资金配置和绩效管理，这些其实也都是保护企业家精神的应有之义。深圳市投资控股有限公司之所以能够提出对标淡马锡，一是因为深投控本身可运作的资金量比较大，有条件去做纯市场化的运作；二是因为深投控的上市公司较多，而上市公司的董事会建设完善，董事会制度方面具备成熟的操作模式，能更好对标淡马锡模式的政企分开、高效的董事会制度等。

近年来，深投控以落实国企改革三年行动为牵引，统筹推进对标新加坡淡马锡综合改革、“双百行动”、对标世界一流管理提升行动等专项改革工程，积极探索市场化、差异化管控方式，努力打造国际一流的国有资本投资公司和综合型金融控股集团，积极探索国资国企改革新路径，公司治理水平显著提升，发展活力动力充分释放。公司改革主要思路是围绕“国资管资本授权体制改革”和“公司市场化经营机制改革”两条主线进行，聚焦授权体制、公司治理、选人用人、激励约束、投资管理、风险管控等重点领域探索实践、形成示范，重点强化投控公司的投资功能，将境内主业不超过净资产20%、约400亿元的投资决策权授予企业，为深圳打造全国国资国企改革先行示范样本累积经验。公司在改革中创新授权体制，坚持放活与管好相结合，加大授权放权力度，层层“松绑”提高经营决策效能。深圳市国资委对深投控加大授权，将投资、产权变动等多项决策权授予公司，深投控董事会对经理层加大授权，让经营班子有权用、有干劲、有保障，“一企一策”“分类分步”授予下属企业更大的自主决策权限，推动从强化管理向规范治理、从管企业向管资本转变。深投控以深化改革带动效益效能持续增长，世界500强排名强势攀升，跃居第396位、提升46位，被誉为“全国改革先进典型”，获评全国“公司治理示范企业”。

深投控立足深圳城市发展战略，聚焦科技创新和产业培育，打造“科技金融、科技园区、科技产业”三大产业集群，通过整合重组、混合改制、上市发展和投资并购，不断优化深圳国有资本布局。从投资组合来看，深投控主业聚焦科技金融、科技园区、新兴产业与高端服务业等板块，是多家上市公司的控股股东或前十大股东。其中，科技金融板块集中了深圳市属国资主要的金融和类金融资源，控股国信证券、高新投等，战略参股中国平安、国泰君安、南方基金等金融企业；在新兴产业与高端服务业板块拥有一批优质企业，近年来还并购了怡亚通、天音控股、英飞拓等上市公司。深投控资产证券化率超过70%，下属商业类企业基本完成混改，合计引入社会资本超110亿元。截至2021年底，深投控旗下全资、控股企业41家，包括国信证券、天音控股等13家上市公司。共有23个项目登陆资本市场，其中科创板受理企业有9家，做大做强龙头企业效益明显。

（三）提升国有企业治理能力现代化

新一轮国有企业混合所有制改革重点并不在“混”，而在于企业治理结构的改善和经营治理水平的提升。[①]深圳市突出抓好中国特色现代企业制度建设，在全国率先开展国企三项制度改革、混合所有制改革、企业董事会建设、经理层任期制契约化管理等工作，着力打通产权改革、公司治理、选人用人、激励约束“四个关键环节”，治理能力现代化水平持续提升。

深圳国资国企的深化市场化改革，混合所有制改革突出“外引内转”。深圳市国资委按照中共中央、广东省委和深圳市委的有关精神，结合深圳发展实际，率先出台全国领先的市属国企管理层和核心骨干持股政策文件，为市属国企全面推进混合所有制改革提供制度保障。并且以商业类企业混合所有制改革为重点，对系统内1400余家法人企业逐一梳理，制订混改工作方案。确定了“不再试点、不限层级、应改尽改、能混尽混”的改革总目标，力争三年内实现市属国资商业类企业混改全覆盖。引入战略投资者，注重拓展市场渠道、管理经验和创新技术等新优势，实现各种所有制经济的取长补短、相互促进和共同发展。激发企业活力，构建管理层和核心骨干与企业的利益共同体，建立企业家的出资人责任，实现优质人力资本的高度积聚。转换经营机制，促进企业通过产权层面变革建立现代化企业制度，为持续快速发展奠定坚实基础。截至2021年7月，深圳市属企业混合所有制比例达83.5%。

深圳国资国企以产权制度改革为基础，综合运用市场化选人用人、

① 李锦：《选择国企混改模式需注意10个问题》，《山东国资》2018年第11期，第20−22页。

全面激励约束和完善公司治理等各项改革措施，促进企业切实提高综合实力和市场竞争力。将管理层和核心骨干持股作为深圳国有企业混合所有制改革的重要形式，不断激发管理层和核心骨干的“出资人精神”，注重“因企施策”创新开展管理层和核心骨干持股。构建以章程为准则、董事监事履职为抓手、重大事项沟通为必备程序、紧急情形干预为重要保障的“3+1”治理体系，建设专业尽责、规范高效的董事会，指导企业建立内部董事、专职外部董事和兼职外部董事科学搭配、专业互补的规范董事会，深圳市国资委直管企业及重要子企业全面完成董事会建设、并且实现外部董事占多数。按照“市场化选聘、契约化管理、差异化薪酬、市场化退出”原则，坚持组织选拔与市场化选聘相结合，累计开展10家直管企业和123家二三级企业经营班子成员市场化选聘和契约化管理，并且面向全球招聘高端职业经理人，2020年面向全球市场化选聘8家直管企业17名高级管理人员，首次选聘外籍人士担任直管企业总经理。各级企业经理层任期制和契约化管理实现全覆盖，管理人员竞争上岗、末等调整和不胜任退出全面推行，16家直管企业建立职业经理人制度。树立和践行“身份市场化、业绩市场化、考核市场化、薪酬市场化”改革理念，激励约束机制改革，突出“考核刚性”，强化“业绩升薪酬升、业绩降薪酬降”导向，系统推出业绩考核、薪酬分配、长效激励系列改革举措，同一企业同职级薪酬差异高达50%，对25名经理层成员实行刚性退出。深圳国际大力开展劳动、人事、分配制度改革，在全国“双百行动”三项制度改革专项评估获评A级，改革经验入选全国推广范例。

（四）坚持党建融合创新监管方式

深圳市国资委立足“国企出资人、国资监管人、党建负责人”定位，积极转变机构职能和履职方式，初步探索出一条“以党建为引领，优化出资人监管和完善现代国有企业制度双向发力的职能转变路径”。充分发挥党建引领作用，坚持“强国企必先强党建”理念，推动国企党建工作与生产经营深度融合，持续完善国企党建“1+N”制度体系。直接监管企业100%实现党建要求进章程、100%制定党委研究决定事项清单、100%制定党委前置研究讨论重大经营管理事项清单。同时坚持授权与监管相结合、放活与管好相统一，深圳市国资委更加注重以股东身份行权履职，修订国资监管权责清单，出台授权放权清单，赋予企业更大经营自主权。在此基础上，加快建立信息集成、实时在线、公开透明、协同高效的要素交易综合监管体系，创新构建阳光采购、阳光租赁、资金融通等“六平台一中心”智慧监管平台，增强监管智慧化、效益化、阳光化，有关做法得到国务院国资委推广。深圳国资委还坚持制度先行、规则引领，加快完善国资改革重点领域和依法监管关键环节的顶层设计，出台《关于进一步加强国资监管法治机构建设的实施方案》，将深圳经济特区企业国有资产监督管理条例列入立法计划，加快推动《深圳经济特区企业国有资产监督管理条例》立法工作，推动建成权责法定、职能科学、履职规范、透明高效的国资监管法治机构。

为严防资产流失，破解国企同级监督难题，深圳市整合党的监督、出资人监督、企业内部监督三方资源，构建企业党委领导、纪委统筹，纪检监察、监事会、财务总监、内审、内控、风控协同联动的“六位一体”大监督体系，形成“职责统一行使、资源集中调度、内容全面覆盖、成果开放共享”的监督闭环，实现党内监督与出资人监督有机融合。深圳国资委重点通过“一张清单、一个基金、三类平台”，构建深圳特色国资监管运营体制。“一张清单”，即制定国资监管权责清单，并根据形势发展和实际需求适时动态调整。“一个基金”，即构建以国资改革与战略发展基金为牵引的国资基金群，为管好资本、推进企业改革发展提供了有效的工具手段。“三类平台”，即针对国有资本商业属性、公共服务属性和政府延伸功能属性，打造国有资本投资、运营公司和公益类、功能类平台，为从管企业为主向管资本为主转变提供更加有效的市场化手段和运作机制。

三、合肥经验

合肥市国资国企改革坚持因地制宜，围绕“产业发展、城市建设、民生保障”三大主线，坚持改革开放，坚持高质量发展，出台《合肥市贯彻落实国企改革三年行动方案工作举措》，提出六个方面38条改革举措，并在此基础上细分出72项改革任务积极推动国有资本做强做优做大，国有企业的竞争力、创新力、控制力、影响力和抗风险能力不断增强，各项目标任务按期完成，通过国有资本撬动社会资本，布局战略性新兴产业链，成为近年地方国资国企改革的亮点。

“十三五”期间，合肥国资国企发展实现量的跨越和质的提升，综合实力显著增强。截至“十三五”末，市属重点监管企业资产总额为7739.8亿元，净资产为2783.4亿元，较“十二五”末分别增长81.9%和63.7%。“十三五”期间年均国有资产保值增值率达105.9%，资产总量接连跨越5000亿元、6000亿元、7000亿元三个台阶。综合资产负债率为64%，剔除科农行则为59.6%，有效控制在合理水平。“十三五”期间累计实现营业收入1881.8亿元，利润总额465.2亿元，上交税费183.9亿元，较“十二五”期间分别增长22.4%、42.5%、69.1%。国资系统企业呈现良好发展态势，重点监管企业中，资产规模100亿元以上达12家。2020年度营收规模50亿元以上有4家、10亿元至50亿元有8家，上交税费1亿元以上有11家。①

（一）聚焦战略性新兴产业

作为社会主义经济的基本组成部分，国有经济必须而且能够在高质量

① 合肥市人民政府：《合肥市国资国企“十四五”发展规划纲要（2021—2025年）》，合肥市人民政府官网，https://zwgk.hefei.gov.cn/public/1741/107231695.html.

发展中发挥引领和示范作用。[1]合肥市国资总额体量虽然相对较小，但集中力量发展战略性新兴产业，成立引江投资、大数据、乡村振兴、房屋租赁等公司，交投控股、工业科技两户企业升格为重点监管企业，政投公司更名为文旅集团，加快推动全市国资在“一盘棋”大格局下的融合发展。截至“十三五”末，重点监管企业及其控股公司共312家，涉及基础设施、公用事业、交通运输、农业、工业制造、商贸、房地产、文化、金融、投资等众多行业和领域。

合肥市注重发挥国有资本产业引领主力军作用，推动布局结构进一步优化，国企主业经营更加突出，国有资本更加集聚在战新产业、城市建设、民生保障等领域。大力培育行业龙头企业，以“芯屏器合”[2]“集终生智”[3]为代表的战略性新兴产业正茁壮成长，形成合肥城市的“产业地标”。2020年，合肥国资系统持续加大战新产业投资，全年完成项目投资513.8亿元。新一代信息技术、新能源汽车、新能源产业增加值增速达20%以上。以战略性新兴产业和高新技术企业为重点，鼓励市属国有企业参与优秀民营企业股权改革，投资了联宝、奕斯伟、维信诺等一批混合所有制企业。嘉优中科、合客爱巴士等混改企业组建完成。合肥战略性新兴产业增加值占全市规模以上工业比重达51.6%。新型显示器件、集成电路、人工智能入选首批国家战略性新兴产业集群，入选数量居全国城市第四、省会城市第二，新型显示器件整体规模居国内第一。

① 范玉仙：《国有经济引领社会主义经济高质量发展的内在机制研究》，《西安交通大学学报（社会科学版）》2021年第4期，第97-106页。

② “芯屏器合”：“芯”指芯片产业，“屏”指平板显示产业，“器”指装备制造及工业机器人产业，“合”指人工智能和制造业融合。

③ “集终生智”：“集”指集成电路，“终”指智能家居、汽车等消费终端产品，“生”即生物医药，“智”指与工信部共建的“中国声谷”以及以科大讯飞、华米科技等为代表的智能语音及人工智能产业。

案例1：从“无中生有”到“世界第一”！京东方与合肥有怎样的故事

2008年，合肥市与京东方“牵手”。由此，平板显示在合肥的产业发展史上，开启了“无中生有”的精彩篇章。合肥显示产业实现单一技术到多技术布局，从“标清”到“超清”再到“超高清”，从平板显示到柔性显示的华丽转身，确立了新型显示产业合肥创新发展模式，为解决国内“缺屏少芯”之痛提供了合肥路径、贡献了合肥力量，实现了产业从“跟跑”到“并跑”再到“领跑”的跃升。

提及显示产业，京东方可谓是无人不知无人不晓。京东方落户合肥也早已被传为一段佳话。如今的京东方已是中国新型显示产业的头部企业，更是成为合肥引以为傲的产业地标。

2008年，京东方落户合肥的消息一落地，周围一片非议。当时全球金融危机，国外液晶巨头的降价让京东方备受打压，当年由盈转亏，资金压力巨大。

“敢为天下先”的合肥，除了在地块配套条件、土地价格、能源供应、贷款贴息等方面给予京东方政策性支持外，还承诺拿出90亿元资金，与京东方共同投资175亿元，敲定了国内首条液晶面板6代线项目。此后，以这条线为起点，合肥蹚出了一条显示产业发展壮大之路，先后建成了国内首条TFT-LCD6代线、首条采用氧化物半导体技术的TFT-LCD8.5代线、全球首条10.5代线以及国内最大规模OGS触摸屏生产线……从此，“中国屏”可在“合肥造”。

如今，京东方8.5代液晶面板生产线、全球最高世代线的10.5代线也先后在合肥建成投产。现在，全球每5部智能手机，就有1块液晶屏出自京东方；每10台平板电脑，就有3块屏为京东方生产……

从“无中生有”到“世界第一”，是京东方书写的从“追赶者”到“领跑者”的合肥故事，更是合肥深究产业方向、聚焦新型显示打造的一套别具特色的创新引领发展“公式”。京东方扎根后，犹如推倒了一副多米诺骨牌，引发了巨大的连锁效应，彩虹、康宁、三利谱、住友化学、法国液空等一批具有国际影响力的新型显示产业龙头企业随后纷纷入驻。目前，合肥新型显示产业已经汇聚了京东方、彩虹、乐凯、康宁、三利谱、力晶科技、住友化学、法液空等一批具有国际影响力的龙头企业，已建成三条TFT-LCD高世代液晶面板生产线（一条6代线、一条8.5代线、一条10.5代线）、一条硅基OLED显示器件生产线，一条6代AMOLED全柔面板线。全市已进驻新型显示产业链企业超100家，累计投资项目超过120个，已完成投资超1550亿元，目前在建、在谈及在谋划项目112个，总投资超4000亿元。

2020年初，一场突如其来的疫情让很多企业措手不及。“宅经济”却让京东方的出货量大幅提升。疫情之下，面板行业的需求逐步回暖，这为京东方的产品结构调整带来了机会。平板、笔记本电脑和桌面显示器的出货量大幅提升。疫情的冲击，供应链的重塑，对企业来说是一道难题。为此，合肥探索实施产业链“链长制”，由市长担任新型显示产业链链长，加强统筹调度，研究解决产业发展遇到的重大问题，保证产业链供应链稳定，让企业串珠成链，形成“链条”规模，做足、做好产业“链”文章。在“链长制”的推动下，京东方将继续坚持自主创新，加强前沿技术的研究攻关，促进上下游产业链协同创新，带动上下游供应链企业技术创新、协同发展，提升产业链供应链的稳定性和竞争力。

资料来源：合肥市人民政府官网，https://www.hefei.gov.cn/ssxw/csbb/106567829.html.

（二）借助国资投资平台补强产业链

合肥注重强化资本运作，坚持“以投带引”，依托合肥产投、合肥兴泰、合肥建投三大国资投资平台作为开展资本招商的“牵引器”和“主力军”，围绕投资全链条打造“引进团队—国资引领—项目落地—股权退出一循环发展”闭环，先后投资京东方，押注半导体，接盘科大讯飞，引入蔚来、大众，投资维信诺等。其中，合肥市产业投资控股（集团）有限公司成立于2015年4月1日，是由合肥市人民政府国有资产监督委员会全资控股，定位于产业投融资和创新推进的国有资本运营公司。合肥产投深耕产业链上下游，投资覆盖包括种子期、初创期、成长期、成熟期等在内的企业全生命周期。按照“一个产业配套一个基金”的要求，打造支持先进制造业等实体经济发展的基金丛林，通过基金投资吸引产业链上下游企业落户形成产业集群。合肥兴泰金融控股（集团）有限公司成立于2002年，为合肥市国有金融资产，是债权投资、股权投资、海外投融资、泛金融投资、金融外包服务的综合性金融平台。合肥市建设投资控股（集团）有限公司成立于2006年6月，是经合肥市政府批准、市国资委授权经营的国有独资公司，资产规模超过合肥市国有资产总额的60%，已经整合了合肥市绝大部分政府性资产。近年来，建投集团通过融资方式及渠道的创新、重大战略性新兴产业的扶持引领，不仅保证了基础设施的资金投入，在新型显示及集成电路产业方面的投资也全面提速，并探索出一种“投资—上市—退出”成熟的产业投资模式，充分发挥了建投集团作为国有资本投资运营公司的战略引领作用。无论是京东方的投产、几个千亿级产业链的打造，还是蔚来汽车的重磅引入，都离不开合肥建投集团的身影。投资运营类企业落实服务保障城市发展战略、引领促进合肥市重点产业发展和转型升级目标，不断实现做强做大。3家企业主体信用评级达AAA级，建投集团资产规模近5000亿元，跃居全国城投行业前四。

在保障重大项目融资需求的同时，合肥市国资注重投资上下游产业链的重点项目，覆盖产业链发展的全生命周期，探索“领军企业—重大项目—产业链条—产业集群”的产业发展路径。合肥不是“移栽一棵大树”，而是“崛起一片森林”，正在变身为全国新兴产业链最为齐全的城市。例如，在新型平板显示领域，投资并引入彩虹、康宁、联宝、三利谱等企业，延伸覆盖上游原材料器件、中游面板模组和下游智能终端，实现“从沙子到整机”的完整产业链布局。在集成电路领域，聚集颀邦封测、通富微电、矽迈微电子、芯碁微装、恒烁半导体、联睿微电子等上下游企业，形成涵盖芯片设计、芯片制造、封装测试及设备材料的全产业链条。在新能源汽车领域，引进蔚来汽车落户，合肥联合省里接着引进大众新能源汽车项目，投入200亿元建设新能源汽车研发和一期制造基地。并且开建新安徽佳通工业园，吸引投资70多亿元，建设乘用子午线轮胎新工厂、商用轮胎新工厂。还引进康宁汽车内饰玻璃二期，增加投资1.35亿美元。围绕新能源车，合肥拉来一整条智能汽车产业链。合肥已集聚了蔚来、江淮、安凯、大众、长安、奇瑞（巢湖）、国轩高科、华霆动力、巨一动力等一批龙头企业，在新能源汽车领域站到了领先位置。

（三）创新国资国企投资运营模式

合肥政府出巨资建立基金平台，形成了一套“以投带引”的“国资领投”，以政府基金为主导、以产业招商为先导的招商引资新模式，探索打造的国有资本引领战新产业发展“合肥模式”享誉全国。即以尊重市场规则和产业发展规律为前提，以资本纽带、股权纽带作为突破口和切入点，政府部门通过财政资金增资或国企战略重组整合打造国资平台，再推动国资平台探索以“管资本”为主的改革，通过直接投资或组建参与各类投资基金，带动社会资本服务于地方招商引资，形成产业培育合力。

合肥国资以“基金+产业”模式，实现“四两拨千斤”，打造总规模超过600亿元的国有基金丛林，以国有资本引导撬动社会资本投资重大项目建设，实现技术和产能的突破。通过构建全周期的股权投资基金体系，形成了投资的组合拳，帮助企业从无到有、从小到大、从大到强，国资领投下的多层次产业集群和日趋完备的产业格局让资本市场“合肥板块”持续壮大。这其中，国资领投是关键，进而吸引社会资本参与。合肥市创新科技风险投资有限公司是合肥市国资委系统下属的风险投资机构，是扶持合肥中小型科技创新企业的重要投资平台，财政资金扶持创新创业的重要资金渠道，建立了政策性“天使基金”和市场化主导“国耀资本”的运营模式。据了解，合肥创投已经带来IPO及并购借壳上市公司13家。在2020年初，合肥通过合肥建投、合肥产投投资蔚来汽车70亿元引入蔚来汽车总部落户，蔚来中国总部项目正式落地合肥市。双方从公布框架协议到达成投资，只用了65天。从当前蔚来汽车市值看，投资收益已超数十倍。除了大企业，一直以来，这种模式也助力了不少成长期科技创新类的中小企业，给予金融支持，甚至推动其成功登陆科创板。

截至“十三五”末，合肥国资累计向战新产业项目投入资金超过1200亿元，带动项目总投资超过4500亿元，带动上下游产业链总投资近5000亿元。运营管理的合肥市产业投资、创业投资引导基金合计规模63.02亿元，参股设立子基金31只，资本放大倍数1:6.32。此外，兴泰控股管理的产业投资引导基金、产投集团管理的创业投资引导基金和天使投资基金等三只母基金合计规模已近70亿元，参股设立的子基金40余只，实际到位规模达210.1亿元，资本放大倍数达1:6.2，杠杆撬动作用显著。在人工智能领域，围绕科大讯飞、华米科技等尖端企业，发起设立总规模50亿元的智能语音及人工智能产业发展基金。“中国声谷”成为首个国家级智能语音产业集聚区。

案例2：关于政府投资基金定位的思考——对比分析“合肥模式”“苏州模式”“深圳模式”的不同定位

伴随着合肥成功地走出了一条基金招商的“合肥模式”，很多地方政府领导开始高度重视“基金招商”模式，越来越多的地方政府招商开始由过往的财政补贴升级为股权投资模式。那么，地方政府如何使用股权投资基金这个工具进行招商，是采用“合肥模式”“苏州模式”，还是“深圳模式”？

一、政府投资基金的目标和定位

政府投资基金，是指由各级政府通过预算安排，以单独出资或与社会资本共同出资设立，采用股权投资等市场化方式，引导社会各类资本投资经济社会发展的重点领域和薄弱环节，支持相关产业和领域发展的资金。

一般而言，各级财政部门应在以下领域设立投资基金：

1. 支持创新创业。为了加快创建有利于创新发展的市场环境，增加创业投资资本的供给，鼓励创业投资企业，投资处于种子期、起步期等创业早期的企业。

2. 支持中小企业发展。为了体现国家宏观政策、产业政策和区域发展规划意图，扶持中型、小型、微型企业发展，改善企业服务环境和融资环境，激发企业创业创新活力，增强经济持续发展内生动力。

3. 支持产业转型升级和发展。为了落实国家产业政策，扶持重大关键技术产业化，引导社会资本增加投入，有效解决产业发展投入大、风险大的问题，有效实现产业转型升级和重大发展，推动经济结构调整和资源优化配置。

4. 支持基础设施和公共服务领域。为改革公共服务供给机制，创新公共设施投融资模式，鼓励和引导社会资本进入基础设施和公共服务领域，加快推进重大基础设施建设，提高公共服务质量和水平。

综上所述，除了支持地方产业发展以外，在基础设施建设方面以及公共服务领域，财政资金都可以通过运用股权投资基金的方式予以支持。

二、“合肥模式”“苏州模式”和“深圳模式”的不同定位

我国政府投资基金在实际运作中，涌现出“合肥模式”“苏州模式”和“深圳模式”，这三种模式都取得了一定的成效。特别是“合肥模式”被广为关注，取得了非常巨大的经济效益和社会效益。在促进地方经济发展上，这三种模式的政府投资基金定位是不一样的。

“合肥模式”：政府投资基金的定位是打造产业链，促进产业集群发展。合肥模式是一种非常典型的“基金招商”模式，事实上，也就是过去传统的财政资金补贴招商方式的模式升级，即采用股权投资的方式吸引大项目落地。针对战略主导产业及行业龙头企业，通过股权投资基金直接投资，实现了产业重点突破和跨越发展。

“苏州模式”：政府投资基金的定位是促进战略新兴产业的发展。主

要是通过吸引和促进创业投资基金的积聚，以创投引领创新，实现创业、创新、创投相结合，促进了战略性新兴产业发展，以及中小企业的创新创业活跃，实现地方经济的快速发展。苏州模式与以色列模式更为接近，都是通过鼓励创投的发展，带动战略新兴产业的发展。

“深圳模式”：政府投资基金的定位是支持科技创新。深圳市创投机构非常活跃，是创投基金积聚的城市，但是早期投资具有难度大、风险高的特点，聚焦投资初创企业的投资机构并不多。因此，深圳市设立天使投资引导基金，围绕股权投资的薄弱环节，聚焦天使投资领域，即有针对性地推出系列政策扶持天使投资机构的发展，通过扶植天使投资机构，健全创新生态环境。

在实际运作中，地方政府设立政府投资基金首先需要结合本地区的特点，结合当地实际情况，明确政府投资基金的目标和定位，然后围绕政府投资基金的目标和定位，有针对性地设计政府投资基金运作和实施方案，以及相关配套政策。

三、关于政府投资基金定位的思考

截至2021年6月，全国共有1586只政府投资基金，其中区县级投资基金有482只，市级政府投资基金有729只，省级政府投资基金有341只，国家级投资基金有36只。从数量上看，市级以下的投资基金数量共计1211只，占政府投资基金总数的76%。我国大部分的地方政府都在设立政府投资基金，尤其是区县级政府也都在设立政府投资基金。但从实际运作成效来看，由于地方的返投要求，以及被动式管理方式，导致大部分的地方政府投资基金运作效果只是差强人意，出现很多实际问题，比如难以吸引优质投资机构等问题。

要解决上述问题，其中一个重要的解决思路是要解放观念，打破限制，明确政府投资基金的战略定位，解决地方经济发展的一个问题，设定一个主要目标，而不是方方面面兼顾所有目标，既要求放大资金杠杆、吸引社会资本、要求子基金落地本地，又要求实现返投，还需要投资中早期项目，促进科技成果转化等众多政策目标。比如区县级政府主要的目标是满足招商引资需求，那么就没有必要局限于子基金一定要设立在本地，只要带来落地项目，那么可以不必要限定子基金和基金管理机构的注册地；如果政策目标是为了吸引创投机构，促进本地创投活跃，那么要求子基金注册在当地，就没有必要限制其投资去向。如果投资初创早期企业，政府投资基金可以考虑制定让利政策、采取阶段性持股等方式进行投资。

总之，设立政府投资基金首先需要明确政府投资基金的定位，解决当地经济发展的一个问题，而不是解决所有问题，也不是盲目地照搬其他地方的做法。

资料来源：金融小镇网，http://www.financetown.com.cn/arc/9-2815.html.

附　录

广州做大做强国有经济研究*

——中共广州市委党校2021年（新型智库）课题

“广州做大做强国有经济研究”研究报告

党的十八大以来，习近平总书记站在党和国家事业发展全局的战略高度，针对国有企业改革发展和党的建设发表一系列重要讲话、作出一系列重要指示批示，明确了新时代深化国企改革的原则、目标、前提和政治保障等。习近平总书记多次指出，“国有企业是国民经济发展的中坚力量”“要深化国有企业改革”“理直气壮做强做优做大国有企业”。国有经济是广州的特色和优势，是广州推动经济社会发展出新出彩的重要抓手。中共广州市委党校课题组围绕“广州如何做大做强国有经济”这一课题进行调研，摸清家底，探讨广州国有经济的发展成绩和存在问题，并提出相应的对策建议。

一、广州国有经济发展的成效

广州国有经济基础良好，是广州经济社会发展的重要支撑。在改革开放四十多年的历程中，广州国有经济没有走一刀切的改革道路，而是坚持市场导向，保留了多门类的市场主体，国有企业竞争力逐步提升。近年来，在中共广州市委、广州市人民政府的正确领导下，广州国资国企改革发展成效显著，得到国务院国资委的高度肯定。

（一）国有经济规模效益持续提升

一是国有经济资产规模持续增长。截至2020年底，广州全市国企资产总额达4.64万亿元，净资产为1.22万亿元，居全国副省级城市首位，其中市属国企资产总额为4.26万亿元，净资产为1.07万亿元，分别是2015年的1.7倍和1.9倍，年复合增长率达11%以上。2021年是“十四五”开局之年，广州市国有经济延续良好发展势头。截至2021年5月，广州市、区国企资产

---

* 本文作者系中共广州市委党校2021年（新型智库）课题组。课题组成员：康达华、章泽武、杨姝琴、李世兰、吴兆春、李沁筑、李杨、蔡俊柳。康达华为课题负责人。

总额为4.99万亿元，净资产为1.28万亿元，同比分别增长16.6%和10.5%；其中市属国企资产总额为4.56万亿元，净资产为1.11万亿元，同比分别增长15.7%和7.8%。二是国有经济不断提质增效。2020年末，广州全市国企企业经营效益明显提升，实现营业收入9490.9亿元、利润总额722.6亿元，其中市属国企实现营业收入为9116.8亿元，利润总额为666.1亿元，分别是2015年的1.6倍和1.4倍。国有企业创新投入力度不断提升，市属国企研发投入从2015年的69.6亿元增长至2020年的147.5亿元，年平均增速为16.2%。2020年高新技术产品产值占工业总产值的69%，比2015年提高23.4个百分点；市属国企拥有各类技术和工程中心516个（其中国家级39个，位居副省级城市第一），高新技术企业258家，分别比2015年增加204个和150家。三是财政贡献持续增加。国资收益上缴比例从2016年的25%增加至2020年的30%，“十三五”期间广州市属国企累计上缴税费和国资收益分别为3320.2亿元和277亿元。

（二）国有经济对全市经济社会运行支撑效应明显

一是作为广州稳增长稳投资的重要支撑。“十三五”期间承担攻城拔寨等重点项目投资额约5000亿元，其中2020年广州市属国企共承担攻城拔寨项目215个、年度计划投资1258亿元，占全市比重分别为13.1%、26.3%，全年实际完成投资1435.7亿元，完成率达114.1%。二是作为广州工业经济提速增效的重要动力。截至2021年5月底，广州市属国企实现工业总产值2120.5亿元，同比增长38.4%，其中在地规模以上工业总产值1874.2亿元，同比增长37.2%。三是作为广州市公共服务体系的重要保障，市属国企承担全市98%的生活垃圾处理、89%的公共交通出行及大部分的天然气和自来水供应及污水处理，承载广州市域高快速路78%的通行量、85%的货运量。四是国企社会贡献度不断提高。广州国资系统承担了3省（自治区）5市（自治州）181条村扶贫、31个村乡村振兴帮扶任务，“十三五”共投入帮扶资金88.57亿元，全面完成精准扶贫目标任务、脱贫率达100%。全力做好防疫抗疫物资保障，为中小微企业免租近20亿元，减免高速收费22亿元。

（三）国有经济产业布局不断优化升级

一是国有资本聚焦主业，进一步向基础性、关键性领域集中。截至2020年底，广州国有资本约75%集中在基础设施与公共服务、先进制造、商贸文旅消费、金融与生产性服务、新兴产业孵化培育五大关键领域，并重点发展智能与新能源汽车、生物医药与健康、新一代信息技术、高端装备、轨道交通等重点新兴产业。区属国资重点集聚资源打造基础设施建设运营、产业园区开发建设、金融、文创与旅游等特色产业集团。二是金融支持服务实体经济能力增强。截至2020年底，全市国有控股上市公司达31家，“十三五”期间完成11家（次）上市公司资产重组或定向增发，涉及资金约600亿元。拥有国资国企创新基金等114支国资基金，合计投资项目684个，累计滚动投资超1000亿元。三是资本运作能力持续提升。先后成立广州国资发展控股有限公司，改组无线电集团为广州市首家国有资本投资公司试点企业，重组成立广州工业投资控股集团，打造国有股权持股平台、资本运作管理平台、战略投资发展平台，实现产融结合、产融互动。完成对辉山乳业、山河智能、金明精机等多家上市公司及多家产业链相关企业的重组收购项目，补强广州国有经济产业链。

（四）国企不断深化整合改善资源配置

一是持续推进国有企业重组整合。截至“十三五”末，广州市属国企整合至27家，有效推进市属国企工业、商贸、港口、金融、出租车、食品产业等专业化整合。2020年资产、营收、利润规模前5位的企业分别占广州市属企业总额比重达83%、72%、77%。二是以供给侧结构性改革为主线，加快处置“僵尸企业”。截至2020年底，按全口径统计的879户国有“僵尸企业”中，完成处置875户（包括视同完成38户），完成率为99.54%。按发改委口径认定的852户国有“僵尸企业”中，预计完成处置848户（其中视同完成34户），完成率为99.53%。达到国家发改委的任务要求，促进全市国有企业改善了资源配置，持续化解历史遗留问题，债务风险得到有效控制，提质增效成效显著。三是国企做强做优做大取得突破。截至2020年末，市属27家国企中有资产超万亿企业1家，超千亿企业9家，营收超千亿企业2家，其中资产及营收超千亿企业分别比2015年增加3家和1家。拥有世界500强企业1家（2021年新增2家）、中国500强企业9家，广汽集团连续8年入围世界500强，2020年位列世界500强第206名，比2015年上升156名。广药集团连续9年蝉联中国制药企业百强榜第一位。

（五）国资国企改革不断走深走实

一是推进国资监管由“管资产”向“管资本”转变。实施出资人权责清单监管，加大授权放权力度，打造5家“两类公司”和“双百企业”，基本构建起以管资本为核心、“强监管”与“赋动能”双轮驱动的国有资本授权经营体制。二是打造“全景式”问题监督管理平台。依托“智慧国资”平台，采用信息系统采集数据，及时掌握企业整改落实、人员结构，问题责任追究等监督信息，提高国企国资监督效率和精准度，以信息化手段提升国资监管能力。三是完善中国特色现代企业制度。加强董事会建设，建立专职外部董事管理制度，积极推进用人用工市场化。广汽集团层面完成职业经理人改革，市属二级及以下企业不断扩大职业经理人试点范围，区属国企普遍试点市场化选人用人。实施分类考核，完善差异化考核机制，9家企业实施员工持股、股权激励试点，印发《广州市国资委监管企业工资总额管理办法》。四是积极稳妥深化混合所有制改革。以广州市人民政府名义印发《关于市属国有企业发展混合所有制经济的实施意见》，并出台科创型企业实施员工持股、股权和分红激励的工作指引，大力实施上市公司“二次混改”和双向混改，市属国企集团层面混改率达三分之一，二级及以下企业混改率近六成。

（六）党建引领融合生产经营工作

一是全面加强国企党的领导。深入推进国企党建“强根固魂”工程，制订企业党建工作责任制实施办法，公司制一级企业“党建进章程”100%落实，二级及以下企业接近100%落实。构建“双联动”巡察机制，将抓党建纳入年度经营业绩考核，推动国企党建与法人治理有机融合。二是实现全国“双首创一率先”。创建全国首个国企党建学院，首创覆盖国资系统的党建工作全网运营模式，全国率先出台实施《关于加强混合所有制企业党的建设工作的指导意见（试行）》。三是形成广州特色的国有经济亮点工作。大力推进党的领导融入公司治理各环节，实现制度化、规范化、程序化，党建工作进章程工作基本完成，坚持“一企一策”打造了一批国企党建“广州样本”。

二、对表中央要求查摆广州国有经济不足

2020年9月，全国国有企业改革三年行动动员部署电视电话会议在京召开。会议要求，国有企业要成为有核心竞争力的市场主体，积极稳妥深化混合所有制改革；要在创新引领方面发挥更大作用，在关键核心技术攻关、高端人才引进、科研成果转化应用等方面有更大作为；要在提升产业链供应链水平上发挥引领作用，推动形成比较好的市场结构；要在保障社会民生和应对重大挑战等方面发挥特殊保障作用，对公益类业务进行分类核算和分类考核；要在维护国家经济安全方面发挥基础性作用。

习近平总书记指出，国有企业是壮大国家综合实力、保障人民共同利益的重要力量，必须理直气壮做强做优做大，不断增强活力、影响力、抗风险能力，实现国有资产保值增值。[①]“强”“优”“大”内涵了对国有企业竞争力、发展质量、整体规模等要求，需要继续全面深化国资国企改革释放活力。为此，课题组从产业层面、企业层面、体制机制、要素支撑等方面分析广州国有经济发展存在的不足。

（一）国资规模和增长动力有待增强

一是整体规模与一线城市有差距。广州市属国资虽具规模增长，但与北京、上海等领先地区有较大差距，2019年广州国企规模达上海的26%，北京的88%；营收达上海的27%，北京的56%，差距较为明显。深圳市属国资总资产截至2020年底已达4.11万亿，与广州市属国资4.26万亿差距不大。二是广州市国资资产规模增速也落后于深圳、珠海、东莞等粤港澳大湾区部分城市。从增速上看，2016—2020年，深圳市属国企资产总额、营业收

① 《习近平：理直气壮做强做优做大国有企业》，人民网，http://dangjian.people.com.cn/GB/n1/2016/1009/c407543-28763192.html.

入、利润总额年均复合增长率达31.4%、42.4%、26.5%，广州市属国企资产总额、营业收入、利润总额年均复合增长率分别为12%、9%、7%，深圳增速优势明显。三是广州市属国资收益率逐年下降，国有经济内生增长动力不强。“十三五”期间，国资收益率逐年下降，对比“十三五”期初，广州市属国资净资产收益率由7.7%递减至5.5%。广州国资规模增长主要来源于基础设施重大项目投资、资源型投入等外生式增长方式，路径依赖现象较为突出，金融、轻工制造、商贸、文旅会展等部分业务的盈利能力低于同行业上市公司平均水平，整体而言显现出缺乏发展动能的现状。

（二）国资产业布局和产业链构建有待优化

一是产业格局偏传统，产业体系升级缓慢。广州国资产业大量集中于基础设施板块和传统产业，汽车、基建地产、公用事业、金融四个行业的营业收入占比超过60%。国资体系在低端化工、橡胶、塑料等高污染、高耗能产业仍有布局，在碱性电池、涂料等非国资必要布局的纯竞争行业也尚未退出。二是新兴产业规模小、盈利低，对产业前沿大趋势捕捉不足。新一代信息技术、人工智能、新能源汽车等领域营业收入仅占国资总收入的3.3%，现代服务业营收占服务业比重仅达29%，对全市发展四新经济的支撑作用还不明显。三是产业链竞争力不足，主要产业面临发展约束。大健康产业零售占比超六成，而其他关键环节占比低；商贸产业集中在零售环节，自有物业比重低，业态与模式老化；基础设施和公共服务产业市场化程度低，产业过度依赖财政支持，自造血能力偏弱；制造业汽车制造一枝独大，但其他业务大部分处于产业链低端环节和传统领域。四是国有龙头企业较少，缺乏整体带动效应。截至2020年底，具有世界影响力的大型龙头企业数量较少，国资系统进入世界500强的企业只有1家（2021年增至3家），市值500亿以上的上市公司只有1家，深圳市属国企也只有1家（深投控），而上海市属国企则有6家（上汽集团、绿地集团、中国太保、浦发银行、上海建工、上海医药）。龙头企业对区域经济带动能力有待进一步提升，产业链内循环有待加强。

（三）国有经济金融支撑力度有待增强

一是市属国有金融机构实力弱。从金融机构排名来看，2020年末，广州农商银行和广州银行分别在全国行业中排名第29位和第36位。从注册所在地看，广州其他金融行业如证券业、基金业、期货业的资本实力和业务占比在全国的排名却比较落后，行业头部金融机构数量基本没有，行业核心竞争力较弱。二是资本运作不够活。广州国有控股上市公司总市值约5000亿元，低于上海（2.55万亿元）、北京（1.25万亿元）、深圳（7000亿元）。广州国资存量资本目前大量集中于基础设施板块，但基础设施领域资产资本化、资本证券化率比较低，相比北京、上海、深圳，是唯一没有城市建设、水务环保、交通运输等上市平台的一线城市。三是国有资本投资、运营“两类公司”作用还没充分发挥。截至2021年6月底，广州累计有上市公司数量201家，而深圳市创新投资集团有限公司（以下简称“深创投”）截至2021年5月31日孵化的上市公司数量就达到了188家。目前，广州国发（总资产800亿元）、无线电集团（360亿元）、广州工控（700亿元）资产规模较小、资本实力不足，缺乏像深投控（7000亿元）、合肥建投（4999亿元）能够“集中力量办大事”的实力，难以为中共广州市委、广州市人民政府在重大生产力布局、重点产业培育方面提供有力支撑。四是国有企业金融人才短缺。由于国有企业的限薪制度，广州金融机构高级管理人员薪酬相对偏低，导致大量人才流失。广州农商银行、广州金鹰基金公司等银行、券商、基金公司和金控的中层管理人员出现了一定规模的离职现象，金融人才留住用好难度大。

（四）国有企业市场化现代化运营机制有待完善

一是管理层的企业家精神未被激发。有的国有企业“一把手”和管理层比较重视市管干部的身份，而缺乏对企业家身份的认同，对退休后的身份待遇存在不满情绪。有的企业“一把手”和管理层既难上、也不能下，从而失去进取心，存在守成思想。有的企业“一把手”和管理层更换过快过频，不利于企业的战略规划和长期发展，不利于培育和激发企业家精神。二是职业经理人制度试点推进较慢。广州市属国有企业集团层面只有广汽集团一家推行了职业经理人制度试点，相比北京、上海、深圳等市进度较慢，集团层面可复制推广的经验不多。竞争性领域的国有企业上级管理部门和企业管理层之间对职业经理人制度推行方案尚未形成共识。有些非竞争性领域的国有企业集团层面、甚至二级企业的年轻干部则更倾向于保留体制内身份，为自己留下政治上升空间，对职业经理人制度持等待观望态度。三是用工市场化没有全覆盖，专业性高端人才引进难、流失快。部分国企用工市场化机制还有待完善，缺乏战略性的、系统的人才引进、绩效考核、岗位晋升、人员淘汰机制，造成“上层没动力、中层缺机会、底层流动快”的困境。部分企业因薪酬体系缺乏市场竞争力，专业性人才引进难，培养起来的高端人才成为市场尤其是民营企业“挖墙脚”的对象。四是国企改革创新风险分担机制欠缺。部分国企领导缺乏担当精神，存在“宁愿错过、不愿做错”“做多错多、不做不错”等错误认识，造成不敢作为的不良作风严重。有的国企领导虽有改革创新蓝图，但害怕承担改革创新失败的风险而畏首畏尾，风险分担机制、创新鼓励机制亟须健全。五是国资监管体制有待创新。机构设置存在权责交叉不合理等现象，国资委各处室无论是从其名称设计，还是职能分工而言，都存在分散、交叉、不合理的一面，尚未适应新形势的监管需求。

三、对标先进地区借鉴国资国企改革经验

纵观国内先进地区国资国企改革，大多城市在产业优化布局服务城市发展、构建现代企业制度、发挥资本运作平台作用、党建引领释放活力等方面集中发力。课题组选择第一批区域性国资国企综合改革试验区上海、深圳，以及近年表现亮眼的合肥作为对标样本。

（一）上海：充分发挥“政府”和“市场”两种力量

截至2020年底，上海地方国有企业资产总额达24.03万亿元，全年实现营业收入3.71万亿元、利润总额3208.06亿元，从全国来看，上海地方国资处于“领头羊”位置。上海国资国企改革中既发挥政府作用，在国资监管、党建引领方面不断创新，又发挥市场作用，激发国有企业内生动力活力。

一是实施国资三种监管方式，推动经营性国资监管全覆盖。上海地方国资采取直接监管、委托监管、指导监管三种监管方式，上海市国资委对履行出资人职责的国资采取“直接监管为主、委托监管为辅”的方式，42家直接监管企业按照市场竞争、金融服务、功能保障三类企业实施分类监管。灵活的监管方式，能够促进资源有效联动、功能优势互补，形成国资发展合力。

二是发挥国有资本投资、运营公司作用，对接落实国家战略。整合多家市属国企资源，打造上海国际、上海国盛、上海国投三个国有资本投资、运营公司，逐步形成“股权注入—资本运作—收益投资产业”的可持续发展模式，完成了投资中国商飞、中国航发商发、上海硅产业集团、中核海洋核动力等重大产业项目，成为上海落实国家战略、建设现代化经济体系的重要引擎和支撑。

三是深化混合所有制经济改革，运用多层次资本市场促改革。以公众公司为发展混合所有制的主要实现形式，积极推动国有企业上市发展。目前，上海地方国有控股上市公司共86家，总市值2.7万亿元，国有股市值超过1万亿元。企业集团整体上市或核心业务资产上市企业已占到市场竞争类、金融服务类企业总量的2/3，上海地方国有控股上市公司达到86家，成为上海国资国企改革排头兵。

四是坚持加强党建引领，健全中国特色现代企业制度。注重政治引领功能、重大任务落实和典型示范，实施国企党建“百千万”特色工程，构建高质量党建引领高质量发展格局。在市管国有企业任期制契约化管理全覆盖的基础上，按照“成熟一家推进一家”原则，在17家企业集团开展职业经理人改革试点，推进10家上市公司实施股权激励，实现激励与约束并举。

（二）深圳：咬定做强做优做大总目标

截至2020年底，深圳市属国资总资产、净资产、营业收入、利润总额、净利润、上缴税金再创“六个新高”，其中利润总额为1351亿元、增长5.3%，净利润为1026亿元、增长7.8%。深圳国资国企改革始终围绕做强做优做大这一总目标，通过优化产业布局、破除体制机制障碍，推动深圳国资从城市型国资向区域型、全国性、国际化国资转型。

一是通过资本运作匹配深圳城市发展战略。深圳国资国企注重资本运作，着重支持民营企业发展、服务高新技术产业升级。组建运营1000亿元民营企业平稳发展基金，决策支持309家民营企业540亿元，完成和推进担保发行债券1010亿元，撬动银行信贷超540亿元，惠及中小微企业557家。在服务高新技术产业方面，推动深圳国有企业与民营企业在科技创新中错位发展，大力构建“空间保障+科技金融+人才服务+场景应用+平台支撑”全要素创新生态系统，全方位服务高新技术企业发展。

二是不遗余力构建大平台培育大企业。深圳市国资委专门印发了深投控对标淡马锡打造国际一流国有资本投资公司的权责优化实施方案，赋予14项授权改革举措，扶持企业首发上市183家。在2020年，深投控以1993亿元的营收位列世界500强第442名，与2016年相比营收增长366%，共有23个项目登陆资本市场，其中上科创板有9家，做大做强龙头企业效益明显。

三是提升国有企业治理能力现代化。以商业类企业混合所有制改革为重点，创新员工持股方式。探索建立内部董事、专职外部董事和兼职外部董事科学搭配、专业互补的规范董事会。面向全球招聘高端职业经理人，对管理层实行市场化选聘和契约化管理，绩效考核突出“业绩”为主要导向，同一企业同职级薪酬差异高达50%，对25名经理层成员实行刚性退出。

四是坚持党建融合创新监管方式。创新构建党委领导、纪委统筹“六位一体”大监督体系，实现党内监督与出资人监督有机融合。坚持放管结合，强化国资委注重以股东身份行权履职，修订国资监管权责清单，出台授权放权清单，赋予企业更大经营自主权。

（三）合肥：突出集中力量办大事的制度优势

截至2020年底，合肥国资国企监管企业资产总额达7739.79亿元，净资产为2783.39亿元，较“十二五”末分别增长81.86%和63.74%。合肥市国资国企改革坚持因地制宜，通过国有资本撬动社会资本，布局战略性新兴产业链，成为近年地方国资国企改革的亮点。

一是聚焦战略性新兴产业。合肥市国资总额体量虽然相对较小，但集中力量发展战略性新兴产业，将60%国有资产集中到合肥建投旗下，使合肥建投具有较大规模的融资能力。合肥市注重发挥国有资本产业引领主力军作用，大力培育行业龙头企业，以“芯屏汽合”“集终生智”为代表的战略性新兴产业正茁壮成长。2020年，合肥国资系统持续加大战新产业投资，全年完成项目投资513.8亿元。

二是借助国资投资平台补强产业链。在保障重大项目融资需求的同时，合肥市国资注重投资上下游产业链的重点项目，覆盖产业链发展的全生命周期。例如，在新型平板显示领域，延伸覆盖上游原材料器件、中游面板模组和下游智能终端，实现“从沙子到整机”的完整产业链布局。在集成电路领域，通过基金直投、跟投等方式，形成涵盖设计、制造、封装测试及设备材料的全产业链条。

三是创新国资国企投资运营模式。合肥国资以“基金+产业”模式，实现“四两拨千斤”，以国有资本引导撬动社会资本投资重大项目建设。以“引进团队—国资引领—项目落地—股权退出—循环发展”的产业运作模式，既推动产业落地，又实现国有资本保值增值。在2020年初，合肥通过合肥建投、合肥产投投资蔚来汽车70亿元引入蔚来汽车总部落户，从当前蔚来汽车市值看，投资收益已超数十倍。

四、做大做强广州国有经济的对策建议

国有经济是广州市经济高质量发展的动力和支撑，是深化改革的重点领域。针对广州市国有经济存在的问题，对标对表中央国资国企改革要求及先进地区做法，结合《广州市国企改革三年行动实施方案（2020—2022年）》，提出以下对策建议。

（一）加强顶层设计优化国有经济产业布局

一是加强广州国资产业布局规划。加强对新形势下的产业发展研究，坚持国资产业布局服务城市发展战略原则，提前布局时代性产业。规划打造重点产业培育创新园区，形成广州国资产业发展“百花齐放”的重大战略平台和经济增长极。支持企业按照广州市城市定位和产业规划，在符合产业发展趋势和企业发展需要的领域重点投入。

二是做好国有经济布局的加减法。通过合理减持退出、并购重组、再投资等方式，加快完成缺乏竞争力和发展潜力的非主营业务（企业）和低效无效资产。围绕未来城市、未来产业和未来技术三大主题，通过增量产业布局构建城市支柱产业集聚，积极布局人工智能与数字经济、新能源汽车、新一代信息技术、生物医药等战略新兴产业。

三是做强广州国有经济五大板块。基础设施与城市更新板块要提升资产证券化率降低持有资产占比，商贸消费板块要整体整合提升，先进制造业要保持竞争力并进一步带动广州产业集群和产业链升级，金融服务业要引领现代服务业助力和支撑其他产业发展，战略性新兴产业要发展成国资产业发展的孵化器和增长极。

四是推动国有经济产业的体制升级。发挥国有企业的创新引领作用，引导市属国企加大研发投入和推动新技术应用赋能，提升国企自主创新能力，加快推进5G、人工智能、工业互联网、物联网、大数据、区块链等创新技术与实体产业融合，推动国企数字化、智能化转型。

（二）培育龙头国有企业提升产业控制力影响力

一是在国资布局的关键领域培育龙头企业。对集团整合重组、集中资源，避免同质竞争，每个行业领域目标只保留一家核心企业。针对现有企业发展思路进行整体规划，制定国资监管企业主业管理规范，明确未来每个企业主业聚焦的方向，对于非主业、非优势（“两非”）和低效、无效资产（“两资”），进行适当整合与退出。

二是依托产业提质升级培育产业领军企业。明确企业主责主业，梳理清企业权责边界，确保各市属企业产业主题明确。推动建筑、农业食品、商贸文旅、物流、金融等产业创新发展，向专业化和价值链高端延伸，提高企业核心竞争力和产品附加值，打造国内外领军企业。

三是打造战略性引领龙头企业。抓住智能网联与新能源汽车、生物医药与健康、轨道交通、人工智能与新一代信息技术等产业发展机遇，以产业链视角推动资源整合与串联，打通产业链价值链，立足广州面向全球，积极抢占市场份额，打造战略性引领龙头企业。

四是学习深圳培育深投控成为世界500强经验做法，对广药集团、越秀集团、广州工控等龙头企业因企施策，加强资本运作，完善考核激励，加快打造更多世界500强企业。分层分类深化混合所有制改革，因地制宜、因企施策，积极引入高匹配度、高协同性的战略投资者。

（三）做强做大金融业支撑补强国资产业链

一是加大市属金融企业做强做大支持。推动广州市属国有银行尽快上市补充资本金，支持市属金融机构兼并收购。积极谋划在广东省内开设广州市外的金融机构分行，大力拓展业务范围。推动传统的金融业务向“互联网+”、综合金融服务商转型，完善市场化的激励考评机制。

二是优化金融风险防控机制。广州金融机构应集中摸排涉房地产的贷款、信托理财产品、债券等的存量资产规模，提前采取措施规避可能发生的流动性和偿付性风险。消除集资诈骗和电信诈骗给金融稳定带来的隐患，保持经济健康发展和社会和谐稳定。

三是善用“产业链+资本链”双链思维。沿着具备比较优势的产业链进行战略布局和资本运作，推动国有企业主业做强、规模做大。通过动态调整存量、加大增量投资，对国资重点布局的产业及新兴产业短板，通过“强链”“建链”“补链”，提升国资产业链供应链整体竞争力、保障能力和产业体系抗冲击能力。

四是加强资本运作激活盘活存量国资。加大公益类企业资本运作力度，积极开展基础设施领域不动产投资信托基金业务，借助资本市场融资渠道。发挥好国有资本投资运营公司的资产盘活、资金筹集作用，进一步归集僵化分散的市属国有控股上市公司股权、待整合重组的资产资源或低效闲置资产。

（四）全面提升国有企业市场化现代化治理能力

一是加快推进职业经理人制度试点工作。坚持“分类管理、一企一策”原则，总结广汽集团经验，加快市属国有企业集团推行职业经理人制度。对竞争性领域的二级企业要全面推行职业经理人制度，加快构建广州自有的职业经理人人才库。加强宣传引导达成共识，引入第三方中介机构设计多方认可的职业经理人推行方案。

二是大力推行市场化用工制度。实行任期制和契约化管理，营造“干部能上能下、人员能进能出、工资能高能低、机构能分能合”的企业氛围。打造“以岗定薪、岗变薪变”的薪酬体系，复制推广越秀集团的绩效考核体系、无线电集团的末位淘汰机制等优秀企业的管理经验。针对专业性高端人才，赋予企业更大的自主权，探索“特岗特薪”制度。

三是不断完善现代企业制度。制定党委前置研究讨论重大经营管理事项清单，理清各治理主体权责边界，充分发挥公司党委把方向、管大局、促落实作用。履行重大经营管理事项的前置程序，督促指导子公司健全本单位授权经营管理体系。优化外部董事队伍，提高具有实战经验的大型企业高管担任外部董事的比例。

四是积极稳妥深化混合所有制改革。分层分类深化混合所有制改革，做到应改尽改。规范有序推进国企受让非国有控股上市公司股份并取得控制权行为，维护国有资本权益，防控风险输入。加快制定完善混合所有制企业骨干员工持股的操作性文件，支持符合条件的企业在混合所有制改革中，骨干员工与非国有股东同股同价持有股权。

（五）创新国资监管体制优化国资委监管职能

一是明确国资委直属特设机构定位。明确国资委为市政府直属特设机构，保障国资监管机构的专门性和独立性，区别于其他政府公共管理部门和机构，从制度上保障国资委专司国有资产监管职责。对出资人职责范围内的工作，尽职尽责不缺位；对指导和推动监管企业的工作，依法依规不越位；对协助政府其他部门的工作，配合有度不错位。

二是优化内设机构职能设置。参照北京、上海、重庆、深圳等市国资委的内设机构设置，对广州市国资委内设机构职能设置进行优化调整，根据“管资本”的监管需求调整监管资源和人员的配置，将处室之间业务相关性高、联动性强的职能进行优化，对交叉重叠职能进行整合，对分散的职能进行归并，提高监督效率。

三是加强对监管企业监事会的宏观指导。建议将监事会职责划转给国资委，把法定职责落到实处，发挥监事会监督作用。要严格规范选拔配备监事会，争取组织部门的支持，加快配齐监事会主席，指导监管企业配齐监事会成员，推动监事会尽快有效运作，实现由企业的监事会向市国资委的监事会的根本性转变，从而使监事会履行职能更加科学规范、监督检查更加精准到位、工作成果更加明显有效。

四是构建高效、协同的国有企业监督体制。建立统一经营性国资监管联席会议制度，以联席会议作为主要载体，搭建起对重要监督事件的协商决策平台。构建信息化监管体系，提升整体监管效能，解决传统制造模式下普遍存在的信息“孤岛”、业务“孤岛”等问题。

（六）加强党建引领释放国有企业企业家活力

一是尊重发扬国企企业家精神。赋予国有企业更大的经营自主权，给予国企改革创新更大的支持和保护力度，让国企管理层获得精神上的事业成就感。完善国企“一把手”的奖惩机制，设立“企业家精神”奖，对成绩突出的国企领导给予政治激励和精神激励，对不敢担当、不作为的国企领导进行轮岗淘汰。出台国企企业家长期培养规划，重视培养从企业内部成长起来的高层经营管理者——企业家。

二是塑造、弘扬广州特色国有企业文化。由广州市国资委牵头统筹，塑造广州国企的整体形象，向全世界宣传展示广州国企的精神面貌。各个国企要提炼提升自己的企业文化，通过企业文化管理企业，形成竞争向上、开拓进取的环境。让优秀的企业文化复制传播，在企业重组、人才选拔方面向有优秀企业文化的国企倾斜。

三是营造鼓励干事创业的浓厚氛围。落实“三个区分开来”原则，对国企改革创新中的失误、失败予以免责或酌情从轻、减轻处理。加强党建引领，用习近平新时代中国特色社会主义思想引领国有企业发展，通过党史学习教育激发国企领导干事创业、勇于担当的奋斗精神。

四是持续深入推进全面从严治党。严格落实新时代党的建设总要求，推动党的领导融入公司治理制度化、规范化、程序化，加强党建责任制和生产经营责任制有效联动。加强对企业关键岗位、重要人员特别是主要负责人的监督，坚决反对“四风”，构建一体推进不敢腐、不能腐、不想腐体制机制。

后 记

习近平总书记多次指出，“国有企业是国民经济发展的中坚力量”“要深化国有企业改革”“理直气壮做强做优做大国有企业”。国有经济是广州的特色和优势，是广州推动经济社会发展出新出彩的重要抓手。做强做优做大国有经济是广州贯彻落实习近平新时代中国特色社会主义思想的内在要求，也是广州理论学者的共同使命。

2021年，中共广州市委党校经济学教研部组织课题组，承担中共广州市委党校新型智库课题“广州做大做强国有经济研究”（编号：DXZK2102A）。经过一年时间的调研，课题组形成了系列决策咨询报告并获得中共广州市委主要领导的批示。在此基础上，课题组进一步搜集完善资料，深入调研讨论，撰稿形成本书。本书的第一章和第六章由李杨负责撰写；第二章和第三章由杨姝琴负责撰写；第四章和第五章由康达华负责撰写；康达华负责组织协调编写工作并对全书进行统稿。

本书得到了中共广州市委党校的大力支持，常务副校长孟源北、副校长丁旭光等非常关心本书的写作和出版，副校长丁旭光对本书的提纲及全书修改提出了宝贵意见。同时，广州市国资委和广州市国有企业的有关同志为本书的调研和资料搜集提供了很大帮助，在此一并表示感谢！诚然，由于理论水平有限及调研深度欠缺，本书不可避免还存在一些纰漏，衷心希望得到大家的批评指正。

康达华

2022年5月1日